合伙人制度

以控制权为核心的动态激励股权顶层设计

刘育良　著

中国水利水电出版社

www.waterpub.com.cn

·北京·

内容提要

创业之路就是合伙之路，需要合资金、合上下游、合人才。

本书由咨询师团队心血汇聚而成。在理论体系上，突破了以往的"静态"合伙设计，提出"动态合伙"的新模型、新策略、新思路，详细讲述了动态合伙人的环境、身份和方法，提炼出合伙制落地的运营闭环。

从合伙方式上，讲解如何设计上下游、优秀员工的培养机制、资金股、裂变创业；从企业生命周期上，讲解创业期、成长期、扩张期、成熟期的合伙设计如何进行7.0迭代。

动态合伙是我们的必修之路。选对路，更要选对方法、选对实战策略。

本书正是股权激励、全景合伙、共生设计的整体动态解决方案。集知识宽度、实践深度为全景，源自咨询师团队十年一线咨询经验的深度汇总，可谓匠心大餐。

本书案例生动鲜活，共有40个实战案例，既有名企第一手的方案解读，如万科、永辉、碧桂园等，又有一线咨询师精心锤炼的方案、制度和表单，可以拿来即用，实现了从理性到感性的飞跃，是一本不可多得的工具书、案头书、参考书。

图书在版编目（CIP）数据

合伙人制度：以控制权为核心的动态激励股权顶层
设计 / 刘育良著 . —北京：中国水利水电出版社，2023.7
    ISBN 978-7-5226-1522-6

    Ⅰ . ①合… Ⅱ . ①刘… Ⅲ . ①合伙企业—企业制度
②股权激励 Ⅳ . ① F276.2 ② F272.923

中国国家版本馆CIP数据核字（2023）第087861号

书　　名	合伙人制度：以控制权为核心的动态激励股权顶层设计 HEHUOREN ZHIDU：YI KONGZHIQUAN WEI HEXIN DE DONGTAI JILI GUQUAN DINGCENG SHEJI
作　　者	刘育良　著
出版发行	中国水利水电出版社 （北京市海淀区玉渊潭南路 1 号 D 座 100038） 网址：www.waterpub.com.cn E-mail：zhiboshangshu@163.com 电话：（010）62572966-2205/2266/2201（营销中心）
经　　售	北京科水图书销售有限公司 电话：（010）68545874、63202643 全国各地新华书店和相关出版物销售网点
排　　版	北京智博尚书文化传媒有限公司
印　　刷	河北文福旺印刷有限公司
规　　格	170mm×240mm　16 开本　22.75 印张　314 千字
版　　次	2023 年 7 月第 1 版　2023 年 7 月第 1 次印刷
印　　数	0001—3000 册
定　　价	98.00 元

序　言
Preface

谁动了你的股权，会"动"的合伙制

为什么要学"合伙"？

我们的一生，正是一个"合"的过程。

第一，和自己"合"。

和内心"合"，清楚内心的价值观。爱、感谢、臣服，和自己的内心和解，就是和全世界和解。

第二，和家庭"合"。

夫妻合，父母合，关系和美，拥有爱的力量，"家合"诸事可成。

第三，与团队"合"。

欲成大事，必有人和，相互支持、协助，彼此成就，方可大成。

第四，与外部"合"。

与友商合、上下游合、客户合，万物皆备于你。

在这个无限互联的时代，合伙是我们的必修课，共生是我们的大道。

然而在过去的合伙逻辑中，更强调股权激励、和员工合伙，事实上，合伙需要全景思维，需要 360 度合伙。为此，我们提出一个新的五行合伙模型（十大类合伙人），来解读合伙的延展，实现思维的跃迁。

土代表基石：内部员工合伙，如华为的虚拟股、方太的分红股。

关键词：主人翁、心灵契约、多中心、人才拼图、人人都是 CEO、人单合一、强个体、涌现等。

金代表钱：资金合伙，如阿里、腾讯。

关键词：黑天鹅、反脆弱、低风险创业、轻资产、资源体、协同效应、众筹、市值等。

水代表源头：客户代言人，如亚朵、肆拾玖坊。

关键词：轻创业、创客、分享经济、抖商、社群、粉丝裂变、认知盈余、会员升级等。

木代表同盟：联盟合伙人，如汉庭、7–11 便利店。

关键词：指数组织、杠杆资产、品牌输出、变现、系统赢利、加盟、链接胜过拥有。

火代表上下游：资源合伙人，如都市丽人、欧派。

关键词：盟约、生态、相生、双赢式谈判、跨界、并购、互为主体。

新的全景合伙 10.0，是十大类合伙人建设，逻辑是：

第一类，联合创始人，搭档的力量。

第二类，事业合伙人，班底的力量。

第三类，经营合伙人，团队的力量。

第四类，裂变合伙人，新生的力量。

第五类，资金合伙人，现金的力量。

第六类，消费合伙人，用户的力量。

第七类，联盟合伙人，系统的力量。

第八类，版图合伙人，杠杆的力量。

第九类，渠道合伙人，链接的力量。

第十类，上游合伙人，源头的力量。

当把这十类合伙人链接在一起时，就会产生强大的能量和资源。如果你的组织已经形成如此蓬勃的状态，那么这将是一个值得欣喜的局面。

我们需要慢思考，我有什么样的合伙人？我缺什么？我要用什么样的方式来进行顶层架构设计？

关于合伙人领域的许多研究书籍，常常陷入方案之中，以为设计一个近乎完美的合伙方案，就大功告成了。其实，这只是"静态"的合伙设计。静态设计至少有以下三大弊端。

（1）忽略初心。现实和预想之间存在着巨大的差距，只有迭代的设计，才是好设计。

（2）忽略时空。企业的发展阶段不一样，需要的结构不一样，合伙策略、品类、数量都不一样。

（3）忽略人才。人是会变的，有的人跟上了公司的步伐，有的人却跟不上，怎么办？

因此，合伙设计不是一成不变的，而是动态的。

"动态设计"的源泉是什么？

从内部而言，如果没有人才的持续迭代、优化和改良，光靠现有的人才是无法让企业强大的。同时，原来的老员工也会逐渐老去。没有永远的英雄，只有永远的奋斗者。这时，如何让团队拥有持续的动力就显得尤为重要。有朱熹的诗为证："问渠那得清如许？为有源头活水来。"合伙绝非一劳永逸，而是与时俱进。

科学家发现，宇宙是不断膨胀的，是动的，而不是静的。宇宙如此，世界如此，合伙激励更如此。我们在进行合伙人设计的时候，绝对不能陷入静态的方案，而是要规划充满活力的动态合伙人机制，让所有人动起来，而不是让所有人懒下来。

现在，华为和亚马逊都在研究如何熵减。熵是一种用来表示能量退化的物理参数，必然会导致一切的事物趋向于寂灭。许多公司在上市以后，初心不再，动力不复，有的公司甚至资不抵债，渐渐退市。令人唏嘘感慨！

那么如何能够反熵增？如何营造反熵增状态？

物理学的答案是：和外部交换能量。

很多企业家旗帜鲜明地提出了动态合伙人的逻辑，海尔的张瑞敏说道："我们的合伙人，这个目标他完成了，他就是合伙人，下一个目标他冲上去，但没有完成，他就不再是合伙人。"有人问张瑞敏："以前你说海尔是海，现在你说海尔是云，云是什么意思？"张瑞敏回答说："云和海的区别，云是没有边界的。从海到云，再到雨，这个过程正是一个不断演化演变的过程，春雨绵绵，会再度滋润大地，惠泽万物。"

动态合伙人的真相是什么？张瑞敏没细说。

我们曾经出版过三本关于股权合伙的书，谨以我们咨询团队近年来的心血之作，写一本动态合伙的书，为中国商业合伙治理史尽绵薄之力。

小结：

（1）从宏观、从宇宙、从世界来说，地球在不断地改变，所以合伙必须要动态。

（2）从公司来说，必须新陈代谢，持续动态。在企业的不同阶段，用不同的人才模型，不断超越自己的生命周期，反熵增。

（3）从团队来说，人性是趋利避害的，也是好逸恶劳的。真正能持续攀登的高手，寥寥无几。只有生于忧患，动态合伙，这个组织才能不断壮大。

只有深深地理解人性，才能升华人性，焕发人性的光芒。

2021年，笔者两度拜访华为，其园区之大美，人文之丰盛，令人叹服！有记者问任正非，您的座右铭是什么？

任总斩钉截铁地回答：合作共赢。

目　录
Contents

案 例 目 录
Case directory

第一章

为什么要"动"态合伙

我们的认知，不是我们的朋友，就会成为我们最大的敌人。一个人是什么时候开始进步，是在自骄时，还是在认错时？是在反驳时，还是在自省时？

　　股神的全球大会现场有 4 万多人。有人问沃伦·巴菲特："您为什么开始投资高科技股票？"巴菲特坦诚地说道："我错了，因为以前不了解高科技企业，而现在我的认知在升级。"

　　在这场演讲中，沃伦·巴菲特三次提到了自己的错误。那么这会影响他的形象吗？答案是"不会"。相反，大家对他更加崇敬了。

　　巴菲特的合伙人查理·芒格说道：如果在这一年中，你没有破掉自己以前一个重要的观念，那么你这一年就白活了。

　　当一个人认识到自己错了的时候，恰恰就是他成长的开始。

第一节
有限游戏必消亡，无限游戏怎么玩

世界上有两种游戏：一种是有限游戏，另一种是无限游戏。

有限游戏是以输赢为目的，有边界。无限游戏是以延续为目的，无边界。

我们还生活在局促、短暂的有限游戏中，需要开启浩瀚、壮阔的无限游戏。

说实话，我们并不了解地球，科学家现在还没弄清什么是暗物质，人类连太阳系还没有走出去，更不要说银河系了，我们所知甚少。

那么我们要如何做呢？

❯ 一、你了解宇宙吗

我们曾经以为我们生存的地球是静止的，我们是世界的中心，后来发现地球只是太阳系中的一颗行星，我们一直在不停地转动。更奇妙的是，地球围绕着太阳转动时，太阳也正围绕着银河系转动。

我们要深刻地理解到，一切都在转动。太阳体积是地球体积的130万倍，银河系有2000多亿颗像太阳一样的恒星。宇宙中有2000亿个银河系，像地球一样的行星简直无法计算，那么你理解宇宙的浩瀚了吗？对于宇宙，资源从来不是问题，打破边界，开启无限游戏，一切美好的事物都会发生。

在137亿年前，宇宙诞生，在46亿年前，地球形成并渐渐演化出人类，而人类的文明史只有区区的5000多年而已。

人生百年，在这短短的一瞬，该如何光明、自在、喜悦地生活才是我们要深思的终极课题。一个人要能够看到宇宙运行的大规律而不是活在小是小非之中。

我们的环境是一个生生不息的循环，曾经的高山现在是海洋，而现在的海洋曾经是高山。

❷ 二、什么是无限游戏？

《失控》作者凯文·凯利说无限游戏改变了他的世界观，让他彻底理解了宇宙和生命。

有限游戏有三种边界。

（1）时空边界。也就是说有限游戏在时间和空间上是有限的。工作的截止日期、农田的面积、建筑的空间、人的国籍等，在这些场景中遇到的都是时空边界。

（2）资源边界。有多少人力、物力、财力可以投入一场"游戏"中。公司规模有多大？员工有多少人？设备有多少？当然竞争对手有多少资源也在这个边界的考虑范围内。

（3）规则边界。有限游戏是为了取胜，如果在游戏的过程中改变游戏规则，那么如何评判谁是胜者、谁是输家呢？落子不能悔棋，社会需要法律，这些都是规则边界。

我们所要做的是改变规则和改变资源。商业的本质就是资源 + 运营规则。

美团的创始人王兴说，有限游戏在边界内玩，无限游戏却是在和边界

（规则）玩，探索改变边界本身。实际上只有一个无限游戏，那就是你的人生。死亡是不可逾越的边界。与之相比，其他的边界并不那么重要。

有限游戏以取胜为目的，它有一个明确的终结点，即分出胜负。如战争、比赛。

无限游戏以延续为目的，在延续的过程中，会产生无数种可能性和结局，如文化、宗教等。参与者也不清楚是从什么时候开始的，因为这个游戏没有时间界限，唯一目的是：延续游戏！

文化是一种无限游戏，例如，在 1000 年甚至 1 万年以后，中华文明中还会有中秋节，这就是一个无限游戏。

在我们生命中，很多看起来非常重要、非常关键、非常美好的事情其实都是有限游戏。

我们是否能进行无限游戏？这是我们生命中重要的选择。

❷ 三、如何才能进行无限游戏

我们要让每一个参与者一直玩下去，没有空间、没有时间、没有边界，甚至也没有资格限制，只要愿意，任何人都可以参加。

如果我们玩的一直是有限游戏，在一个边界之内，就没有意义。

合伙共生是一个无限游戏，但是如果你的合伙陷入静止，那么就会变成有限游戏。

如果一方买一方卖，这是一个有限游戏。如果各方都可以参与，而且所有人都可以自愿加入这个游戏，那么就有了无限游戏的轨迹。

当我们去学习哲学时，哲学其实也是一个边界清晰的有限游戏，因为有限游戏是有边界的，而无限游戏是没有边界的。当我们去理解别人的思想时，我们就活在了一种有限游戏中，每个人应有独立的思维和无限的思维，这样每个人才会成为自己的天才。

无限游戏超越了时间和空间的界限。从最简单的棋盘游戏到世界大战，其实都是有限游戏，都在一个特定的场地进行，有确定的参与者。有限游戏的参与者是被选定的，无论是否愿意，都必须参与。就像战争一样，一旦加入这个游戏，就会成为游戏中的一个棋子。

一个人不能独自玩游戏，没有群体，便没有自我。

著名绘本作者琼·穆特曾经出版过一本名为《石头汤》的绘本。书中讲的是三个和尚来到一个历经了很多苦难的村庄，这里的村民对世界失去了信心，对生活丧失了热情。三个和尚到了这个村庄，什么话也不说，先在一块空地上架起了一口锅，捡了些柴禾开始煮汤，锅里面放的却是几块石头。村民们好奇了，这石头也能做汤？

三个和尚一边搅着锅里的水，一边自言自语地说道："上次我们煮石头汤的时候，还放了盐和胡椒粉呢，可惜这次没有带。"一个围观的秀才很好奇，就从自己家里拿来这些调料放进汤里。看到秀才这样做，其他村民也纷纷从自家拿出食材来放进锅里。结果呢，原本只有石头的一锅汤，现在变成了一道原料丰富的美味，村民们围坐起来享用了一顿久违的美餐。

这个故事说明了什么是无限游戏，什么是开放、共生、无边界。

案例1　海尔的浴火重生——人人都是 CEO

来到海尔集团游学，进门时并没有宏大的展厅，但是越往里走，内心越是震撼。门口的一棵榕树代表着海尔的生根发芽，由此无限延展，到海尔的平台化、生态化的战略，面对一张张眼花缭乱的模型表，深感海尔对管理、对创客、对这个时代的深刻洞见。

我们首先进入的是海尔场景化的、智能化的生活场景，有施华洛世奇的冰箱，也有二十世纪五六十年代的自行车，从中可以看到海尔产品持续不断地迭代。整个海尔的发展就是一个产品线不断升级的过程，其管理理论不断突破的时间线，从最开始的管理出效益，到品牌出效益，到并购出效益，到生态出效益，到今天的无限延展。从海尔是海，变成海尔是云、海尔是火的状态，令人感慨。

企业的创始人最大的特质是什么？是颠覆过往，推陈出新。显然，张瑞敏先生做到了。1984 年他接手濒临倒闭的红星电冰箱厂，便开始在工厂里制定了 13 条制度。其中最有名的两条就是：不允许偷盗企业财产，不允许在工厂随地大小便。从工厂所有产品几乎都被退货的状态，到采购德国设备，再到砸冰箱，开启了他涅槃浴火的人生和事业历程。

海尔比我意想中的更强大。这个世界没有偶然的成功。能够从一个街道工厂成长为世界 500 强，必有其规律。在海尔公司，创业、平台、生态、创客，这些词语脍炙人口，员工耳熟能详。

企业即人，人即企业。人不是员工，而是企业家精神的创客！海尔有八万台车，都是社会化的，都是创客价值。

海尔提出："人人都是资本家，人人都是创客人，人人都是 CEO。"

海尔的"海创汇"的创业孵化平台包括了"众创""众包""众筹""众扶"等多种孵化模式。在全球布局了 20 多个创新创业基地，推动了原子聚合和分子降解的过程。

海尔公司提出"人单合一"，推动了"海创汇"，提出了三大类创业模式，即"企业内部创业""创业带动就业"和"共享式创业"。海尔提出：没有公司，只有平台；没有部门，只有小微；没有员工，只有创客。同时提倡"三化"改革：企业平台化、员工创客化、用户个性化。我的用户我创造，我的超值我分享。做到三权下放：决策权、用人权、分配权。但不是订单，不是业绩，而是用户需求。员工不是听企业的，而是听用户的，公司听员工的。

随着"后端模块化""前端个性化"，海尔公司由 8 万多人的大企业变成了两千多个自组织、自主经营体，企业变成生态圈，生生不息。砸冰箱就是零缺陷，砸墙就是零距离，砸仓库就是零库存，砸组织就是零在册。

为什么海尔一直能屹立潮头？本质上是他们持续不断地自我超越。

在战略上，他们从网络化战略转向了生态品牌战略。

在制造上，从传统工厂转向互联工厂，转向一切外包的工厂。

在产品上，从电器转向网器。

在管理上，从他驱动转向自驱动。

在文化上，从执行文化转为创业文化。

在组织上，从金字塔组织变成平台组织。

在用户关系上，从交易变成交互，顾客即创客。

在员工关系上，从雇佣关系转向为动态合伙人，新时代的员工一定要具备企业家的精神，成为创新的主体，做自己的 CEO。

不是要分红，而是要培养经营合伙人；不是要分虚拟股，而是要培养主人翁；不是要吸纳联合创始人，而是要找到具备企业家精神的创始人。

张瑞敏说道："创始人是一切的源泉，要永远自以为非，不断精进。凡墙都是门，要不断自我否定，走窄门，做难而正确的事。"

创始人必须要有强大的思想和哲学体系，必须持续不断地学习和精进。创始人必须在经营上不断地创新。无论是在机制上、产品上、模式上、战略上，还是在品牌建设上，都必须永远保持创业状态，永远归零。

临别海尔，以诗歌为铭！

归零，来战

你，

为什么要创业？

你的胆有多大？

这世界上有一种精神——

企业家精神，

永远从零开始，

永远颠覆过往！

你，

为什么要坚守？

你的心有多大？

这世界上有一种情怀——

创业者情怀，

永远心怀梦想，

永远追求卓越！

波澜壮阔的海尔，

永远自以为非！

峰回路转的青啤，

永远推陈出新！

海滩，有你跑步的矫健身影；

课堂，有你求学的灼灼眼神。

匠心注入，方明真知！

全心投入，方得始终！

智慧如水，无边无际。

真情如酒，晶莹剔透。

今天，如此酣畅淋漓！

感谢有你！

明天，如此奔放流淌！

全因有你！

我们在一起！

第二节
组织怎样活下去——反熵增

什么是好的组织？好的组织，如何活下去？

第一是危机感，忧患方能砥砺自新。

第二是与时俱进，具备新时代的组织特征。

第三是持续迭代，打造学习型组织。

❯ 一、危机感组织

中美贸易战前夕，华为受到了不公正的对待，有记者采访任正非，说道："现在美国这样针对华为，这是不是华为最危险的时刻？"

任正非笑着说道："现在绝对不是华为最危险的时刻。前段时间，华为发钱太多了，大家有些懈怠，那才是华为最危险的时刻。现在美国人这样针锋相对，我们的伙伴很警醒，工作很投入，这是一件好事情，我很开心。"

任正非振聋发聩地质问：下一个倒下的是不是华为？呼唤危机！呼唤在危机中持续地发起冲锋，既猛烈又持久。永远要让团队处于拼搏的状态，长期坚持艰苦奋斗。这就是动态合伙人的原点和理论支撑。

在《华为的冬天》中写道：十年来，我天天思考的都是失败，对成功视而不见，没有什么荣誉感和自豪感，也许这样能存活得再久一些。市场经济不是母亲，没有耐心，也没有仁慈。什么叫作成功？像日本企业那样，经过九死一生还能够活着，这才是成功。华为没有成功，只有成长。

任正非带领华为全体员工去参观史玉柱盖了一半的巨人大厦，现场已然杂草丛生，参观人员感到很惊讶。华为真正建立了与知识分子共创共享的机制，首度提出：资本主义、虚拟股计划、获取分享制，还有 TPU 激励计划，还创造出以"奋斗者为本、长期坚持艰苦奋斗、自我批判"的人才管理理念。

任何一个伟大的领袖和组织必须要有高度的危机感。

我曾经带领匠商同学去参观硅谷的英特尔。英特尔的创始人格鲁夫有句名言："只有惶者才能生存。"他出版过一本书——《只有偏执狂才能生存》，我读完以后，印象最深的是其强大的忧患意识。他在书中谈到王安电脑，如此卓越的企业，只是因为接班人选择和机制变革的问题，瞬间倒下。

摩托罗拉说道："爬山需要十年，落下只需要十秒钟。一语中的，自己成为注解。"

诺基亚说道："我们真的没有做错什么。"

大润发说道："我们赢了所有对手，但是输给了这个时代。"

有一句话说道："时代抛弃你的时候，连招呼都不会打。"过去凭本事赚的钱，现在凭能力全部亏光了。因为今天的商业环境已经发生了翻天覆地的变化。

在历史上有很多君王，如唐太宗李世民、康熙等，前半生都是励精图治，后半生却呈昏庸的迹象。一个人能持续地精进、持续地自我反省、持续地自我鞭策，难之又难。我们能像褚时健一样75岁还去承包荒山吗？我们能像稻盛和夫一样77岁去接管日航吗？人生是一门终身修炼的功课。

人生有两种选择：一种叫扎营者，另一种叫攀登者。这个世界上有两种日子：一种叫过日子，另一种叫奔日子。95%的人都是过日子的人，只有5%的人是奔日子的人。我们呼唤团队成为攀登者，只是非常遗憾，每一个攀登者的内心都住着一个扎营者。因此，团队必须用动态合伙人的机制，让团队持续不断地动起来，产生核裂变，产生核动力。

百事可乐公司曾推出过"末日管理法"，总经理担心汽水市场会走下坡路，同行间竞争会更激烈，于是制造了一场危机，重新设计了工作方法与任务，要求年增长率必须达到15%，否则企业就不复存在。

谈到组织的代谢和优化，我们必须意识到：第一，懒惰是人的本性；第二，克服这种人性的懒惰，必须要有机制，如韦尔奇的 271 机制、德胜公司的 1855 机制（10% 优秀，80% 留用，5% 淘汰，5% 培训）。

应对熵增的核心策略是建立动态组织，组织决定了战略，组织决定了效率，组织决定了竞争力！

二、新时代组织的 A

在过去的组织创新中，首先是工业革命，机器超越了手工，组织形式是标准的、严谨的、规范的。

本世纪初，由于知识革命和信息化管理，组织不再是标准化的团队，而是激发和赋能于小单元团队。今天，随着现代互联网和人工智能的全面兴起，组织又在进行全新的演化。

组织的全新演化是希望组织的每一个细胞都能绽放，不是老板给你一张网让你抓几条鱼，而是你去发现心中的海，发现自己独特的捕鱼方式。

在新时代的组织系统中，要打造四种类型的组织，如图 1.1 所示。

第一种，打造学习型组织。打造师徒制，打造传帮带，处变不惊。面对问题时，迭代思考，判断推演，要相信没有什么是学不会的。

第二种，打造赋能型组织。唤起员工内心的激情和挑战，让他创造价值，而不是分配任务。让最聪明的人在一起，碰撞和交流出改变世界的策略。

第三种，打造去中心的组织。拥有更多的少将、连长，多细胞海星式管理，让听得见炮火的人自己做出决定。在西贝餐饮，服务员就可以为不满意的顾客免单。

第四种，打造进化型组织。能够主动寻求边界的压力和不适，开启无边界的组织。不用设计师的设计，知道自己擅长什么并且不断地迭代，对抗熵增，不断更新，永葆年轻活力状态。

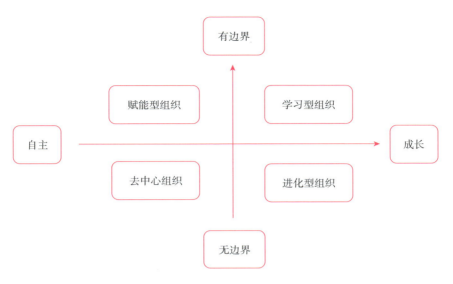

图 1.1 四种类型的组织

学习型组织、赋能型组织、去中心组织、进化型组织，你能做到哪一个？

❯ 三、问：如何打造学习型组织

都说只有学习型组织才能活下去，那么如何打造学习型组织呢？

第一个要点是信息共享，组织要有知识管理，好的信息可以公开，及时分享，准确有效。

麦肯锡能成为世界级的咨询公司，就在于其知识体系的共享管理。共享是人类文明进步的源泉。

第二个要点是领导人的推动。首先，领导人必须以身作则地继续学习，起到标杆作用，比如张瑞敏每年读 100 本书；其次，领导人要树立愿景，让大家看到梦想和未来；最后，领导人要倡导合作精进的氛围，使企业成为一个进化型的组织。

领导力的催化，才会有学习型组织的诞生。

第三个核心要点是组织设计。组织要开启无边界组织，打破职能式、筒仓式结构，让大家更高效地协同，这是学习型组织的重要特征。

苹果公司有一个巨大的中庭，大家可以交流；谷歌把办公桌变小；天士力公司采取了项目制结构，使业绩倍增，信息无限流动。

设计也包括授权，让团队成员成为自主解决问题的人，发扬员工的自主性。

第四个要点是组织文化。文化是无意识的，大家愿意去分享，愿意信赖、关心他人，我们有着非常强大的集体意识，彼此之间有一种非常密切的关系，比如无印良品的早问候、丰田公司的质量圈、京瓷推动空巴、阿里巴巴召开裸心会。有一个和谐的文化，自由公开，不用担心批评和惩罚的组织，才能更好地推动知识的共建。

信息共享、领导人的推动、组织设计、组织文化，是打造学习型组织的四大要素。

案例2　乐屋公司的动态合伙——修一条通天的路

我曾经为乐屋服饰做过企业机制升级的咨询。

甘信川创业近20年，在竞争激烈的服装行业摸爬滚打，从总代批发做起，延伸上游品牌，辐射零售门店，现在已经有50多家直营门店，销售额逾亿元。

最让人感动的是甘信川的初心，光明如许，澄澈湛然！

公司的大爱使命是：为奋斗者提供成长平台，成就创业梦想，蜕变草根宿命，实现身心幸福的美满人生！

初心决定命运，甘信川身体力行，其店长单月分红最高可达3万元以上，堪比公司高管的收入，真是令人惊叹！

公司的誓言是：在这里，没有老板；在这里，没有雇员；在这里，只有一艘叫作创业的轮船，励志创业是动力，勤学善思是风帆，她（他）只属于上进的青年！

彼此相依，共同学习，共同努力，共同奋斗，以达此愿！

企业愿景：将公司建设成为最具影响力的服装人才孵化基地，奋斗者的创业平台。

人对了，事就对了，人才汇聚，自然群雄荟萃，自然百尺竿头。

在门店的股权设计当中，乐屋服饰把握了以下三个要点。

第一个要点是敢分。分的不是5%、10%，而是20%、30%，甚至是40%或更高的比例，把存量变成增量，最终实现多方共赢。

第二个要点是打通职业生涯的机制。从导购员开始，就要有投资理财计划，为未来的投资入股做准备，形成店长合伙人—教练店长合伙人—区经合伙人—分公司合伙人—总部股东闭环式的晋升机制、发展机制和分配机制，三角支撑，熠熠生辉。

第三个关键要点是人才裂变。乐屋服饰特别重视人才的推荐奖、培养奖和育成奖。

如果你能够育成一个店长，你将会对所育成的门店具有10%的投资额度的跟投机会；如果你自己就是一个称职的资深店长，将对自己所在的门店有30%的投资额度；如果你调任其他门店，原来所在门店的人才是你培养的，意味着你依然可以享受10%的投资额度；如果你能够培养几个优秀的店长，那你不仅可以享受教练店的跟投机会，还可以成为区域经理，享受区域经理的跟投机会。

因此，人才裂变的背后是机制，是人性。变化的是人心，不变的是人性。

在咨询中甘信川曾动情地说道："在贵州，有很多小妹家境非常贫苦，你看到她们的时候，就会觉得她们真的太不容易了。最近我们有一名店长在六盘水买了房，几十万元的房子，整个村的人都轰动了。每一位员工，他们依然有权利拥有自己的尊严，我一定让大家有尊严地生活！"这一番铿锵有力、饱含深情的话语，让我对他肃然起敬。

仁爱、包容、诚正、坚毅，这正是企业家的灵魂；创新、求真、改变、精进，这正是企业家的品质。

成人达己，成己达人！

> **回顾：**在熵增的绝对影响下，组织要充满危机感，必须不断地进化，打造动态护城河，成为学习型组织、生态型组织。

第三节

团队如何生生不息——海星裂变

员工，从经营合伙人到事业合伙人，再到创业合伙人，产生创业合伙人的成功标杆，这才是企业的高水准配置，这才是自组织，人人都是CEO，海星式裂变，真正的人单合一、员工创客化、自组织、多中心。

你做到哪一层了？

企业如何拆分，变成无边界、可渗透、多中心、无限游戏的组织，是每一个企业的必修课题。

如何从大团队变成海星团队？如何无限裂变？本节将进行探讨。

➤ 一、好团队的三大标志

衡量一个好团队的三大标志是什么？

第一个标志，要看这个团队有没有年轻人。想当年的延安人才辈出，吸引了当时中华最优秀的精英来到延安。一家公司也是这样，如果团队里只有中老年人，没有一个年轻人，那么这样的组织显然没希望。因为年轻代表希望，年轻代表创意，年轻代表无限可能。

第二个标志，要看这个团队是否有强大的学习力和灵活度，是否具备成长性思维，终身成长。在当下的环境中，由于新媒体、视频时代的到来，微信在做视频号，抖音、快手也很火爆，但在这方面没有人是专家，所有人都要持续地学习和精进。

第三个标志，是团队的动态创业合伙模式。部门的边界不再清晰，团队成员长期处于共同创业状态，随时可以组织钉钉群，建立新项目，开展新事业。

澳大利亚最大的房产中介平台——华人地产投资联盟，就是利用了原子裂变的方式。这家房产中介平台除了构建数据化管理系统外，只有管理者和其他两名员工，他们管理着500多位房产经纪人，年销售额达到18亿澳元。导师向另外一个年轻的经纪人传授自己的销售技巧，当年轻的经纪人变得成熟后，就开始脱离小群体，以原子的方式和新的分子开拓新的市场。以此类推，不断裂变，快速高效地实现全覆盖。

这个时代，人人都是创业者，人人都是资本所有者！

在改革开放之初，万向集团就创造性地提出了"人力、资本两袋投入"与"分家制"的人才激励理论。

第一个是脑袋投入，第二个是口袋投入。一个是对员工智慧资源的投入，另一个是对员工利益的投入，也可称为"人人都是CEO"。

❷ 二、海星团队拯救世界

天下生万物，万物皆共生。

从物种到生态，从木匠到园丁。

从企业到平台，从管理到赋能。

从自上而下到自下而上。

从组织到自驱动，这个时代发生了巨大的变化。

自2020年起，在全球新型冠状病毒肺炎疫情的影响下，中小企业尤其是服务行业，遭遇重大挑战，那么经营如何维持、成本如何控制呢？

团队形式必须作出重大调整。阿里巴巴在遇到挑战和危机时，首先想到的三个字就是"调结构"。如果团队的结构没有发生调整，那么我们这个战略就没有办法贯彻和落地，就没有办法推动和执行。

那么怎么调整呢？

第一个，打造海星团队。企业在不断做大的过程中可能会出现官僚主义、人浮于事、岗位职责模糊等情况，因此，团队只有划小。

匠合曾经邀请京瓷的首席技术官做游学分享。他说道："假如三个人在这里唱歌，谁没有唱，一目了然。但如果 100 个人在这里唱歌，谁没有唱，你是看不出来的。"我在企业做咨询时，一位员工非常痛心地告诉我，另外一个员工曾悄悄跟他说，他一个月的工作实际上一天就可以全部做完，其他时间完全可以休息。不知道老板听到这句话，是否会火冒三丈。

一个组织在做大的过程中，效率绝对是处于熵增的状态。若熵元素持续增加，组织就会毁灭。如何能熵减？必须要变成海星。海星会无限地裂变。假如把一只蜘蛛的腿弄断了，这只蜘蛛可能就死了，但如果把海星的一部分切下来，那么它就会变成一个新的海星。如果具有类似海星这样的能力，那么这个组织就变成了无限生命体。

在现在这个时代，团队不是做大，而是做小，必须划小经营单元，进行独立核算。

在地产行业，碧桂园的同心圆计划，成就共享计划，对每一个项目进行独立核算，推动项目跟投计划，推动项目负责人的经营意识和自主意识。万科、龙湖皆是如此。

华为公司提出"平台 + 分布式管理"。分布式管理的逻辑和海星组织的逻辑是一样的，就是组织要划小，重新进行核算。

商业世界面临新一轮的结构和重组，整个商业社会都会经历"从一到零"的结构演变过程，组织将经历颗粒化重组。

正如现在的手表能够侦测人的体征一样，物联网能让人们时刻了解商品的运输状况。数字平台将会对组织进行微粒化的分解、聚合和裂变。

微粒化就是无限缩小的过程，从宏观组织聚焦到分子，再到原子，再到能量。组织微粒化使企业不再是一成不变的稳定形态，而是具有液态特性的柔性组织网络型组织。企业内外部的边界变得无比模糊，内外部的人员可以自由流动，自由组合。

> **回顾：**裂变海星，创业合伙人是一种全新的商业文明，是一种全新的公司治理方式，是一种全新的人才动力机制，是一种全新的企业跨越战略。

❯ 三、裂变合伙人

裂变合伙人，对于吸引、激励、培养和保留创新型人才，唤醒大家的创业激情，具有重大的历史意义。

裂变合伙人可以整合有企业家精神的人才，可以打破组织边界，可以有上下游渠道合伙人、有产业生态合伙人，链接无限资源。

我有一位开办设计院的同学，他们的设计师成熟之后就可以去开新的设计院。现在，已经在几个城市建立了自己的分院，一个设计院一年有200万元的利润，分给相关创业合伙人100万元，公司还可以有100万元的收益。如此，皆大欢喜。

裂变合伙人的结构就是"组织平台化＋自主经营体"，是去中心化的、分布化的、多中心的成长。比如温氏的"5.6万个农场"，韩都衣舍的"上千个工作小组"，而平台更多的是赋能支持。

合伙人的本质是智合。参与价值权利的分享，对企业经营具有决策权。

未来的组织结构将会是平台化＋分布式，多中心制，以人力资本为纽带，相互赋能。形成量子式纠缠的能量场，实现价值核算和增量分享。

▌ 案例3　喜歌实业如何打造平台化组织——109将的传奇

走进我们匠商标杆企业——喜歌实业去分享《传承领导力》。这是一家一年有60亿元营业额的企业。

在竞争激烈的服装行业，如果能杀出一条血路，真是不可思议，我听完创始人陈贤喜的演讲后，非常感动，完全符合稻盛所言，全身心地投入，每天工作到深夜十一二点。

总结如下：

第一点是强烈的"利他"精神。

看了陈贤喜写给员工的家信，炽热真诚："服装不难做，中国找喜歌。做有温度的企业。"字字真挚，戳中心弦。创始人陈贤喜说道："在喜歌，不是员工为老板打工，而是平台为个人服务，为此公司特地成立了'十八罗汉''二十四金刚''三十六天罡''一百零九将'，就是为了更好地服务客户和喜家人，真心地成就每一位在喜歌实业拥有梦想的人。"

喜歌的使命是"不能让客户赔钱，不能让员工没钱"，也就是说管理层要为喜家人的"生存能力"负责。而企业不仅要为喜家人在公司的生存能力负责，更要为他们的职业生涯和为社会贡献的价值负责。喜歌实业将来能发展到什么样的规模，谁也说不准。但公司可以很真诚地让每一位在喜歌奋斗过的人知道，喜歌实业是一家有担当、为员工拼搏过的公司。公司是每一位阿喜人的"梦想地图"，是人生前进的"指南针"。

第二点是强烈的合伙文化。

喜歌的上下游供应商对外有十八兄弟，对内有十八罗汉、三十六天罡和一百零九条好汉，而且虚位以待。

店长投资 2000 元，就可以有入学培养的资格，投资 1 万~2 万元就可以有店长分红的机会，可以分到门店 35% 的分红。在 35% 分红之后，如果升到区域经理，可以有 15% 的分红，也就是 65% 的 15%，大概为 10% 左右。

第三点是动态合伙标准。

喜歌的核心经营理念是公司一定要降低经营成本和人力成本，同时还要保证人均收入的增长，即工资要增长，但是人事占比的费用率必须要下降。这就形成了非常鲜明的对比，具有明显的阿米巴经营特色，人人都是经营者。

人效如果没有达标，一律退居二线。有一个服装项目，人均收入只有8万元，当年考核不合格，立刻取消该项目，将部门一把手调整到其他部门做副手，怀菩萨心肠，行霹雳手段。

这样做，让每一个团队都有强烈的危机感。

第四点是正念的文化。

再提一次喜歌的使命："不能让客户赔钱，不能让员工没钱"，这是两句非常质朴的话。企业魂是"让一群不平凡的人，做不平凡的事情"。在新冠疫情期间，各行各业都面临巨大的挑战时，喜歌拿出了6000万元对员工工资进行兑现，结果让员工群情激奋，绩效目标超额达成。

当我们来到喜歌大厦时，让我最震撼的是公司董事长没有坐在他专属的大办公室，而是坐在一个小工位上办公。一个有10栋楼的老板，竟然能坐在外面的工位上办公，如此平实低调，大大提升了团队的战斗力和士气。

喜歌之行让我们的内心有吸到血的感觉，挑战高目标、海星裂变、学习型组织，这些动态合伙的特征，在喜歌得到了展现。

来到陈贤喜先生的办公室，迎面赫然是"舍得"二字，久久驻足，心生感动。

裂变创业十个问题

为了帮助你更好地理解"海星组织 + 裂变式创业"，请思考以下的题目。

（1）裂变式创业所选取的创业者必须是企业内部员工或核心高管，还是可以来自外部？

A. 内部

B. 内外部皆可

【解析】裂变式创业的创业者不仅可以来自内部，也可以来自外部，这样才更加开放，成为一个公开的平台，更利于人才的流动。

参考答案： B。

（2）裂变式创业的创业者，可以拥有公司的注册股份吗？

A. 可以

B. 不可以

【解析】裂变式的创业者如果在公司奋斗多年，公司了解他的声誉和能力，实际上是可以拥有分公司的注册股份的。要注意的是分公司，而不是总部，另外要有明确的绩效条件和退出机制。

参考答案： A。

（3）裂变式创业的创始人，应该由公司任命，还是毛遂自荐？例如，我们需要一个新的事业部总经理，应该怎么做？

A. 公司任命

B. 毛遂自荐

【解析】裂变式的创业者，不建议由公司任命，而应毛遂自荐。根据内在动机的理论，一个人只有自己愿意去做，才会有充足的动力前进。

参考答案： B。

（4）裂变式创业者可以拥有公司的超额分红股份吗？

A. 可以

B. 不可以

【解析】裂变式创业者，可以拥有公司的超额分红股份，做得越好，分得利润越高，这样才会有真正当家做主人的动力，而不是一成不变。这在本书中很多章节会有探讨。

参考答案： A。

（5）裂变式创业者，需要自己投资吗？

A. 需要

B. 不需要

【解析】裂变式创业者是需要自己去投资的，因为"投钱才能投心"，甚至很多的项目，是采取"强制跟投"的机制，当家人、子公司负责人必须投资才能担任核心高管。比如在阿里巴巴所做的阿里妈妈项目的创业计划，不投资不能做操盘者。

参考答案：A。

（6）裂变式创业者的股份是一成不变的，还是有变化的？

A. 不变

B. 可以变化

【解析】裂变式创业者的股份当然不是一成不变的，这样才符合动态理论。如果做得好，股份是要增加的；做得不好要减少；做得差就要优化、回炉教育。

参考答案：B。

（7）海星组织在核算时，组织是不是越小越好？

A. 是的

B. 不是

【解析】海星组织在核算时，组织并不一定是越小（甚至核算到每个人）越好。例如营销团队就提倡铁三角服务，营销、客服、项目经理形成铁三角，要站在客户的角度，站在组织效率的角度，从一人到三人，到多人，高效组合。

参考答案：B。

（8）公司有一个新项目，可以让高管去裂变式创业，请问公司的其他员工可以投资吗？

A. 可以

B. 不可以

【解析】公司的其他员工，中层以上的干部可以投资新项目（也称为自愿跟投项目），因为他只有投资才会关心。当然，自愿跟投有一定的额度，同时有一定的要求和标准。

参考答案：A。

（9）裂变创业者，投资额度占多少比例比较合理呢？

A.15%

B.30%

C.45%

【解析】投资额度占多少比例比较合理呢？我们建议是在30%以内，因为要注意未来的增加，保持一定的空间，15%的比例又过低，很难调动裂变创业团队的积极性。

参考答案：B。

（10）裂变式创业者享受的股权种类有哪些？

A. 注册股   B. 分红股

C. 超额分红   D. 以上各种组合

【解析】裂变式创业者享受的股权种类显然是组合拳，而不是单一的激励方式。组合拳代表灵活度，代表激励的多维度，这样才能够让裂变式创业者产生更丰富的、充沛的动力。

参考答案：D。

> 回顾：裂变组织是趋势，海星团队是必然，子公司是未来和前景。

第二章

"动"态合伙人的环境

我们为什么要研究动态呢？因为企业必须持续地精进，永不懈怠。正所谓"永远战战兢兢，永远如履薄冰，居安思危，居危思进"。想要让人动起来，必须有一个动态奋斗的场域，人造场，场造人。顶尖的企业家是一个造场的高手，不是群众运动，而是动员群众。一棵松树，在花盆里，就是盆景；在大山里，就是迎客松，完全取决于环境。

环境有三大要素：第一是组织的哲学；第二是创始人的心象和梦想；第三是公司的顶层架构。布局决定结局。

第一节

组织的灵魂是什么——哲学第一

环境的第一个核心是什么？要直击灵魂，要建设自己的哲学，树立不断自我超越的价值观。例如，华为的自我批判；阿里的激情；京瓷的付出不亚于任何人的努力，要谦虚、不要骄傲，等等。

家风家训才是真正的传家之宝。

有一次我去中原咨询时，有一位女企业家问了我一个很有意思的问题：是开国皇帝厉害，还是末代皇帝厉害？答案当然是开国皇帝厉害。她又问了一句：是开国皇帝拥有的资源多，还是末代皇帝拥有的资源多呢？当然是末代皇帝拥有的资源多。

但是为什么末代皇帝消失了呢？因为他好逸恶劳、耽于享受以及没有持续地开拓和精进。开国皇帝一无所有，所以需要在夹缝中求生存，撞得头破血流。他需要在挑战中杀出一条血路，才能够活下去。

我们绝对不能把员工变成八旗子弟。"八旗军"曾经是骁勇善战的代名词，但中由于没有持续地激活，人变得松散，八旗子弟变成了纨绔子弟，成了遛鸟瞎逛的代名词。

人力资源专家彭剑锋痛心疾首地说道："当员工的年薪是二三十万元的时候，他真的很拼。但当他真正拥有百万年薪的时候，反而拼不动了。这是为什么呢？因为他已经实现了他人生的财务目标，不再有奋斗的动力。"

如果一个人要能够持续不断地精进，他就必须有更大的梦想和目标。如果一个人开始懈怠，那么本质上是因为他没有更高远的追求。王阳明说立志迁善。一个人没有立下远大的志向，就不可能有更高远的追求。人如此，企业更是如此，这样才能让团队持续地发起冲锋。

稻盛和夫的杰出之处正是在于哲学。在六项精进中有一条是"要谦虚，不要骄傲"，意思是一个人要持续不断地精进和奋斗。

稻盛和夫说道："一个人只要有所成就，就一定会懈怠、骄傲、自满。"这是人性，难免如此。因此，一定要懂得持续的自我超越，就如《左手论语，右手算盘》的作者涩泽荣一说的一句话："心生欲念之时，当思困穷之日。"我们需要一生来和自己消极惰性的思想作斗争！

稻盛和夫在50多岁的时候想帮助日本国民把电话费降下来，于是创建了KDDI。当时他的责任准备金有1500亿日元。他决定拿出1000亿日元来做这件事情，其实他内心是有很多顾虑的。他扪心自问了3个多月，他做这件事情的目的究竟是什么？是为了自己的一己私欲，还是为了让这个世界变得更好？自己是否有大义之名分？当有了大义之名分的时候，我们才能够在事业上取得真正的成就。

在哲学上有三个经典的问题：

第一个问题是我是谁？

第二个问题是我要去哪里？

第三个问题是我从哪里来？

我是谁？这个问题非常好，很多时候我们会觉得，我是谁？我是一个老师，我是一个医生，等等。

有一个哲学家提出了一个非常棒的观点，"我是谁"可以解释为"我是一个未完成体"。因为你不知道，你会成为谁，人的一生有很多未知的、不可确定的因素。因此，面对生命，永远充满敬畏和好奇，有无限的可能性。

你怎么知道自己 50 岁以后不会再创建一家优秀的公司呢？你怎么知道自己未来不能创造一个庞大的商业帝国呢？你怎么知道自己未来不会登上火星呢？

"我是谁"应该以"将来没有完成的事"来进行定义，这是一种强大的成长性思维。这对于我们的动态合伙人来说是一个非常好的假设，或者是一个非常好的哲学命题。

我们不知道将来的人生会变成什么样，应该对我们的生命有更多的期许和憧憬，这样，我们的人生会有更多的可能性。

合伙源于文化的初心

企业文化是企业的灵魂。

文化的本质是什么？

一切文化的本质都是为了求生存！

为什么中国人说天道酬勤？

因为没有勤，就活不下去。

为什么全球无数大企业提倡以奋斗者为本，提倡以客户为中心？

因为不以客户为中心，缺乏奋斗精神，企业就会死。

文化说到底就是求生存的文化，无论国家、民族、企业，皆是如此。

不合伙，如何求生？不相互成就，如何彼此托起？

团队不能是乌合之众，必须有崇高的使命。曾经到台州，为华夏国旅做股权激励咨询。

一走进华夏国旅，立刻感到浓郁的企业文化，抬头看到的就是"我有一个梦想"的文化墙。

摘录中其中有一句："在旅游行业参差不齐的今天，我们如何能够做出一个有人格力、有操守、有满意度的旅游产品？"

在文化墙前，我驻足良久，无法抑制内心的激动。

本次股权激励计划出让 10% 以上的股份，让员工得到了合理回报，印刷精美的股权证书让员工备受尊重。

每一位优秀员工的代表发言都感怀真挚，让我们泪光闪动。

生命的目的是什么？就是让更多的人拥有爱的尊严，拥有幸福的生活。

当全体员工宣誓的时候，那一句"我们想要拥有更幸福的生活，就一定要承受足够多的挑战"让我热泪盈眶！

华夏国旅股权合伙人授予仪式使陈春芳多年的心愿终于完成，她非常开心。

成就同仁，必须来自创始人的灵魂使命和利他之心。

第二节
创始人最大的失败——心灵的枯萎

动态环境的第二个核心是创始人。创始人能不能持续地发起进攻？创始人心中有没有火？创始人眼中有没有光？创始人最大的悲剧不是失败，而是心灵的枯萎。

创始人有三大修炼：第一成为文化的代言人；第二拥有情怀、格局和梦想；第三用人格魅力带动团队。

➤ 一、如何打造铁军文化

打造铁军文化的第一个要点是创始人的气质、信念、格局和担当。

创始人该如何做？在华为，铁军要宣誓，要立志3年突破1000亿美元。任正非，这一个70多岁的老人带着核心高管齐声高呼。这就是创始人的以身作则！小米的CEO雷军带着全体伙伴高声震呼：小米铁军，3年决胜！这些都是创始人的气质，决定团队的气质！

打造铁军文化的第二个要点是沉淀。

所有的文化、价值观都是在战役中、实践中提炼出来的，而不是纸上谈兵。只有通过真正的战役，才能锤炼出企业的价值观。因此，一个员工在一个优秀企业只奋斗了一两年，是很难理解这个企业的精髓的。就像"洗澡蟹"一样，只是在阳澄湖转一圈，却没办法拥有阳澄湖大闸蟹的香浓！

同样，一个企业的文化沉淀也需要 8 年、10 年或更多。只有两三年历史的企业很难拥有企业文化，因为它的力量、精髓、积蕴和时间都是不够的。就像才存了两三年的一瓶酒，是不可能散发出岁月的浓香的，酒越陈才越香。只有真实地经历挑战、考验、打击，百转千回、九死一生，才能真正升华出团队文化。

当年，四野王牌军是如何锻造出来的？四平打了四次，何其艰辛，才有辽沈战役之大胜，才有平津战役之豪迈，灭桂系、下广东，在打海南岛的时候，没有船都敢跨海作战，形成一种性格，一种气质，打胜仗的状态，成为华为所说的"生而为王"！

❯ 二、创始人的情怀

《我曾走在崩溃的边缘》一书讲述了俞敏洪创建新东方，从 0 到 1，从 1 到 N 的成长故事。电影《中国合伙人》的剧情正是来自新东方的实际故事，令人感慨万千。

我们要回答一个问题，为什么是俞敏洪？中国有无数的教育机构，为什么新东方能够成为首屈一指的机构呢？

第一，宗旨。俞敏洪的母亲在他很小的时候就提倡原则和宗旨。做人一定要有宗旨，俞敏洪是一个懂得付出的人，对朋友和对手皆是坦荡大气。

第二，一个坚韧的人。能够掌握两万个 GRE 词汇，高考考了三次，这个人就是俞敏洪。

从被别人绑架，到九死一生，创业者真的很艰难。

从浑水公司做空到 ETS 告其侵权，一路走来，真是无法想象的艰难。

诚实和坚韧是一个企业家的核心，只有深刻地认识自己，才可不断地自我升华。

第三，发挥人才优势。把大学同学从美国、加拿大拉回来一起入伙分股份。

第四，建立良好的公司结构。引进咨询公司进行合伙人的变革和股权定价，在这个过程中极其忍耐和开放，实现了从包产到户到真正的股份制。

正是在不断跨越的过程中，俞敏洪实现了涅槃重生！

❯ 三、创始人的魅力修炼

提到创始人的魅力，我们会说创始人有气场、有魅力，这些词都非常虚无。创始人魅力的本质究竟是什么呢？

是个性、气质，还是学历？

都不是。

其实是热情！

创始人要敢于表达自己的情绪。无论是积极的、感动的，还是忧伤的、悲悯的，人们会记住那些具有强烈感情色彩的词语。只有具有强烈的情感体验的时候，才可以留下极其深刻的回忆。

首先，表达情感体验要善于讲故事。

人们喜欢听故事，而不是听道理。在表达情绪的时候，可以用隐喻、象征、故事、图片来表达愿景，去理解并激发他人的情绪。

胡宗南进军延安，面临着延安要不要退出的问题时，毛泽东同志讲了一个故事。他说道：一个歹徒拿着牛耳尖刀想要打劫我们，如果我们放着财物不给，结果两败俱伤。如果我们把财物给了他，他手上拿着金银珠宝，腾不出手，我们就可以趁势夺走他的尖刀，将他掀翻在地。这就是退出延安的好处，人地两得。

故事是如此鲜活，让我们如此投入！

其次，表达情感、体验要举一个具体的例子，而不是一个抽象的原则和信息。

一个真实的例子，才会让他人产生共情和共鸣。因此，组织中要有感人的标杆，要有身旁的榜样。

最后，表达情感一定要激发听众的情感。

不是告诉他们做什么，而是要激发他们的同理心，他们才会真正地行动。

京瓷有"空巴"，阿里巴巴有"裸心会"，人民解放军有"诉苦大会"。

想要真正地改造一个大头兵，就要让他去诉说自己的苦难，让他真正明白自己为何而扛枪、为何而行动。

最可信的人有着深深的激情，就像一块炭一样，看起来很平静，却是如此地炽热。

创始人的大爱决定了企业的生命线。我们的咨询客户"橄榄树"就是明证。徐松表先生在 2010 年创建了"橄榄树"，创业初衷源于对自闭症儿童的悲悯和关心，关注自闭症儿童的成长。他们从一个小巷出发，千门万户地发宣传单。带着爱心和细心，创造了自己的一片天空，成了中国特教领域的领军企业。

那一天，是股权授予大会的颁奖仪式。来到现场，立刻会被公司的氛围所感动。现场有许多的员工易拉宝照片，个性彰显，光彩夺目，让员工觉得分外满足。

合伙人签约何其严谨，宣誓何其庄严，合伙人代表发言何其走心！

其中有一位校长在发言时不禁哽咽，想起当时创始人在狭小角落对他们的承诺，没想到一一成真。

我的由衷感受是：

第一，创始人必须要有人格的力量，成就员工之心胸，必须专注坚韧，持续发力。

第二，团队必须要做氛围建设。晚会、年会、表彰、员工形象展示、员工拜年祝福，妙趣横生，乐不可言。

第三，公司建好机制，人才自然涌现。

团队要呼唤年轻人，吸引年轻人，任用年轻人。音频剪辑、视频剪辑、晚会表演，这些真的是"90后"热衷的东西。

公司要营造一个"场"，让所有人为之努力。

祝你营造一个好的场域，让你的组织人才辈出！

第三节
顶层高于一切——画对图纸

盖大楼，图纸画错了，一切都错了。下棋，布局错了，中盘再努力，也无力回天。拿着身份证创业，没有顶层设计，大错特错。股权布局如下。

第一，要三权分立，从管理到治理，设立三会一层。

第二，要设计立体的、多层的生态架构。

第三，要做子公司裂变规划。

同时要做决策权的规划，股份很少，权力很大。

❯ 一、从管理到治理：三权分立

德国有一家公司叫博世。这家公司是生产发动机的，宝马和奔驰汽车的发动机都是博世公司提供的，博世公司在全球每年有600亿美元的销售额，是隐形冠军！

博世公司的创始人是罗伯特·博世，年老时正面临第二次世界大战，幼子只有14岁，如何能够将企业和精神传承下去呢？

第一步，罗伯特首先组建了一个委员会，由专业人士构成，制定计划，保障公司的未来，这七个人被认为是最了解罗伯特的想法和心愿的人。同时，为当年的总经理汉斯·沃尔滋（公司的掌门人）制定了详细的指导准则。

第二步，把单纯的家族企业转变为用现代思维治理的企业，这种转变主要通过资产管理的方式来实现。1964 年，非营利性的博世资产管理公司收购了博世有限公司 93% 的股权，成为绝对的控股大股东，获得了 93% 的投票权。

第三，博世家族拥有博世有限公司 7% 的股份，保留了家族对企业一定程度的影响力。

如此，博世形成了所有权、经营权和监督权三权分立的架构。这也就是许多德国企业为什么能够经久传承的原因。

在此之前，很多老牌的企业都是自己出钱，自己经营。而欧美已经出现了经营权和所有权分离的制度，这是美国和德国机制的核心。

豁然之后，涩泽荣一回到日本，创建了日本第一国立银行，将钱投资在企业家身上。于是，董事会显现，这出现了我们常说的职业经理人。

这个制度直接让涩泽荣一在明治维新期间建立了 500 多家企业。此时，我们的国家还是"官督商办"制，商人出资，政府委派官员来管理。洋务派早期的民用企业大多是这种形式。

为什么甲午海战中我国输得这么惨？在工具引进，在大船大炮上，我们赢了，但是在机制创新方面，我们输了。

虽然通过了南通张謇推行的制度创新，取消了官督商办，但是没有扩大到全国的范围。江南制造局、金陵机器制造局、福州船政局，左宗棠和李鸿章都没用，本质是机制落后。

因此要明白，制度高于技术。技术减少生产成本，制度减少交易成本。

什么是交易成本？就是我不相信你，不相信我的付出可以得到回报，因此，你需要给我明确的答复。在这个纷繁复杂的世界，交易成本的降低可以极大地缩短时间和提高精力。

吴敬琏先生有一篇经典的文章，题目是"制度高于技术"，非常值得一读。

【思考】在公司治理上，要形成三会一层，一层就是管理层，或者叫经营层，那么三会是什么？（选三个）

A. 股东会　　　　　　　　　　B. 监事会

C. 理事会　　　　　　　　　　D. 董事会

参考答案：ABD。

在主要人员备案中，至少需要备案一位执行董事、一位经理、一位监事。

从法律规定的角度看，公司自设立就形成了股东会、执行董事、监事、经理人的组织格局。

股东会是公司最高权力机构，执行董事负责重大事项决策，经理负责日常运营，监事负责监督。

如此，形成了有限责任公司的初级公司治理结构。

➤ 二、从组织架构到生态架构

新时代的组织架构也发生了重大变化。

组织内部如何进行结构的支撑和划分呢？无内不强，无外不大。内部要做强，外部要做大。

今天，对于组织本身，需要进行生态架构的建设，通常是四级架构的模型。

最高层级，即第一层级是国际公司，一是品牌形象，二是起避税的作用。

第二个层级是投资集团，称为控股层，又称钱包层。比如说联想投资集团，下面有农业、医药、房地产等板块，投资集团起到控股和钱包的作用。

第三个层级是具体的实业层，可以进行拆分。如主业公司，针对本行；如科技公司，针对延伸产品；如运营公司，针对渠道；如采购公司，针对供应链；如互联网公司，针对用户运营；如软件公司，针对未来的趋势。

第四个层级是裂变层或海星层，如子公司，可以以城市为单元，也可以以项目为单元，苏州、杭州、南京都可以布局。

与第四个层级并行的还有分钱层，持股平台（有限合伙企业）用来作为股权激励和股权的设计，这个层级一旦打开，就开启了无限游戏。

因此，整个生态架构可以从四个层级来设计，从国际公司到钱包公司，到产业公司，最后到裂变公司。

◉ 三、如何设计子公司的三大类型

顶层设计的第四个层级，海星裂变的重要形式，是不断成立子公司。那么子公司有哪三种类型呢？

第一种，拆分性子公司，将公司成熟业务的价值链进行拆解，将相关的价值链装进不同的公司。比如，海底捞的供应链怡海国际，京东集团的京东物流。

第二种，复制型子公司。我们的培训集团在上海和杭州都有子公司，其模式一样，那么可以在成都或苏州开设模式相同的子公司，这种成熟业务的复制称为复制型子公司。

第三种，创新型子公司。可能是全新的业务，过去都没有做过的；可能是价值链当中的一些新环节；可能是完全不同于母公司的独立价值链。比如咨询公司、软件公司。

创新型的子公司，在经营股权架构设计的时候，会分为以下三种常见的模型。

第一种是体内控股，由公司作为老大来进行控股的子公司。

第二种是体内参股，由我们的实际控制人在体外控股，母公司只是作为公司主体参与一部分股份，不再是大股东了。

第三种是完全体外，就是由实际控制人作为投资主体，新业务公司作为全资的子公司。

由华谊兄弟成立的北京华谊兄弟创星娱乐科技股份有限公司（简称创星娱乐）就是一家体内控股公司，主要做粉丝和 IP，想要打造国内最大的粉丝经济生态圈。创星娱乐由华谊兄弟持有 53.14% 的股份，相关的负责人持有 46.86% 的股份。为什么要进行剥离和体内控股呢？这样做有以下五大好处。

第一个好处是新业务可以独立上市。

比如恒大地产拆分出了恒大文化；创星娱乐也是如此，于 2015 年 5 月完成股改，同年 9 月挂牌新三板。

第二个好处是独立运营、独立负责、独立成长。

因为是独立做公司，可以跟自己的上下游进行股权合伙来进行并购，具有独立的品牌价值和品牌形象，比如丰田旗下的雷克萨斯和安踏旗下的 FILA，只有独立的品牌才有独立的粉丝群。

第三个好处是独立引进投资人。

2015 年，创星娱乐引进了八名外部投资人，融资了 3000 万元人民币，每股价格 15 元，因为它是一个独立的公司主体，自然就可以有独立的股东。

第四个好处是可以实行更加灵活的激励政策。

因为是新公司，还是独立的公司，不需要依靠原有的成熟期的薪酬政策，更加强调激励性、灵活度，更加快速决策，提高效率。

第五个好处是自由地成长，自由地估值，也是最大的好处。

分拆上市的时候，可以出现更大层面的价值示范，而且对员工的激励效果更好，因为划分的单元越小，工作部门的价值就越可以得到凸显。

案例 4　绿地如何用 10 万元撬动 3000 亿元的市值

❯ 一、绿地重组的背景：与国资的博弈

1997 年之前，绿地控股集团有限公司（简称绿地集团）是百分之百的

国企。

1997 年，绿地集团改制为有限公司，董事长张玉良抓住时机，将员工持股会的持股额度提高至 18.88%，成功将员工的利益绑上绿地的战车。之后在上海政府的支持以及企业发展需要增资的情况下，员工持股会多次增持，最高时一度超出 50%。

2014 年，绿地集团急需融资，继续扩大市场化改革，计划借壳金丰投资上市，但绿地集团的股权结构与华为相似，分散在员工手中，当时有 982 名员工通过员工持股会间接持有绿地集团股份。如何将这 900 多名员工手上股份的决策权集中至张玉良手中呢？根据上市规则，员工持股会不具备法人资格，不能成为上市公司股东，所以必须将员工持股会转为合法的股东，同时需要满足员工的利益诉求以及董事长张玉良和管理层对绿地集团的控制权。

绿地集团通过 1 个大有限合伙和 32 个小有限合伙的组织形式，解决了这个问题。这种员工持股方式，也是现在上市公司的标配。

二、10 万元启动 3000 亿元市值的实操方法

绿地控股集团现行的股权结构（2021 年 1 月 27 日）如图 2.1 所示，其中上海格林兰投资企业（有限合伙）就是 900 多名员工的持股平台。

图 2.1 绿地控股集团现行的股权结构

1. 设立小注册资本的有限公司

2014 年 1 月 27 日，绿地集团管理层成员共同出资成立上海格林兰投

资管理有限公司（简称格林兰投资），格林兰投资的股东由绿地集团的43位管理层组成，张玉良担任法人，公司的注册资本为10万元。这家公司设立的目的是作为员工持有平台的执行事务合伙人。

格林兰投资注册资本仅有10万元，这么做的好处是什么呢？用小注册资本的有限公司作为员工持股平台的GP，好处有两个：

第一，GP承担无限连带责任，但是用有限公司作为GP，可以阻断无限连带责任，作为有限公司的股东，张玉良等人只需要承担注册资本10万元的责任；

第二，GP只占0.1%的合伙份额，即可持有合伙企业100%的决策权，因此便于张玉良集中员工持有股权的决策权。

2. 设立32个小有限合伙企业

2014年2月，32个小有限合伙企业成立，格林兰投资是每个小有限合伙的GP，格林兰投资在每个小有限合伙企业里只出资1000元，在32个公司共出资3.2万元。小有限合伙企业的其他合伙人是由绿地集团持股会会员组成。

根据《中华人民共和国合伙企业法》第六十七条的规定："有限合伙企业由普通合伙人执行合伙事务。"因此，由于32个小合伙企业的GP是格林兰投资，所以原员工持股会的管理控制权全部集中在以张玉良为首的绿地集团的管理层手中。

3. 设立大有限合伙企业

同时，绿地集团还设立了一个大有限合伙企业，该有限合伙企业由1位GP、32位LP（有限合伙人）组成。格林兰投资是大有限合伙的GP，出资6.8万元，另外32名合伙人即上述的32家小合伙企业作为大合伙企业的LP，合计出资3759.7万元。

因此，大有限合伙企业的管理控制权也集中到了绿地集团的管理层手中。至此，绿地集团管理层通过出资 10 万元控制了约 3766.5 万元的持股权。到 2015 年上市时，绿地集团市值超过了 3000 亿元。

以上操作见图 2.2 和表 2.1。

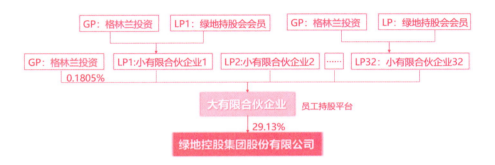

图 2.2 大有限合伙企业

表 2.1 设立公司步骤

设立公司步骤	公司名称	公司性质	注册金额 / 万元	股东成员
1. 成立 1 个小注册资本的有限公司	上海格林兰投资管理有限公司	有限公司	10	43 位绿地高管，法人为绿地集团创始人张玉良
2. 成立 32 个小有限合伙企业	—	有限合伙	格林兰投资 1000 元，其余为绿地集团持股会会员出资	GP：格林兰投资 LP：绿地持股会会员
3. 成立 1 个大有限合伙企业	上海格林兰投资企业（有限合伙）	有限合伙	3766.5521	GP：格林兰投资 LP:32 个小有限合伙

注：GP 普通合伙人对外执行合伙事务，相当于拥有了 100% 的控股权。

格林兰投资在小有限合伙企业中出资 1000 元成为 GP，32 个有限合伙企业合计出资 3.2 万元；格林兰投资在大有限合伙企业中出资 6.8 万元成为 GP。合计出资 10 万元，控制了约 3766.5 万元的持股权，对应的资产值约 190 亿元。

❯ 三、用合伙企业作为员工持股平台的分析

1. 便于控制权设计

如果员工直接持有主体公司股份，否则需要通过签署《一致行动人》或者《表决权委托协议》等方式进行决策权集中，否则需要另行约定。但是如果将员工纳入合伙企业中，GP 从法律上便对公司拥有 100% 的控制权，有的 LP 仅为分红权。

2. 不会重复纳税

《中华人民共和国企业所得税法》第二十六条第二项规定："符合条件的居民企业之间的股息、红利等权益性投资收益，为免税收入。"

因此，与直接持有主体公司股份不同，员工在持股平台上持股不会增加企业的税负。合伙企业可以进驻税收洼地，享受税收返还优惠。

3. 员工股东进退约定比较灵活

合伙企业是人合的公司，进入、退出、分红的约定比有限公司更加灵活。在合伙企业中，如果因合伙人变动需要变更工商手续的，不需要经过主体公司股东。如果员工直接持有主体公司股份，若在 IPO 申请中有员工离职导致的股份变动，则很有可能会影响上市进程。

❯ 四、持股平台员工持股协议模板

合伙企业协议由工商局提供版本，员工可自行签署补充协议。若当地工商局允许修改模板，则可直接签署一份协议，根据当地的工商局窗口要求签署。

《××（有限合伙）合伙协议》之补充协议

本补充协议由下列各方于____年____月____日在____省____市签订。

甲方：×× 有限公司（简称普通合伙人）

法定代表人：××

乙方：××、××、××

（简称有限合伙人）

鉴于：

甲乙双方已于____年____月____日签署了《××（有限合伙）合伙协议》（简称《合伙协议》）。

为进一步明确双方的权利义务，根据《中华人民共和国合伙企业法》等有关法律法规的规定，经友好协商，双方达成一致意见，特订立本补充协议，以供各方共同遵守。

第一条　合伙人出资方式及数额

合伙企业出资总额为人民币 50 万元，各合伙人认缴的投资额及出资比例见下表。

各合伙人认缴的投资额及出资比例

合伙人姓名	投资金额 / 元	认缴投资额	认缴比例	出资方式
				现金
				现金
				现金
				现金
				现金
				现金
				现金

第二条　利润分配和亏损承担

××（有限合伙企业）（简称合伙企业）因对 ×× 有限公司（简称目标公司）长期股权投资而获得的收益（包括但不限于投资转让收益及分红所得）在代扣代缴各合伙人个人所得税后（简称税后收益），全体合伙人同意按照以下方式进行分配。

分红规则：_____（按照每家公司发布的《员工持股计划》中约定执行）。

第三条　普通合伙人权利

普通合伙人对其他全体合伙人负责，行使下列职权。

（1）代表合伙企业对外开展与持有或转让目标公司股权（股份）有关的业务。

（2）代表全体合伙人签署新的有限合伙人的入伙协议或退伙协议。

（3）制定合伙企业的年度财务预算、决算方案。

（4）决定合伙企业内部管理机构的设置。

（5）制定合伙企业的管理制度。

（6）将执行事务的权力委托给指定的人。

（7）决定转让合伙企业持有的目标公司的股权（股份）。

（8）代扣代缴有限合伙人相关税费。

（9）决定合伙企业经营管理中的其他事项。

第四条　入伙

4.1　新合伙人入伙时，需经普通合伙人同意，依法订立书面入伙协议。订立书面入伙协议时，普通合伙人应向新合伙人如实告知合伙企业的经营状况和财务状况。

4.2　新入伙的有限合伙人对入伙前有限合伙企业的债务，以其认缴的投资额为限承担责任。

4.3　新入伙的有限合伙人应当满足以下基本条件：

（1）普通合伙人同意。

（2）满足目标公司股权激励方案或计划设定的其他条件。

第五条　退伙或转让合伙份额

退出规则：_____（按照每家公司发布的《员工持股计划》中约定执行）。

第六条　保密义务

本协议任何一方应对本协议有效期内所接触的关于目标公司以及合伙企业的商业秘密（包括但不限于专有和非专有技术、商业、财务、运营等信息）严格保密，不得将任何保密信息披露或传达给除本协议签约方以外的第三人。

第七条　违约责任

7.1　除本协议另有规定或协议各方另有约定外，任何一方违反本协议给本合伙企业或其他协议方造成损失的，均应承担相应的赔偿责任。

7.2　由于不可抗力的原因，使本协议无法继续履行，合伙企业设立失败的，任何一方均不负违约责任，各方已缴纳的出资全部退回。合伙企业设立过程中发生的费用，依法由合伙企业承担，如合伙企业设立失败，由各方按其认缴出资比例分摊。

7.3　有限合伙人发生退伙或触发回购条款等情形的，或应普通合伙人要求的，要协助公司履行工商变更手续，该退伙合伙人如一个月内不配合普通合伙人及本有限合伙企业进行工商变更，按其投资额的 2 倍作为违约金承担责任。

第八条　其他

本补充协议自各方签字之日起生效。本补充协议一式叁份，甲、乙双方各执壹份，其余壹份由合伙企业保存备查。

本补充协议未约定事宜，以《合伙协议》约定为准。本补充协议与《合伙协议》不一致的，以本补充协议为准。（以下无正文）

（本页无正文，为《××合伙企业（有限合伙）合伙协议》之补充协议各合伙人签字页，无正文）

甲方（普通合伙人）：　　　　　　　乙方（有限合伙人）：

签订时间：　年　月　日　　　　　　签订时间：　年　月　日

案例 5　蚂蚁金服背后的股权架构

蚂蚁金服背后的股权架构

1999 年，连续几次创业都失败的马云带着 17 名追随者回到杭州。在湖畔花园 16 幢 1 单元 202 号的民宅里，创立了 B2B 公司阿里巴巴。这一年，马云"痛下决心"斥巨资 1 万美元将域名 Alibaba.com 成功地从加拿大人手中囊入麾下。

1999 年 4 月 15 日，阿里巴巴网站正式上线。Invest AB（瑞典银瑞达集团）副总裁蔡崇信，一位生在中国台湾、住在中国香港的投资人，在获悉阿里巴巴成立后，立刻飞往杭州洽谈投资，在和马云畅谈了 4 天后，决然放弃高薪，辞职入伙阿里巴巴。马云曾多次说道："没有蔡崇信，就不会有今天的阿里巴巴。"

蔡崇信加入阿里巴巴后帮马云干了两件大事。

第一件大事是在阿里巴巴确立了一套与国际接轨的现代企业架构。

当时马云还没有公司，只有一个域名。蔡崇信着手注册公司，参考当时互联网三巨头新浪、搜狐和网易的企业架构，建立了一套由境外母公司控股中国子公司的企业结构，母公司注册在英国开曼群岛，子公司分别设立在中国的杭州和香港。

蔡崇信根据马云的决议用合伙人制度创建了阿里巴巴，为 18 个创始人准备了一个完全符合国际惯例的英文合同，明确每个人的股权和义务，在激励、进入、退出等问题上达成共识，为后续阿里巴巴的多轮融资和发展壮大奠定了基础。

第二件大事是对外融资。

1999 年 10 月，高盛集团领衔一众机构向阿里巴巴投资 500 万美元。

2000 年 1 月，日本软银集团的孙正义向阿里巴巴投资 2000 万美元，获取了阿里巴巴 30% 的股份。

2003 年 5 月 10 日，马云创立淘宝网。当年的 10 月 18 日，马云为了保证网络购物的顺利进行，正式宣布成立第三方网络支付平台；当月一位身在日本的留学生崔卫平把自己闲置的"富士相机"挂到了淘宝上成功出售，成为了淘宝的第一位卖家，也是支付宝的第一位用户。

2004 年 12 月 8 日，支付宝正式从淘宝网中拆分并独立出来，于是成立了浙江支付宝网络科技有限公司。

2011 年，为了获得支付牌照，马云将支付宝内资化，同时也拿到了支付宝的控制权，成为了支付宝的实际控制人。

2014 年 10 月，马云将支付宝、支付宝钱包、余额宝、招财宝、阿里小贷和网商银行等业务整合为一体，取名为蚂蚁金融服务集团，蚂蚁金服由此正式诞生。

2018 年 6 月 8 日上午，蚂蚁金服正式对外宣布，已完成新一轮融资，融资总金额 140 亿美元，估值 1500 亿美元。

蚂蚁金服作为我国估值第一的独角兽，其股权结构频频出现合伙企业的身影，截至 2022 年 1 月 21 日，工商登记显示蚂蚁金服共有 23 名股东，股权架构如图 2.3 所示，股东情况见表 2.2。

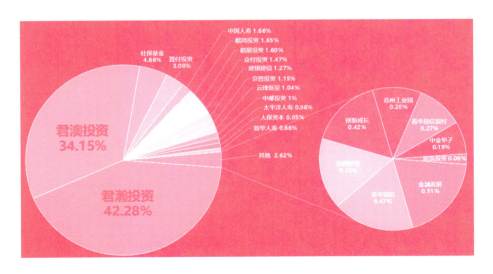

图 2.3 蚂蚁金服的股权架构

表 2.2　蚂蚁金服股东情况

编号	股东名称	持股 /%	性质	编号	股东名称	持股 /%	性质
1	君瀚投资	42.28	有限合伙	13	太平洋人寿	0.86	股份有限
2	君澳投资	34.15	有限合伙	14	人保资本	0.85	有限公司
3	社保基金	4.66		15	新华人寿	0.66	股份有限
4	置付投资	3.08	有限合伙	16	金融发展	0.51	有限合伙
5	中国人寿	1.66	有限责任	17	春华景信	0.47	有限合伙
6	麒鸿投资	1.65	有限合伙	18	经颐投资	0.42	有限合伙
7	祺展投资	1.60	有限合伙	19	创新成长	0.42	有限责任
8	众付投资	1.47	有限合伙	20	苏州工业园	0.28	有限合伙
9	建银建信	1.27	有限合伙	21	春华景信景付	0.27	有限合伙
10	京管投资	1.15	有限合伙	22	中金甲子	0.19	有限合伙
11	云锋新呈	1.04	有限合伙	23	蔚泓投资	0.06	有限合伙
12	中邮投资	1	有限合伙				

　　但是在蚂蚁金服的 23 个股东中，我们并没有看到马云的名字。于是我们对前两大股东君瀚投资和君澳投资进一步进行股权结构的穿透分析，具体结果如图 2.4 和图 2.5 所示。

　　终于在蚂蚁金服最大的股东"君瀚投资"中找到了马云的名字，他出资 2000 万元，仅持有君瀚投资 1.12% 的股份，为 LP。同时，我们发现与君瀚投资、君澳投资、君济投资、君洁投资合伙的 GP 都是杭州云铂投资咨询有限公司，而云铂公司背后的控制人正是马云。

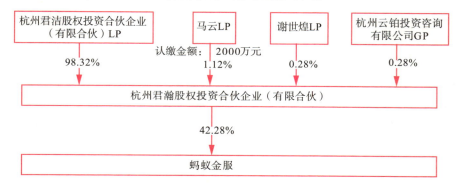

图 2.4　君瀚投资股权架构

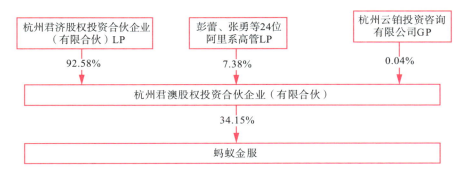

图 2.5　君澳投资股权架构

　　工商资料显示，马云于 2020 年 8 月 21 日将其持有的杭州云铂 66% 的股权平均转让给井贤栋、胡晓明、蒋芳三名自然人，签署了一份《一致行动协议》。股权变动前，马云持有杭州云铂 100% 股权；变动后，马云仍为公司实际控制人。

　　至此，我们才看清马云的错综复杂的股权布局，如图 2.6 所示。

　　虽然马云出资仅 2343.4 万元，只占蚂蚁金服总股本的 0.9% 的股份，却通过合伙企业的股权设计控制了一个万亿市值的金融帝国。

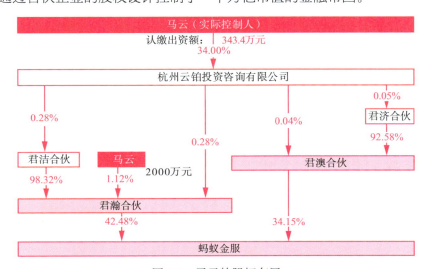

图 2.6　马云的股权布局

　　【思考】1. 马云没有直接成为合伙企业的 GP，而是先设立杭州云铂投资咨询有限公司，让云铂公司成为合伙企业的 GP，这样设计的原因是什么？

参考答案： 风险管控，根据《中华人民共和国合伙企业法》的规定，普通合伙人要对合伙企业的债务承担无限连带责任，马云通过让有限公司成为合伙企业的 GP 来控制风险。

2. 马云为什么要设立那么多合伙企业，还要合伙企业嵌套合伙企业？

参考答案： 不同的对象适用于不同的激励机制，老人和新人不一样，投资人和合伙人不一样，高层和中层不一样，不同的对象要放在不同的公司，是为了便于企业的管理以及制定灵活的合伙人的进入与退出机制。

案例6　如何从股权顶层设计帮助企业实现智能家居产业链配套服务的梦想

浙江有一家锁业生产制造企业，专给国内知名锁业企业做配套服务。该企业有充足的国内外客户资源，拥有厂房和特殊行业的生产资质，但是急需经验丰富的团队打造智能锁业务，通过智能锁业务打通智能家居行业的"锁"，实现全产业链的配套服务并打造自己品牌的企业家梦想。

该企业拥有国内外客户资源、厂房、资质，因此在方案设计时，考虑通过并购成熟的团队实现快速的增长，扩充产业链条，实现智能家居全产业链配套服务的梦想。

该企业股权顶层架构图如图 2.7 所示。

图 2.7　该企业股权顶层架构

在股权顶层架构设计中，我们讲过四层架构，现在再分享一个三层结构。

第一层是业务层，即根据业务模式成立多个有限责任公司，用于赚钱。

第二层是控制层，即用有限公司作为业务层的母公司，拥有子公司的控制权，目的在于合并报表，把产业做大做强，作为对外的一个品牌窗口。

第三层是分钱层，即用创始人法人股东和有限合伙企业来控股，目的是在保证了创始人的控制权的同时也起到了节税的作用。

在实际操作中，我们发现大部分上市公司都会采用合伙企业（有限）作为员工持股平台。其实合伙企业（有限）的运用是对控制权比较好的一种设计，可以利用合伙企业（有限）中的执行事务合伙人 GP 具有控制权的这一法律特性来保证大股东控制权不被稀释。

在此，我们对有限合伙企业作一些总结，其利弊对比分析见表 2.3。

表 2.3　有限合伙企业利弊对比

编　号	优　点	不　足
1	控制权：出资额与控制权分离，GP 以较低的出资成本就可以掌握控制权，是拟上市公司股权激励的标配	合伙关系，没有法人资格，不能上市，GP 承担无限连带责任。
2	税负低：税收透明，以每个合伙人为应税主体可享受各地税收优惠政策，仅缴纳个人所得税，不需要缴纳企业所得税，避免了双重纳税	GP 按经营所得缴纳个税，税负偏高，适用 5%~35% 的五级累进税率表
3	公司治理灵活性高：分配机制灵活，有限合伙的收益分配完全由合伙人之间自由约定，不受出资比例的限制；合伙人进出灵活，可以规避因有限公司股东的变动影响公司层面的股权结构，特别是上市前筹备阶段对股权结构的影响；GP 可以劳务出资；评估作价可以由合伙人协商	合伙企业不能公募，只能私募；合伙企业以非货币资产对外投资确认的非货币性资产转让所得，不能像居民企业一样在不超过 5 年期限内分期均匀计入相应年度的应纳税所得额；公司不可做大，有 50 名合伙人的上限限制

图 2.7 中有限合伙企业的 GP 由创始公司（有限公司）来担当，目的其实很简单，就是 GP 的无限连带责任由有限责任的公司来承担，相当于在无限责任的前面建了一道有限的防火墙。

从节税的角度再来看，图 2.7 中的股权顶层架构，为什么是用法人持股而不是用自然人持股？下面我们来分析一下**法人持股与自然人持股的优势和劣势**。

法人持股的优势：

（1）法人持股可以避免承担无限责任。

（2）新股东的进入，不会稀释对公司的控制权。

（3）年度分红免企业所得税，而不是到个人手上，用于再投资过程没有税负。

（4）假设未来公司做大了，进行股权转让的时候，可以避免缴纳巨额的个人所得税。

自然人持股的劣势：

（1）自然人股权架构公司，自然人股东分红面临 20% 的个人所得税。

（2）自然人股权架构公司，自然人股东用未分配利润、盈余公积、资本公积等转增资本面临 20% 的个人所得税。

（3）自然人股权架构公司，自然人股东经常从公司借款用于自用，这样会面临 20% 的个人所得税。

（4）自然人股权架构公司，自然人股东缺钱的时候，经常拿着虚开的发票到公司报销来套取资金，面临虚开发票的风险，同样也会面临 20% 的个人所得税。

（5）自然人股权架构公司，当公司注销的时候，股东投资损失不能在税前扣除，也就是浪费了税前抵扣的损失。

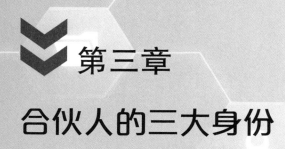

第三章

合伙人的三大身份

合伙人这个词，看起来无比美好，实际上，已被严重滥用。

那么究竟什么是合伙人？

给了股份就是合伙人吗？分了红就是合伙人吗？投了钱就是合伙人吗？事实上，很多人投了钱也不闻不问。很多人分了红，结果坐吃山空。真正的合伙人应该怎样来诠释呢？

我们专注于研究合伙人领域已有 10 年，由于我们的人力资源背景，我们更看重合伙人的实际表现。我们既不从法律角度，也不从证券角度，而是从人才评价的角度，发现合伙人有非常重要的三大身份：主人翁、经营者、奉献者。

第一节
心灵身份要塑造——主人翁

他必须要成为主人翁，形成心灵契约，才能是真正意义上的合伙人。

亚马逊公司提出一个核心精神，就是"主人翁精神"，我们不是客人，不是来吃饭的，而是来做饭的，是来产生结果的，我们必须成为主人翁，企业才能够活下去。

惠普公司的前 CEO 卡莉非要去并购康柏公司，结果并购失败，让惠普公司损失惨重。卡莉在离职的时候，还得到了几千万美元的离职补偿，亚马逊公司看到这样的情景时，非常感慨，认为这就是没有主人翁精神的表现。

亚马逊公司的核心价值观里，有一个核心价值观就是主人翁。当我第一次看到时，我感慨，原来真理是何其地相似！

我们来看一下亚马逊对于"主人翁意识"的诠释。

领导者都是公司的拥有者。他们着眼长远，不为眼前而牺牲公司的长期利益。他们总能站在比自己团队更高的角度，代表整个公司作出决策和行动，从不会说这事儿不归我管。

象征主人翁的关键词有担当、成果和改善。

第一个关键词——担当。

你必须承担责任，杜鲁门总统说过，责任到此为止，不能再推。成为一个把信送给加西亚的人，没有任何借口。当你的团队有不正之风时，你敢于站出来，这就是主人翁。当损害企业利益的行为发生的时候，你敢于站出来，这就是担当。沧海横流，方显英雄本色，舍我其谁，这才是真正的担当。

近几年，因为新冠疫情的影响，大家都不能正常上班，我们公司的联合创始人认为公司需要降薪 30%，员工却说可以降薪 50%，这就是一种担当，一种长远利益的思考，一种与公司共进退的决心。

第二个关键词——成果。

公司是以成果活下去的，别人给你钱，你就要交付。你交付了什么，就能得到什么样的钱；你交付了什么样的成果，就能得到什么样的价值。你的产品品质如何，你是中国制造，还是德国制造？

你的品质决定了你的价值，你的价值决定了公司能否活下去。任何一个合伙人，无论身在何处，在任何岗位，都必须以自己的成果和公司进行交换，产生商业价值。

第三个关键词——改善。

关于人的问题，是每个企业家都非常焦虑的问题。华为有铁军，阿里巴巴有铁军，任何组织都必须要有一个能打硬仗的团队。

我曾去一家企业做咨询，这家企业发明了一款非常棒的智能手表，但是企业的发展却陷入瓶颈，其根本问题是没有形成核心团队。企业只招了五六十名员工，都是散兵游勇，没有捏合成一个团队。

你要有开创性的工作，就不能得过且过，也不能小富即安，更不能躺在功劳簿上面睡大觉。你要成为发动机，要持续地改善甚至颠覆自己。在这个时代，只有充满危机感的组织和个人，才能够活下去。

案例7 华为TUP计划如何激活年轻人

▶ 一、华为的股改之路

华为在推出TUP之前，曾做过三次重大的股权改革，见表3.1。

表3.1 华为的三次股权改革

时 间	股 改
1990年	首次员工持股计划
2001年	虚拟受限股
2008年	饱和配股制
2013年	TUP计划

1990年，华为首次提出员工持股计划，除了有激励员工的目的之外，还存在内部融资的功能，当时华为的资金周转非常困难。在职一年以上的员工可以入股，股价为1元/股，这些股份称为"原始股"，和员工的级别、绩效挂钩，入股资金为员工当年的年终奖。

2001年，华为正式推出"虚拟股票期权"计划，又称"虚拟受限股"。早期员工持有的"原始股"，逐渐被回购转换成虚拟受限股，华为股份由任正非和华为工会持有。此次计划中华为大幅增加配股额度，本次股改更偏向于激励，同时对股权完成了从实转虚的过程，避免发生员工股权纠纷诉讼。虚拟受限股使华为上下真正做到了"利出一孔，力出一孔"。随着华为股票价值的增长，虚拟受限股也出现了激励过度的问题。

2008年，华为推出了"饱和配股制"。根据员工的级别，设定了不同的虚拟股持有总量上限。饱和配股制的推出，是为了限制"老华为人"购买虚拟股的行为，将虚拟股倾斜给新进员工。

2013年，华为推出"TUP计划"，5年一个分红周期，这是一种奖金递延计划，享受每年分红权和增值权，作为虚拟受限股的补充，此计划的推出是为了解决外籍员工和入职时限较短的员工的激励问题。

华为2022年的股权结构图如图3.1所示。

图 3.1　华为 2022 年的股权结构图

➤ 二、TUP 计划

1. 目的

（1）华为内部实施的"虚拟受限股"不适用外籍员工。由于不同国家的法律体系有差异，使得华为的虚拟受限股不能推广到全球外籍员工上，外籍员工的激励欠佳，在一定程度上阻碍了华为全球人才的有序流动。

（2）坐车的人逐渐大于拉车的人，财富向中高层聚集。虚拟受限股很难惠及入职不久的新员工。且自 2003 年开始，华为的人才被 BAT（百度、阿里巴巴、腾讯）为首的互联网巨头掠夺，华为需要强化对新员工的长期激励。

2. 股份获得

TUP 计划是一种税前奖金计划，不需要出资即可获得，周期为 5 年，5 年后股票清零。

3. 定量

根据员工的个人职级和个人绩效每年分配 TUP。

4. 分红规则

假设在 2014 年给员工甲配股 10000 股，当期股价为 5.66 元 / 股，到第五年即 2018 年华为股票为 7.85 元 / 股，则员工甲享受的分红权和增值权见表 3.2。

表 3.2　员工甲享受的分红权和增值权

时　　间	分红权		增值权
2014 年	××	考核期	××
2015 年	1/3 分红权	10000×1/3× 当期每股收益（每股收益 = 当期可分配净利润 ÷ 总股本）	××
2016 年	2/3 分红权	10000×2/3× 当期每股收益	××
2017 年	3/3 分红权	10000× 当期每股收益	××
2018 年	3/3 分红权	10000× 当期每股收益	10000×(7.85−5.66) 股票权益清零

2018 年之后，该 10000 股 TUP 权益清零。员工要想获得公司的激励，必须继续努力再获取新的 TUP。

三、TUP 计划的优劣势分析及在中小企业中的运用

（1）华为 TUP 计划是一种现金递延激励，不存在任何法律上的障碍。第一，可以有效解决公司外籍员工激励的问题。第二，有效解决了工作 5 年内的新员工激励不足和流失的问题。

（2）TUP 计划在一定程度上解决了老员工激励过度的问题。因为 TUP 激励周期只有 5 年，5 年后权益清零，所以若员工想要持续获得 TUP 收益，必须持续努力才能获得，一定程度上避免出现在虚拟股权激励中老员工在功劳簿上躺赢的问题。

（3）从长期看，随着 TUP 的推广和增加激励力度，一定程度上会降低虚拟受限股在整体收益中的占比，将利益倾向于"拉车的人"。

（4）TUP 最大的弊端是短期激励，不能使员工的行为和公司长期发展绑定，容易造成短期行为（特别是高管激励），损害公司长远收益获得短期收益。因此，TUP 激励制度要和长期激励制度相结合。

（5）TUP 计划非常适合中小企业（成长空间大的项目）用来吸引高管。创业型公司很难给到高级人才高薪，但是可以用股权的方式吸引。但要求

新高管一开始就往公司投钱，会有一定的难度，可以前期用 TUP 计划，不需要投钱，但做到业绩才能逐年拿到分红。或者用部分 TUP 加部分虚拟受限股的方式吸引人才，但必须要在未来留出虚转实的空间，便于高级管理人才的长期留任，避免高管和职业经理人的短视行为损害公司长期利益。

华为谈科学分钱

任正非说道："企业经营机制，说到底就是一种利益驱动机制，企业持续发展的动力不是人才的问题，是利益分配的问题。"

华为从不避讳和员工谈钱，而且是大谈特谈。任正非鼓励员工多挣钱，改变自己的命运，改变家族的命运，同时实现自我超越。在创业初期，华为还没有多少钱可分的时候，他就跑到员工中间跟他们聊天，给他们画了一幅美好的图画：

"将来你们都要买房子，要买三室一厅或四室一厅的房子，最重要的是要有阳台，而且阳台一定要大一点，因为我们华为将来会分很多钱。钱多了装麻袋里面，塞在床底下容易返潮，要拿出来晒晒太阳，这就需要一个大一点的阳台。要不然没有办法保证你的钱不变质。"

一般的企业谈钱色变，视私欲如狼似虎，唯有任正非能够毫不避讳，反而将分钱视为驾驭虎狼之师的不二法门。任正非说道："企业管理最难的工作是如何分钱，钱分好了，管理的一大半问题就解决了。"华为奉行"存天理，顺人性"，存天理就是始终坚持以客户为中心；顺人性就是以奋斗者为本，绝不让雷锋吃亏，贡献者定当得到合理的回报。

富兰克林曾说道："如果你想要说服别人，就要诉诸利益，而非诉诸理性。"

管理就是洞察人性，激发人的欲望。一个企业的成与败、好与坏，背后所展示的逻辑，都是人性的逻辑、欲望的逻辑。欲望是企业、组织、社会进步的原动力。欲望的激发和控制构成了一部华为的发展史，构成了人类任何组织的管理史。

任正非直接从组织活力的底层逻辑指出，企业经营的本质就是利益分配。他从自然科学热力学第二定律——熵定律中洞察到，企业作为一个存在体，同样受熵定律的约束，要想让企业活得久一点，企业必须不断打破利益平衡，主动构筑利益差。

通过与外部企业对标，构筑外部利益差，不断提升企业自身吸引和保有优秀人才的能力。通过构筑内部利益差，利益分配优先向奋斗者和贡献者倾斜，拉开差距，给火车头加满油。通过影响每个员工的切身利益，提升组织应对外部环境的整体能力，把市场压力无依赖、无衰减地传递到企业内部，使组织始终保持活力。

薪酬误区一：提成机制。

提成机制会让老板成为一个不讲诚信的人。原因有二，首先一个企业的大项目销售，往往是老板或公司高层冲上去搞定，销售经理反而不会有太多的贡献；其次，项目太大，会打破销售人员收入的平衡，老板往往会调低提成的比例，结果导致销售人员认为老板不讲信用。

薪酬误区二：重视目标，忽略计划。

对于如何定目标，华为有两个基本的共识。

第一，目标肯定不合理。因为目标是一种预测，没有人敢说预测是合理的。目标其实是一种决心，即你发誓要做什么，是企业战略追求。决定企业目标的是你对未来的预测、你下的决心和你的战略想法。

第二，实现目标的行动必须合理。具体目标值是公司的决心和诉求，是根据公司发展要求确定的，不能讨价还价。需要与公司讨论的是如何达成目标，即行动策略及资源需求，这是可以讨论的，也是必须讨论和推演的。华为的任何目标都必须经过事先推演，原子弹必须先在黑板上爆炸，才有可能在地上爆炸。没有推演的目标，就是莽撞和投机。

薪酬误区三：搞平均主义。

企业经营机制说到底是一种利益驱动的机制，这个利益的驱动机制就是让组织形成"利益差"。只有构筑企业利益差，才能让企业产生利益的交换和流动，犹如水差产生溪流和河流，温差产生风流和气流。企业的利益差，让企业充满活力。这种利益差表现为企业外部利益差和企业内部利益差。

构筑企业外部利益差，通过与外部企业对标，相比同行和市场上其他企业，给员工提供更有竞争力的利益分配机制，不断提升企业自身吸引和保有优秀人才的能力。构筑企业内部利益差，就是以奋斗者为本，不让奋斗者吃亏，让奋斗者获得超过普通劳动者更多的利益回报，让奋斗者所得超过资本所得，拉开利益分配的差距，充分激发组织活力。

这种不断构筑利益差的过程就是科学分钱。科学分钱不仅仅是狭义的物质利益的分配，还包括非物质利益的分配，如成长机会、职权、荣誉等各种人事待遇也都是"分钱"。

企业如何在不确定的环境下生存下来？如何找到应对不确定性的规律，以确定性应对不确定性？华为的做法是以内部利益分配规则的确定性，应对外部经营环境的不确定性；以组织的活力应对战略的混沌。

在应对不确定性中，企业能够把握的最大的确定性就是始终让组织充满活力，在方向大致正确的前提下，充满活力的组织不断调整进取的姿势，才能实现企业的战略和经营目标。即使一开始方向南辕北辙，一个优秀的团队也能及时地发现和纠偏，不至于让企业走向万劫不复的深渊。

华为是如何将薪酬和文化联动的呢？华为倡导三感。

三感，即基层要有饥饿感、中层要有危机感、高层要有使命感。

（1）基层：不以物质利益为驱动力，必须有强烈的事业心、使命感。

（2）中层：完不成任务，凝聚不了团队，斗志衰退，自私自利，将被挪窝，被降职。

（3）高层：对奖金的渴望、对股票的渴望、对晋级的渴望、对成功的渴望。

华为游学：美不胜收

这一天，心情分外激动，笔者来到了这个时代中国最牛的企业——华为。

车子开进华为的园区，就看到古朴雅韵的建筑，仿佛走进了大学校园。任正非先生年轻时是学建筑的，对于建筑美学有很高的标准。

停车漫步，园区湖光水色，波光粼粼，远处绿树掩映的建筑就是办公园区。怎么会想到如此美轮美奂、如诗如画的地方竟然是办公区？沿湖中长廊徐行，迎目朵朵莲花，黑天鹅听到人声凑上前来，蓝天绿水，心神俱醉。

诗与远方、花与湖、绿与树，何其舒适，自然大美，那是一种极致的宁静和放松。

我们来到了财经大楼，一楼是图书馆，亦有香浓的咖啡馆，任正非说道："一杯咖啡对接世界能量，一桶浆糊黏结各路英豪。"咖啡意指交流灵感的源泉，浆糊是文化和机制。

来到财经大楼的四层，场面更加的壮观，高耸的大厅，亭台的中庭，玻璃的穹顶，构成一条弧线。

一个偌大的图书馆，从哲学到历史，从文学到商业，许多同学点了咖啡，静静地坐在这里，徜徉在时光与知识的海洋中。

重头戏是展厅，一进展厅，恢宏大气，出现了一个巨大的投影，上面正是第二次世界大战中那个历经沧桑的飞机照片，以及那句经典的话："没有伤痕累累，哪来皮糙肉厚，英雄自古多磨难！"

走进这数字化的展厅，对于智慧城市、智慧河道、智慧生产、智慧交通的讲解，令人目不暇接，过去是人看灯，现在是灯看人。

巨变令人震撼！

第二天，来到久仰的华为松山湖基地。

松山湖位于深圳和东莞的中间，虽然位于东莞，但是离深圳也非常近，车程 50 分钟就从深圳来到了松山湖。

松山湖基地始建于 2015 年，占地面积 1900 亩。由 12 座不同风格的欧洲经典小镇组成，这里是华为的研发中心，一共有 108 栋研发楼。当年，松山湖房价精装的也只有 1 万元每平方米，而现在房价已经涨到了 5 万元每平方米，因为人才荟萃于此。

松山湖，比想象的还要美。一进去就看到漫山遍野的植被，远眺青山，近揽溪水。

我们坐着电瓶车往园区的深处驶去，途经卢森堡，来到了康桥，一路上，欧式的建筑令人悠然神往，红砖的外墙、陡坡的屋顶，拱形的石桥，庭院深深，无限遐想！

来到海德尔的长廊，远眺海德尔堡，有置身于德国的感觉。雄伟的海德尔堡和近处的平湖倒影，构成了一幅大美的山水之画。

溪水潺潺流过，绿树中掩映着红花，如诗如歌。

在古罗马歌剧院，我们小歇片刻，坐在回音台阶上，吃着华为的网红冰淇淋，品尝着人生。

悬崖、草坡、尖顶，一个又一个像童话般的欧洲小镇，令人心驰神悦。在这里工作，真是艺术的享受！

我们坐着小火车去餐厅用餐，菜肴丰富多样，有日式的料理、有中国的各种面食，还有各个地方的特色菜肴和美食。

华为，真是中华有为！

那么华为公司是如何进行政策设计和体制变革呢？

第一，从管制入手，建立《华为基本法》，九易其稿。

华为经过 3 年的时间，从人治走向法治。《华为基本法》提出要和顾客、上下游、员工形成利益共同体；提出要拿出营业额的 10% 做研发；提出要专注聚焦。这些都决定了未来的大局。

第二，从激励机制入手，建立获取分享制。

获取分享制就是产生业绩和利润，产生绩效结果，才进行奖金的分配。通过业绩利润双纬度评估进行分配。

第三，体制上，推行股份制，全员都是主人翁，同时推出虚拟受限股、TUP 计划等激励机制。

薪酬设计解决了员工的三份收入，即短期工资、中期奖金、长期股份分红。

管制约束人情，机制激活人心，体制唤醒人性！

华为的研发费用相当于一个省的 GDP 的总和。截至 2021 年，华为的员工已经达到了近 20 万人，在世界 500 强企业中，华为排名第 49 位，2020 年的净利润突破了 800 亿元，种种数字，令人瞠目。

临走时，我看到了华为的一张张"伙伴"的照片，和客户成为伙伴，和经销商成为伙伴，和联盟成为伙伴，和员工成为伙伴，一切都可以成为伙伴……

特邀华为高管做核心分享，思想波澜壮阔，回应此起彼伏！

学习收获

1. 研发战略

截至 2020 年年底，华为员工总数约 19.7 万人，其中研发人员 10.5 万人，研发费用每年度达到了千亿元。华为一直在用战略力量支撑公司的长期发展和长期主义，而营销团队只有 2000 人。

2. 文化

华为公司弘扬文化的方式是什么？

（1）照片。

华为公司用各种震撼的照片作为企业文化的感召力。

在欧洲核子研究中心的照片有：上帝的粒子、在非洲刚果瀑布下捕鱼的动人瞬间、乔伊娜的微笑、李小文的布鞋、第二次世界大战的飞机……让人触目惊心，让人心悦诚服。

（2）土话。

困难越大，荣耀越大。

向上捅破天，向下扎到根。

回头看，崎岖坎坷；向前看，永不言弃。

要让打胜仗的思想成为一种信仰，没有退路就是胜利之路。

（3）仪式。

2021 年 10 月 29 日，华为召开军团成立大会。任正非的讲话气宇轩昂，团队风采奕奕，豪情万丈。

3. 人资

（1）环境。华为的环境大美，氛围至善。员工身处华为，蓬生麻中，不扶而直。

（2）以奋斗者为本。变化是常态，没有什么事情是永远不变的。在华为，如果绩效结果不好，就不再参加任职资格评价，一切以绩效为导向。

（3）关注生活。华为公司的食堂伙食真的太好了。人力资源负责人去华为在印度尼西亚的分公司出差，印度尼西亚公司食堂里什么菜系都有，这位负责人一个月就重了十斤。任正非说道："世界上最好吃的，是也门饭！"

1987年，任正非开始创业，艰难困苦，玉汝于成。其中经历了多少无法想象的挑战和坎坷！而在今天，华为成了中国的企业代名词，成了一种精神的象征，成了中华民族复兴的排头兵，可歌可泣，深深致敬！

为什么任正非能够大成？创始人的特质是什么？

是创始人的精神，创始人的开放度，创始人的心力，创始人的学习精神。学天下万物，学世界级的各大咨询公司。

学创始人的格局和心胸，愿意分钱、分天下！挥金如土，爱才如命！

学创始人的战略决策能力，压强战略，聚焦战略，几十年来持续向一个城墙口发起进攻！

学创始人的平淡务实，不作秀，把事儿做好，低调，低调，再低调！

学创始人的危机感，问："下一个倒下的是不是华为？"

学创始人的凝聚力、号召力、感召力！

学创始人的审美，学文学、史学和哲学。

生命就是穿越，就是此时此刻！

仅以一首诗歌，代表华为游学的感受！

穹顶之上

湖是那么的静，

树是那么的绿。

荷花是如此大美，

真理是如此纯粹。

穹顶之上，是艺术之光，

书香之间，是心灵芬芳。

中华有为，国之梦想！

你带着光，一路坚强！

偶尔迷惘，从未慌张！

踉踉跄跄，心怀力量！

20 万华为伙伴，

为理想，万水千山，

创世界，科技万象！

跨征途，万险千难，

敢挑战，百计千方！

梦想无法阻挡，

青春热血点燃！

中华儿女担当，

可歌可泣衷肠！

第二节
担当身份要彰显——经营者

稻盛和夫最常讲的一句话是："你是一个经营者啊！"这句话意味深长。在日航重生的过程中，每一位机组人员都被全面激发。他们不会带洗发水上飞机，因为这会增加飞机的负重、燃油的损耗。在漫长的国际旅途中，可以销售飞机的纪念品和免税商品提高飞机的营业收入，这就是经营者。

在过去，日航的飞机从东京到香港，乘客虽然只有三五个人，但是机长和乘务人员依然会潇洒地飞到香港。无人关心这种状况，这绝对不是有担当的经营者。

因此，当我们推动合伙人的时候，一定要让我们的合伙人从骨子里、从心灵深处认识到，他必须成为一个经营者，一个真正意义上的、地地道道的经营者。

在 20 世纪 60 年代，稻盛和夫提出了阿米巴经营组织，把企业变成变形虫。

在 2020 年，我们邀请了稻盛和夫的左膀右臂——森田直行，来分享阿米巴经营组织的理念。森田提出，在阿米巴核算中，有赤字的部门不能走在公司走廊的中央，而只能走在走廊的边缘，因为你没有为公司带来经济效益。

日航复兴的核心就是每一架飞机的独立核算，并不是一定要做阿米巴，而是要把团队划小进行独立核算。要算出公司每一位员工的单位人均产出，要做出公司每一个产品的盈亏平衡表，要做出每一个顾客对你的盈亏平衡表。这样，公司的价值才能够无限放大。

划小经营单元，把每一个人变成自主经营体，是这个时代的趋势和潮流，也是这个时代的经营核心！

优衣库的创始人柳井正著有《一胜九败：优衣库风靡全球的秘密》，他还写了另一本书，叫作《经营者养成笔记》，提出的理念是：我们的店长、员工，每一个人都要成为经营者，对经营完全地负责。

优衣库有一家早上七点钟就开门的门店，它是优衣库全球开门最早的门店。为什么七点钟开门呢？这是因为这家门店的旁边是学校。早上七点钟是学生的上学时间，也是此处人流最火的时候。此时需要七点钟开门，绝妙呀！这样的行为，只有一个真正的经营者才能做到，必须具有敏锐的观察力和决断力。

7–11 便利店创始人铃木敏文，每个星期六都会给日本几千位 FC 经营指导顾问做分享。他认为不要以为下雨天的生意就应该不好。下雨天是可以卖雨具的。在任何一个时刻，顾客的需求都可以被满足，顾客的需求都可以得到更深层次的回馈，这才是一个经营者的思维。

世界连锁超市沃尔玛的创始人山姆·沃尔顿非常喜欢巡店，且巡店时会随身带一支录音笔。在门店出口处，他会询问空着手的每一个顾客：为什么今天你是空着手出来的？今天没有买到你想要的东西吗？你想要的是什么？你的需求为什么没有得到满足？因此当你能够满足顾客的需求的时候，才会是真正的经营者。

作为一名经营者必须具备以下三点能力。

第一点，掌握数据。

只有找到数据、理解数据、掌握数据，才能知道我们的经营状况。就像开车要知道仪表盘的情况一样。作为经营者，我们要了解库存、销售情况、净利润、顾客的回头率、进店率、客单价及连带率等，只有对这些数据了如指掌，才是一个合格的经营者。

第二点，发现数据的本质。

从数据中能够找到问题，找到需要改善的地方，本质上来自于对数字的敏感。正如了解我们的血压或血脂的数值偏高还是偏低，只有知道正常的数字是什么，我们才能找出问题，具备对数据进行分析的能力，这点尤为重要。

在一次经营分析会上，一位来自百丽的高管提出："为什么现在文胸产品销售不好，这是因为最大的问题是 80~120 元价格波段的产品缺失，所以导致销售下滑。"这句话说出来，众人猛醒，确实是一语中的。顾客买的不是贵的，也不是便宜的，而是适合自己心理价位的。

能够发现数据的规律，绝对是高人，这源于他长时间的琢磨，以及对数据极度的敏感和细致的观察，这就是我们所说的匠人之手、科学之眼、艺术家之心。

只有了解了数据，才能从数据中找到问题、发现机会。这样，我们就把问题升级为一个更加正面积极的层次，即机会。因为一旦你改善了这个数据，你的销售就会突破瓶颈。因此不是一个问题，而是一个机会。

第三点，制定绩效改进的措施。

当发现机会之后，接下来制定绩效改进的措施。一定要做干预措施，如何去改进？正是 PDCA 当中的 A。经过检查之后的再次行动，我们应该怎么做？这就是我们的那个 P，我们要重新制定我们的计划，我们该如何去做，是进行战略层面的变革，还是工作方法的变革，还是工作工具的变革？

从绩效改进的措施来说，通常会有六大维度。

第一个维度：如何让信息更加透明、公开，让所有人知道现实和情况。

在《赋能》这本书中，作者斯坦利·麦克里斯特尔谈到：信息越透明，一线的员工就越会有自主感和经营意识。如打车软件会通知驾驶员乘客的信息以及打车的信息。于是造成了生意的蓬勃，造就了一个平台。

第二个维度：是改进的措施，我们称为工具。

工欲善其事，必先利其器。研究发现，一个人去超市买东西的时候，如果一进超市门就给了他一个篮子，那么这个乘客购买的东西会增加 1/3，这就是工具的影响力。我在《读者》中看过一篇文章：中国国家图书馆在修复古书的过程中，过去一个工匠一天只能修复 1 页，现在在机器的帮助下，一天可以修复 40 页。

人类文明的进步就是使用工具的进步，从石器到铁器，从铁器到计算机。您的企业在使用什么样的工具呢？例如现在的社交工具、短视频工具、直播工具等，都是我们要去运用的工具。你不去用它，就没有办法产生更好的成果。

第三个维度：政策和机制如何得以改善。

我记得有一次去莫干山旅游，朋友安排了山顶上最好的酒店。但是很遗憾，这家酒店餐厅的饭菜实在是难以下咽。我很好奇，莫干山这样的旅游胜地，这么好的酒店，为什么饭菜做得这么难吃？

后来我跟导游在闲聊的时候，他说这家酒店的餐厅是国营的。在国营机制下，做得好或做不好，大家都无所谓，其收入没有任何影响。有一次，这家酒店有一个旅游团取消了，员工集体欢呼，因为取消后，大家就可以休息了。不用惊讶，这绝对是现实。

我问导游这里有什么好吃的。导游说道："你放心，我带你去一家绝对好吃的店。"莫干山上有一幢民国时期的别墅，我心里在想：这里的饭菜不会也很难吃吧？女老板非常热情，给我们推荐了她家的焖鸡，接近200元一只。我含着眼泪点了这道焖鸡，结果发现这只鸡鲜美多汁、香浓味美，真是不亦快哉！

女老板告诉我，这道焖鸡要从早晨一直焖到下午。很显然，这个别墅是她承包的，多劳可以多得，她是这个饭店的主人，可以百分之百地负责。

因此，不改变身份，就没有办法改变价值观；不改变机制，就没有办法改变人的动力。

绩效改进的另外三大维度是人的态度、能力和知识，这里我们不再赘述了。

回顾一下，我们所说的经营者的三大核心就是掌握数据、发现数据的本质，制定绩效改进的措施。组织管理将从过去的科层式结构变成环形圆形的组织结构。以过去资金来驱动的组织结构，变成以项目制、协同制来驱动的组织结构，形成像海浪一样的组织结构图。

最后就会发现，我们的领导只有一个，那就是我们的顾客！

绩效改进一定要有"战略性的构思"。不是多招两个人、大家都努力一点、多培训两节课的事，这些都是管理性思维，而不是战略性思维。

在产品定位、营销模式和资源汇聚上，如果没有战略性的转变，不可能实现超常规的发展。

案例 8　连锁企业五级合伙人制度，如何给店长造梦

（一）连锁企业为什么要设计五级合伙人

我们在连锁企业调研的过程中，当询问店长企业的职业发展方向时，他们通常会认为店长就是他们职位的天花板了。朴实些的店长会说："把咱家店做好，没想太多。"俏皮些的店长会说："那我都做到店长了，还能往哪儿升，总不能把主管（区域经理）替代了吧！"

在实际的经营中，优秀店长的表现点通常有所差异。如有些店长的业务能力非常突出；有些店长是团队带得好，能为公司培养出不错的新店长；有些店长则是服从公司调动安排，支持新店、潜力店等。但是店长的收入却仅与本门店的业绩挂钩。

连锁企业的门店缺乏晋升通道，优秀的店长和一般的店长收入差距拉不开，店长没有多元化的收入，这些都是企业存在的问题。因此，我们在为连锁企业设计合伙人制度时，会根据企业发展的现状设置员工的晋升路径，并将股权与之结合。

（二）五级合伙人

五级合伙人制度如图 3.2 所示。

图 3.2　五级合伙人制度

1. 骨干合伙人

骨干合伙人制度见表 3.3。

表 3.3　骨干合伙人制度

项目	内容
合伙人画像	（1）门店核心骨干员工，如餐饮企业优秀厨师、副店长、服务员，服装企业的高级销售等基层骨干岗位 （2）由店长推荐，若为纯销售岗位，可增设最低业绩标准
目　的	门店一线人员招聘困难，优秀的人才要有保留的手段，他们是未来的店长，是潜力股
合伙人配股	少量配股，配到店长股比的 1/10~1/5 即可
出　资	可基于员工业绩赠送，也可少量出资
分　红	跟店长一样，与门店的整体指标挂钩：可设单一的业绩或利润指标，也可设综合指标，比如团队人员流失人数、利润达标、新品销售等核心关键指标，但是需要匹配公司的基础，调研企业的数据情况及员工的接受度
退　出	人在股在，人走股没

2. 单店合伙人

单店合伙人制度见表 3.4。

表 3.4　单店合伙人制度

项目	内容
合伙人画像	（1）岗位：店长 （2）岗龄：12 个月以上

续表

项目	内容
目　的	让店长变为店主，激发员工的积极性和主人翁精神
合伙人配股	第一种方式：根据门店分级配股，如下所示：

门店类别	利润/万元	配股比例 1%
A 类店	>80	8
B 类店	50~80	10
C 类店	<50	12

项目	内容
合伙人配股	第二种方式：根据人效配股，如公司未对门店进行分级时，可根据单店人效进行配股，人效代表着员工的努力程度，人效越高，配股比例越高
出　资	采用押金的方式。采用押金而非估值的方式原因有二：第一，门店采用估值的方式，在人员调动时，股份平移需要增加或减少投资金额，如果门店过多，操作企业比较烦琐；第二，门店一线员工和店长投入的资金不宜过高，最好不要因为投资的问题卡住一部分店长入股。一般来说第一次做合伙激励店长的投资金额在 3 万元以内最为合适，若是大店（产值超过千万元，店长年收入超过 15 万元），投资金额以 5 万~10 万元为宜。 当然这只是我们在做咨询时总结的经验值，具体的投资金额还要参考连锁门店所在的地域、员工的年龄和收入、老板对股权激励的期待等综合指标
分　红	与门店的整体指标挂钩：可设单一的业绩或利润指标，也可设综合指标，比如团队人员流失人数、利润达标、新品销售等核心关键指标，但需要匹配公司的基础，调研企业的数据情况及员工的接受度
退　出	人在股在，人走股没

3. 多店合伙人

由于受人员和场地限制，门店的利润空间是有上限的。店长收入如果仅为单店收入，那是非常有限的。是否可以通过一些特殊贡献政策，让店长在多家门店持股呢？

连锁门店要发展最缺什么？很多企业家会回答："缺店长，缺优秀导购。"因为新冠疫情，很多门店闭店或撤店，有些商场的流量位置空出来了，这本该是我们的机会。但当我们选好址且钱到位后，就是招不到合适的店长，内部一个萝卜一个坑，调不出人员来，导致新的门店不敢开张。

连锁门店拓店扩张，外招和内培必须同时进行。外招店长可以对内部店长形成竞争、补充新鲜血液，而内部培养的店长忠诚度高、稳定性强，带着企业的文化基因。因此，连锁门店的股权设计中，需要加入师带徒的利益捆绑机制。

如果是简单版本的师带徒机制，可以培养出一名徒弟店长，经带店 3 个月考核合格后，可以享受徒弟门店一定比例的股份分红，无须出资。进阶版本的师带徒机制可以参考喜家德的师带徒模式，即店长享受门店 3% 的分红，如果培养出来一个新店长，则享受新门店 5% 的分红，从第 6 家门店起享受 8% 的分红，从 11 家门店起享受 20% 的分红。

如果一位店长人才培养能力很强，可能持有的徒弟门店分红将远大于本门店的分红，店长的收入空间则会变得无限可能！

当然在师带徒机制中，也有很多细节需要注意，如为了防止两个店长师傅抢徒弟的情况发生，需要在一开始时填写《师带徒申请表》，由公司盖章确认师徒关系，且具有培养时间的要求。如果师傅店长和徒弟店长离职，则不再享受该股份。

4. 裂变合伙人

不想当将军的士兵不是好士兵。在连锁企业中，我们遇到过自己曾开过门店的店长或计划未来开一家门店的店长，拥有一家属于自己的门店几乎成为他们共同的梦想。想自己开店的这类人，通常有野心、有潜力，敢拼敢闯，对金钱极度渴望。如果他们的人品没有问题，这类人应该是公司的重点培养对象。那么公司该如何培养他们呢？

答案是：和他们一起开店。

裂变合伙人的标准要比单店合伙人标准高，比如岗龄更长，需要有开新店或到差店支援的经历，还能培养人才、单门店业绩优异等，这类店长是企业中所有店长的标杆。

门店的股权是大比例开放的，比如一开始就释放 20%~40%，后面再根据门店业绩情况逐步进行股权转让，到后期甚至可以给到店长一部分管理股，即虽然持有 40% 的股权，但可能拥有 60% 的分红权！

在投资方式上，店长必须实投，因为这也是他的店，如果他要开店，也必须实投这么多。当然在实际操作中，如果第一位吃螃蟹的人的资金实在有问题，老板可以借钱，但在造势和宣传上，必须说明是店长按照实际投资出资的！

人都是向阳而生，如果在这家公司工作几年，能够拥有一家自己的门店，且已经有店长得到了，那么对于新入职的店长就是一个很好的攀登目标。

此时，再进行店长调动，让他去支持差店、支持新店相对来说就容易得多。如果你想成为裂变合伙人，你必须有开新店、支持差店的经历。当然，这对店长来说也是综合能力的提升。

5. 总部合伙人

对优秀的店长可以开放部分总部股份，虽然门店股份分红有限，但是总部的增长潜力却是无限的！

第三节
人格身份需感召——奉献者

什么才是真正的合伙人？

前面我们谈到了两个身份，第一个是主人翁，针对态度；第二个是经营者，针对能力；还有第三个身份，我们要针对合伙人的人格。人格是一切成功的基石。如果要用一个词来代表，那么就是"奉献者"。

有一位投资界的大佬，在投资任何企业的时候，一定要问创业者和父母之间的关系如何。《自卑与超越》的作者阿德勒说道："一个人能否成功，决定于他童年时的画面，如果在童年时的画面是匮乏的、痛苦的、消极的，那么在与他人合作的时候，他就会充满着不安全的感觉。"因此，我们要了解合伙人的原生家庭。

从奉献者的外部特征来说，首先他要成长在一个有爱的家庭，同时个人的家庭生活也很稳定，个性友善且善于付出。

从奉献者的内部特征来说，有以下三大特质。

第一个特质，诚实正直。

林肯说道："一件事情，只能在一段时间欺骗一部分人，绝对不能在所有的时间欺骗所有的人！"一个人的人格的修炼需言行一致、内外合一、说你所做、做你所说，这尤为重要。

有一家服装品牌的拓展老总，也是公司的合伙人，在向公司申报上海某家门店的租金时，原来一年的租金是300万元，他潇洒地加了100万元，就变成了400万元，这样卑劣的行径必然会败露，根本不是合伙人的作为。

如果人都没有找对，没有诚实正直的人格，何谈合作？有一家公司的大股东找了一个合伙人，给予其10%的注册股份，但是这个合伙人没有真正出资应出的10万元，等到公司做大以后，她要求公司来出这笔钱，不愿意承担资金注入。公司对其做思想工作，她依然不同意，只能劝其退出，她狮子大开口要200万元才能退出。如果找到这样的合伙人，你作何感想呢？因此，合伙人的人格必须诚实正直，这个尤为重要。

有一家美容整形医院的小股东在跟我吃饭时，谈到他们公司的大股东和二股东。二股东怀疑大股东中饱私囊，大股东怀疑二股东公款私用，每天在群里吵个不停，指责对方，甚至要对簿公堂。如果是这样的合伙人，合伙又有什么意义呢？

徐小平说投资投的是人。也就是说，投资投的不是产业，是这个人，一个大写的人！

我们希望你的合伙人是一个高尚的人，是一个纯粹的人，是一个脱离了低级趣味的人！

第二个特质，无私。

蔡崇信想为阿里巴巴做一个公司时，他还没有加盟阿里巴巴，而当时阿里巴巴只有一个网站。马云把公司创业者名单传真给蔡崇信的时候，蔡崇信惊呆了，因为名单里竟然有 18 个人，这就是创始人的胸怀和格局。

华为的任正非认为华为的成功是因为他的不自私。他曾说过："小时候，我家里有个饼干盒放在柜子上。我们都不敢去摸一下那个饼干盒，因为谁去摸那个饼干盒，说不定有一个弟弟妹妹就活不到今天。很小的时候，我就明白了什么叫分享。"因此，华为的高管必须要宣誓，绝对不能在公司搞裙带关系，绝对不能在公司以权谋私。同时，要建立轮值董事会来保证大家的不自私。

一个人只要痛苦，一定是因为他有很多的私心和私欲。

王阳明说私欲就像堤坝，一旦掘开，便一发不可收拾。

稻盛和夫说的是积善行，思利他。稻盛和夫在创建 KDDI 的时候，没有拿一分钱工资，没有拿一份股份，完全无私地付出，所以他一定能把这个事业做起来。你做事业的时候，如果对自己没有一丝的私心，天下的人怎么可能不来帮你呢？

公司分名分利时，你的合伙人是往前冲，还是往后退？关键时刻，试玉要烧三日满，辨材要待七年期。天天喊着要攒工资的这种合伙人会很令人头疼。

俞敏洪还是个孩子时，他的一位远房亲戚每年春节都会从上海寄来两斤水果糖。每次拿到水果糖的时候，他不是独自享用，而是喊小朋友一起分享，小朋友也玩得很开心。

后来，他发现如果水果糖分得太快，糖分完以后，小朋友就不来找他玩了。于是到他再分糖的时候，会注意节奏，每次玩完，都只给一颗糖。

在农忙的时候，小孩都要帮家里割猪草，他想了一个策略，谁把猪草放到他的篮子里，他就会给谁一颗水果糖。这样，他不需要劳动，就可以让自己的篮子装满猪草。

这个生活中的真实经历，让俞敏洪得到很多启迪。从此以后，他学会了分享，包括情感的分享、物质的分享、利益的分享、金钱的分享，最终使俞敏洪的新东方成为中国教育龙头。一个懂得分享的人，会让自己的世界变得更宽阔。

《道德经》中有句话："吾所以有大患者，为吾有身，及吾无身，吾有何患？"一个人能够放下我，就能得到真正的快乐，真正的喜悦！功名利禄梦幻一场，人生只有一件事，就是心灵的修炼。

作为一个合伙人，作为企业的核心高管，必须要放下自己的私心杂念，才能成就我们的团队。如果做不到无私，至少要做到先公后私，以大局为重，以公事为重。日本明治维新三杰之一的西乡隆盛，他的一生就是无私光明的写照。朋友去西乡的家，发现他家里房子很小很脏。西乡凛然道："这个国家更脏。"古往今来，凡是晚节不保者，皆是私欲二字！

受新冠疫情影响，匠合公司的经营也遭遇重大挑战，公司的联合创始人主动提出，要求工资降30%或50%，甚至有的伙伴提出要零底薪，让我非常感动，我们需要呼唤这样的奉献者，唯有如此，组织才能真正做到基业长青！

第三个特质，敢于举贤，培养人才。

一个人敢于举贤，就说明了他内在的宽广。当年鲍叔牙向齐桓公推荐管仲，看重的是他的治国之才，这就是举贤。

如果你想要晋升，你要问一下自己能否培养出接班人。你能培养出接班人，你就可以胜任更高的职位，如果你不能培养出接班人，说明这个组织的后劲是极其乏力的。

你是能让出你的位置，敢于培养年轻人，让年轻人站出来，还是始终霸占着位置不放，不愿意把权力、职位、光环、舞台让给年轻人。后者显然是不行的。

当你让得越多的时候，恰恰是你的组织和人才越蓬勃的时候。我服务过的一家培训公司，它曾经做到中国第一名。在该公司刚起步的时候，就是因为有一位总裁主动让出了他的大办公室，引入了一位新任总裁，才让这个公司得以火箭般地发展。后来该公司出了问题，原因并不是公司的战略，而是合伙人心量不足，团队内部纷争很大，导致企业萎靡不振。创始团队的气宇将决定这家企业能够走多远。

如果你的团队人才辈出，这说明领导人具备可传承的观念，具备了培养下属的能力，更说明这个领导人具有格局和胸怀。GE 公司的前任 CEO 杰克·韦尔奇的伟大，正是在于他培养了 170 多位世界五百强的 CEO。在克劳顿维尔领导力训练中心，他言传身教、亲身授课，使组织猛将如云。

韦尔奇曾说道："当你不是个领导者时，成功是让自我成长；当你成为一个领导者时，成功是帮助他人成长。"

总之，奉献者具有三大内部特质。第一个是诚实正直，这是一切的源泉；第二个是无私或先公后私；第三个是举贤，能够培养人才，能让组织中拥有接班人。

请问，你的组织中有"奉献者"吗？你的合伙人是奉献者吗？

案例 9　大唐房屋如何通过门店合伙从夫妻二人变成 3 万人团队

❯ 一、背景介绍

笔者曾受邀到大唐房屋做分享交流，触动非凡，这真是一个制度设计的经典案例。

在 2020 年中，大唐房屋的员工新增 1 万人，为什么会有如此超常规的发展呢？

大唐房屋的创始人唐军，怀大格局、抱大梦想，写出了未来人生事业 30 年的规划，为什么有如此卓然宏大的目光呢？

大唐之梦源于全员股份制。全员无底薪，人人是股东。

在 2014 年到 2015 年，成都的房地产行业风云变幻，昔日的当地二手销售龙头企业伊诚地产被链家并购，总经理阿甘成为链家西南大区总经理，伊诚地产绝大部分门店的门头更换为"链家地产"，一时之间链家地产占领了成都的大街小巷。许多小的二手房公司或者夫妻店无不惶恐，担心被吞噬。

链家公司刚上市时，全国有 8000 家门店，市值达 6000 亿元，一家门店值 800 万元，开一家门店只要 50 万~100 万元，那么直接给你 200 万元，你愿意开店吗？

德佑公司当年采用经纪人股份制才得以发展壮大，遇到链家，自知其势，欣然应允，创始人将公司卖掉后变现百亿元，悄然离场。

链家的模式是从步枪变成导弹的模式，即直接用资本市场重塑行业。

但是链家在成都遇到了对手，大唐房屋的新房交易量是链家的 9 倍，这源于大唐的分配模式和文化！

大唐不姓唐，而是姓大，大唐是大家的。

大唐靠着"不招员工，只招老板"的新理念、新规则吸引了大批人才，短短 5 年的时间实现疯狂扩展，全国门店超过 300 家，经纪人有 2 万多名。一时大唐声名鹊起，不仅在同行业激起千层浪，就连其他行业也争相学习。

二、让优秀员工成为股东，让优秀股东先富裕起来

大唐新员工入职两个月以上即可成为公司合伙人。普通经纪人时期采用责任底薪加低提成的方式，达到带看的标准才享有底薪，新人佣金 2000 元以下没有提成，2000~7000 元提成比例为 10%~30%。成为合伙人之后，采用销售提成加门店分红的方式，不再有底薪。

大唐房屋的佣金只有 38.5%，与行业内其他公司相比较低，为什么人们愿意干呢？源于人性化的裂变分红分润机制。

因为一旦你做到店长，就可以享受到这个门店利润 50% 的分红；如果你能做到 20 万元的业绩，并同时招到 4 个人，就有机会晋升为股东店长。如果店长是你招聘的，你还可以享受到这个门店利润 10% 的分红，称为推荐分红。管理大店长享受 10%，大股东区域经理享受 12.5%，副总享受

5%，而老板只剩下了 12.5%。

管理层有一个 A 级大店长，这个店长是不做业务的，而是直接进行管理，可以享受全店 10% 的管理分红分润。

大唐房屋不同的员工持股范围及分红比例见表 3.5。

表 3.5　大唐房屋员工持股范围及分红比例

员工类	底薪	提成	可投资范围	分红比例
普通经纪人	√	√	×	×
合伙经纪人	×	√	自己所在门店，需入股到大股东名下	最低 2%
店长	×	√	自己的门店	50%
上属店长	×	√	（1）自己的门店 （2）培养出的经纪人所开门店	25%
区经理	×	√	自己所管辖区域的门店	12.5%
公司	×	×	公司所有门店	12.5%

在实际经营的过程中，大唐房屋将持股比例和分红比例作了区分。

大唐房屋一家门店的股份注册情况如图 3.3 所示。

序号	股东（发起人）		持股比例	最终受益股份	认缴出资额
1	成都大唐房屋经纪有限公司 大股东　曾用名	股权结构 >	51%	51% 股权链 >	5.61万人民币
2	罗　最终受益人	任职 1 家企业 >	25%	25% 股权链 >	2.75万人民币
3	王	任职 7 家企业 >	12%	12% 股权链 >	1.32万人民币
4	吴	任职 47 家企业 >	12%	12% 股权链 >	1.32万人民币

图 3.3　大唐房屋一家门店股份注册情况

▶ 三、合伙制度下的大唐人

（1）基层员工情绪高昂，充满斗志，普遍认为自己不是打工的人，不是为老板干，而是为自己干。

（2）可入股自己培养出来的新店长的门店股份，让店长更开放、更愿意培养新店长，并且主动扶持新店长把他的门店做得更好，同时也更加愿意自己团队的人出去开店。

（3）中高层管理者能够真正从日常的业务中抽身出来去做一个真正的管理者，从管理的角度去赋能自己的区域。

（4）中高层管理者有望通过排名得到公司商学院利润的分配，因此，是真正地上下一体并希望公司这个大盘做得更好。

（5）通过合伙人机制的设定，部门员工真正实现财富的倍增，形成了非常强的影响力。这种影响力让身边的人愿意主动了解和加入公司，招人更加容易。

（6）总公司对每家门店虽然不是百分之百的持股，但是通过股份的出让做大了整个大唐房屋的市场规模。员工更加地奋发，同时公司的收益亦是不菲。

❯ 四、方案优势

（1）通过机制的设计充分调动了公司从上到下的能动性，真正地做到了上下一体，随着公司的发展壮大，员工也可以名利双收。

（2）成功规避了"培养竞争对手"的风险，确实有能力又想创业的伙伴在这个平台不仅可以充分发挥自己的能力，还可以实现自己的创业梦。实现员工和公司的利益一体化。

（3）每两个月可以换一次门店的领导人，自主选择，优胜劣汰。但是换你当领导的时候，门店业绩必须提升 20%，否则你就是忽悠人，就要重新回到原来的岗位。你要证明换你当领导是正确的。如此，领导会更加诚恳地对待下属，下属也会慎重选择自己的领导。

（4）大唐的机制分享倾向于团队共成共享，真正实现你好、我好、大家好，能够最大限度地激发大家的合作意识。大唐现有五六千个店长，每个店长在一个店里，和其他的店长分摊租金。一个大店里面可能有几十个店长，每个人每个月只要分摊两百元的租金，就可以创业。板凳非常小，凳腿特别粗，永远不会坏。一个月只要开一个单，佣金超过 1000 元，这个店就开始赚钱，这是绝对的低风险创业。

（5）人才机制的裂变，师傅持徒弟店，区经理持所有管辖门店，促进了门店和人才的快速裂变。非常民主的领导人机制，任何单位都可以换领导。

链家地产要的是大学生，全中国都在抢大学生。而大唐房屋抢的是三十岁以上的人，招募有房有车、家庭和睦、孝顺父母、夫妻和美的人。

有房有车的人才有经济条件，比如"宝妈"，本身就买得起房，更容易感召身边人来买房。大唐房屋从来没有每天带看的标准要求和绩效考核，每天十点钟以后，自己的时间就可以自由支配。强调的是三个圈：朋友圈、社交圈、亲戚圈。

在其他中介公司，是没有人要的"宝妈"，但是在大唐很抢手。因为这样的妈妈一般人脉比较多，交际比较广。选择有影响力的员工，就会自动诞生影响圈。

▶ 五、机制与文化的结合，才能出现 1+1 > 2

在我们进行实际咨询的过程中，会发现不少的企业会把"合伙计划"当作企业的十全大补丸，认为并且期待有一套合伙方案可以解决企业的所有问题，其实这是不成熟的企业经营思维。机制解决的是人性的问题，而文化解决的是人心的问题。大唐房屋的合伙方案的成功与其企业文化的完善是密不可分的。大唐房屋的文化中非常重要的"魂、道、术、器"，员工必须每天背诵，日积月累，并且潜移默化引导员工的行为。

在大唐房屋，文化都要用行为来证明。

感恩文化问的是：你最近半年为你的爸爸妈妈做过什么？寄过什么

礼物？

感恩客户，你一定要鞠躬感谢你的客户。感谢你信任我，让我们有从业奋斗的动力。

（1）魂：我能度多少人，就有多少人加入我的团队，我能对团队下半生负责任，团队下半生就跟随我。

（2）道：身先率人，律己服人。要求团队做自己都做不到的事情就是为难团队。

（3）术：优秀的领导能让团队每一个成员斗志昂扬；不优秀的领导就像瘟神，即使团队斗志昂扬，一旦他出现，团队立刻颓废。领导艺术就是激活员工的状态，提升员工的能力。

（4）器：我给团队的资源，团队不能成交，不是产品的问题，就是团队销售技能的问题。如果其他团队也没卖掉，说明是产品的问题，是因为对产品判断失误导致团队没业绩，我应该负全责；如果其他团队卖掉了，说明是本团队销售技能的问题，是因为我对团队培训不到位，我更应该负全责。

小结：超常规的速度，源于超常规的激励机制建设。

大唐房屋的成功是多方利益的平衡，是老板打开了格局，打开了智慧，壁立千仞，无欲则刚。

无我，才能实现大我。

第四章

"动态"合伙五部曲

在动态合伙中，有一个五维空间的思维模型，该模型会让我们更全面、更系统、更高效。模型包含如下五大维度：

第一，对象动态，应对人的变化，对应效率。

第二，类别动态，应对策略的变化，对应目的。

第三，时间动态，应对时间的变化，对应阶段。

第四，数量动态，应对多少的变化，对应力度。

第五，机制动态，应对体系的变化，对应规则。

第一节

谁可以陪你走下去——对象动态

创业刚开始时，需要联合创始人独当一面；做事需要的骨干就是事业合伙人；想要盈利倍增就要有经营合伙人；企业再做大，到了成熟阶段，就需要裂变合伙人。阶段不一样，需要的人才也就不一样。能陪你一直走下去的人并不多。

一个企业最大的问题不是业绩，而是人才。业绩高一点或低一点只是表象，人才能不能支撑公司的持续发展才是核心。

一个企业究竟靠什么赚钱？其实赚的就是人才发展的钱，赚的是组织能力的钱。

若团队猛将如云、良将如潮，这个组织一定能变成一个高盈利组织。绝不是靠产品的定价赚钱。

对象动态需要考虑三大问题：第一个，人才画像是什么，需要什么样的人；第二个，人才如何划分；第三个，人才如何建设。

❯ 一、人才画像

为什么大多数企业找不到好的合伙人呢？因为没有清晰的人才画像，老板说了一个需求，人力资源部就急忙去招人，最后招了一个"四不像"。

因此，在招人之前，一定要有非常清晰的人才画像。

人才画像的第一个维度——硬要素，就是知识、能力、经验、潜力、年龄，作胜任力的判断。这个事情是我们比较擅长的，也是大多数 HR 能够描述出来的。

我们比较容易忽略的是第二个维度——软要素。软要素包括两点：一是这个人的综合素养和他的诚信度、品行；二是他的价值体系和企业的文化氛围是否匹配。

比如他是一个制造企业出来的，现在要去一个互联网企业，这两个企业的文化是完全不一样的。

人才画像的第三个维度——看宏观，考虑企业现在位于企业生命周期的哪个阶段，是创业期、成长期，还是成熟期，不同阶段需要的人才不一样。

在创业期，最需要能拿结果的员工；在成长期，最需要能建立体系的员工，比如产品体系、研发体系、营销体系、客服体系等。大多数企业缺的不是业绩，而是体系，必须知道企业的发展阶段和所需要的人才是否匹配。比如你现在是创业阶段，却挖到了一个百度的区域经理，对企业发展基本起不到什么作用，因为他是一个执行层的人，而你需要一个建设层的人。

人才画像的第四个维度——看微观，要洞见企业目前的营运模型和商业模式。你的企业是做电商销售，还是做渠道销售，或者是做大客户销售，是基于 B 端还是 C 端，不同的商业模式所需要的人才也是不一样的。如果你的企业是一个餐厅，却挖到了一个加盟高手，但你的企业做直营，他的营运经验自然不适合。

因此，一定要了解你的企业现在所采取的商业模式，进行人才画像的定位。

回顾这四个维度，一硬一软，一宏一微，这才是一个清晰的人才画像的模型，才会让你有一个立体的、全方位的认知描述，才能找到你想找到的人。

➤ 二、人才划分

人才如何划分呢？进行股权激励，激励给谁？从层级来说，人才通常划分为三种类型。

（1）核心高管。5~10人，通常是副总裁 VP 级别。

（2）中高层管理者。如总监，技术骨干，几十人不等。

（3）全员持股。如阿里、华为等互联网高科技企业。

根据人才不同的层级以及激励目的，我们的激励工具也不一样。

成熟企业的核心高管，以激励和保留人才为主，可以授予限制股。

高科技企业或者互联网企业，对核心骨干可以用期权方式来吸引和激励人才。

全员持股计划更多选用虚拟股和分红股的形式。

架构多层次长期激励，也可以采取期权方式。

在激励层级的时候，也要考虑你的企业价值类型。对于资金型的企业，就考虑极少数核心管理者；对于完全依赖人才的企业，比如律师事务所、咨询公司、投行等，则考虑中基层乃至全员激励；对于人才、技术存在依赖度的企业，如餐饮企业、外贸企业、生产技术型企业等，要考虑的是重要价值链部门及相关技术人员和销售人员。

你的公司是资金型、人力型，还是技术型？不同价值类型的企业，激励对象和股份数量都会有区别。

➤ 三、人才建设

一个组织，如果人才发展的速度超过企业发展的速度，会出现人才流失，比如 GE 公司。一个组织，人才发展的速度落后于企业发展的速度，这个人有可能被淘汰，组织活力不足。99% 的企业属于后者，人才不足。

在人才建设过程中，分为"招""选""育""用""留"五个阶段，核心的问题是进口和出口，什么样的人才该引进？什么样的人才该挽留？

如何育人？培训用于解决共性问题，辅导用于解决个性问题。

培训解决 80% 的问题，而辅导解决 20% 的问题。

辅导不是把时间花在所有的员工身上，而是花在最顶尖的员工身上。根据 271 法则，要辅导的是 2，即最核心、最优秀的 20% 的员工是你的接班人、你的团队长、你的明星员工。

如何塑造猛将如云的体制？

第一要有坚实的大地，大地是有保障、有薪酬、有好的领导人。

第二要有蔚蓝的天空，天空是晋升的空间，发展的期许。

第三要有自由的空气，空气是良好的氛围文化。

组织的背后是文化，想要实现组织的变革，首先推动文化的变革，只有壮士断腕、浴火重生、凤凰涅槃的文化，才能推动组织的变革。

猛将如云，你们的企业做到了吗？

案例 10　西贝如何打造高竞赛组织

西贝餐饮是一个来自内蒙古的餐饮企业，创业的过程中在当地做到了第一名，杀到深圳，铩羽而归；转到北京，也快经营不下去了。

顾客说："你们的海鲜，为什么会有一股羊肉的味儿？"

这句话让创始人贾国龙深受刺激，决定开始专注于自己的优势，做牛羊肉，做莜面。

你要知道自己代表什么，聚焦细分，才能真正成就。

经营企业就是经营人，人即人性。人性有三个字，第一个字就是"争"，争就是比赛、就是竞赛。为什么奥运会这么火？因为人性有争的需求。

"可以在物质上享受，但在精神上永远不能放松"，这是西贝的一种竞赛文化。

西贝已经做到了 60 亿元的营业额，从当年的步履艰难做到 400 家店，这背后就是把"争"的文化发挥到极致。在西贝分为六个大区，每个大区都会有一个创始合伙人，这个创始合伙人会占整个大区 40% 的股份，大区可以由创始合伙人来命名，可想而知其主人翁精神。

早在 1995 年，贾国龙便提出一句口号："不争第一，我们干什么？"2015 年，为了更好地激励门店员工，调动其积极性，西贝采用了"竞赛制"，并结合了创业分部的机制，也就是"合伙人计划"。

"争"，即开展劳动竞赛，抓紧过程要结果。比如说铺桌布，红白桌布在垂下去时，必须最少有八格，但是不能超过十格；去洗手间要穿防菌服；在三秒内响应顾客需求，这些都要竞争。

在争的过程中，员工的技能得到巨大的提升，有着极大的劳动热情，同时通过各种竞争还可以把奖金分下去。

西贝创业分部的命名不是以东北、西南、西北等区域为经营单位，而是以每个分部的总经理为核心创建，甚至创业分部的名称也可以用总经理的名字命名；西贝的创业分部打破了传统企业按照地域划分的方法，在同一区域甚至可以有两个创业分部同时开展业务。

每个片区是没有保护的，不会因为你在北京片区就可以独享北京的资源。北京会有几个大区的分布，大家也在竞争，你中有我，我中有你，可以有山头，但是不能有山头主义。

当贾国龙被问到怕不怕山头林立时，他淡然回应："他们都是股东，我防他们干什么？我就需要他们做大，要有山头，不要有山头主义就行。我们就是要有无数个老板、无数个老大。水浒一百零八将，每个人个性不一样，但都是梁山好汉啊！"

考什么得到什么，要求什么得到什么，"争"之人性得到极大的发扬，"争"的不仅是结果，更是过程，过程到了，结果自然就到了。

从 2018 年开始，西贝的"争"升级为精益赛场，以每 20 家门店为一个竞赛组，由总部派出裁判，在场景、生产、服务、食品安全等方面进行门店的全面考核。在这样的赛制下，从店长、厨师到洗碗阿姨，每个人都会参与"战斗"，高度警惕，不断提升自己的业务水平。

原则是：前面有肉，后面有狼。做好了有什么好处，没做好有什么处罚？

考核的结果与增量奖金和开店的牌照挂钩，并不是每一个团队有资格开店。"我们以季度为单位进行比赛和排名，分 A+、A、B、C 四个名次。获得 4 个 A 才能换一张牌照，也就是开一家店，1 个 A+ 等于 2 个 A。拿到的 A 越多，那他这个团队就会越来越大，开的店也就会越来越多。"

管理水平低的门店将没有资格去开分店。排名最差的店长下岗，分部 30% 是最差店长，负责人就下岗。

"争"之淋漓尽致，"利"之酣畅至善！

第二节
打牌，你用了大王吗——类别动态

在类别动态上，创业初期，可以采取期权制；到了盈利的阶段，可以考虑分红股；成长和扩张阶段，可以考虑虚拟股或者超额分红。公司如果要上市，也可以再拿出一部分注册股份，成立有限合伙企业。在企业的不同阶段，所涉及的模型是完全不一样的。就像斗地主，先出小牌，不能直接出大王，而注册股就是大王。

在整个股权激励设计中，第一层也是最基础的层级设计是分红股，我们称为经营合伙人，类似于晋商的身股设计。这种状态下的员工享受的是干股，不需要投资，也没有法律的权益，但是却可以享受公司经营的果实。这是大多数企业常见的股权设计模式，可以针对公司的全体员工。

第二层级是虚拟股。让核心骨干可以进行投资，让员工可以晋升到一定级别，或者说在企业发展到一定阶段的时候，要组织一帮荣辱与共、共创共享的伙伴，就需要采取虚拟股的设计。虚拟股的设计针对的是中高层管理者，投钱但是不注册，享受分红权和增值权。

第三层级是期权，即未来的注册股份。关于期权，我们有很多具体且细致的介绍，但需要注意的是，虽然期权有机会成为注册股。但是在当下，是没有机会分红的，在某些权利上，不如分红股和虚拟股。

公司治理中最大的难点，就是如何对高层管理者的薪酬进行规划。

第一点，产权消除了道德的风险。没有人会将不属于自己的东西那股细心地照顾！

第二点，一个公司的估值决定于两个核心，一是已经实现业绩的惊喜；二是对未来预期的改变。

那么大家可以思考一下，京东的估值会多高？是业绩真的很好，还是来自于市场对未来的预期？传统企业的估值来自于已经实现的业绩；互联网企业、新兴企业的估值更多来自于市场对它未来的预期，如美团、优步、亚马逊这样的企业。因此激励的方式尤为重要。

我们应该用虚拟股、分红股还是期权来对这两种不同的企业进行股权激励呢？

对于现在业绩比较好的企业，其利润率也较好，因此采取虚拟股。这是因为可以直接兑现，年底可以分红！

对于未来期许比较好的企业通常采取期权，期权有 3～4 年的行权期，对于优秀人才，因为能看到未来，他就愿意拿期权，愿意和公司共同奋斗 3～4 年，甚至更长时间。

简单来说，传统企业采用虚拟股比较好，互联网企业用期权比较好，一个是基于现在，一个是基于未来！

关于分红股、虚拟股、注册股的比较分析见表 4.1。

表 4.1 分红股、虚拟股、注册股的比较分析

股份类型	代表企业	对象	工具	操作	不足	好处	权利	分配
分红股	晋商、方大、王品	全员、基层	（1）岗位职等职级表、薪酬对照表、岗位职责表。（2）绩效评估管理方法。（3）身股分红激励方案。（4）分红股合作协议	（1）进入机制。以工龄作为准入条件，以职级基数和绩效系数来确定基数和系数。（2）分配机制。（3）理念构建。（4）约定规则	未投入金钱，珍惜度不够。不承担亏损，容易出现短视	主人翁意识、敬业度和满意度；共创、共享：奋斗者利益	分红权	制造业：10%利润，年度核算，两次分红；销售业和服务业：18%利润，季度核算，两次分红
虚拟股	华为、玫琳凯	中层和高层	ESOP股改方案：（1）期股方案8大工具。（2）股权进入和退出机制	（1）估值。（2）进入机制。（3）约束规则。（4）退出规则。（5）发展规则。（6）动态规则	无转让权，无继承权	共创：力出一孔；共投：掏钱掏心；共享：利出一孔	分红权、增值权	留存收益30%；员工分红10%；可分配收益按照股份比例分配
注册股	新东方、阿里巴巴、小米	总经理、创始人、外部投资人	准上市股权激励方案：（1）股东出资协议。（2）股权合作协议。股份转让决议	（1）转让规则。（2）退出规则	决策权控制、退出成本	共投共享、共担共创	分红权、增值权、知情权、转让权、决策权	留存收益；员工分红；可分配收益按照股份比例分配

案例 11 碧桂园"同心共享"制度

➤ 一、三项指标的启示

碧桂园实施"同心共享"制度后，现金流回正周期由 10~12 个月缩短到 8.2 个月，项目周转速度提高了 48% 左右，净利润率提高了 20% 以上。

碧桂园合伙人制度"成就共享计划"于 2012 年推出，2014 年万科也推出了"事业合伙人制度"。此后，首创置业、万科、金地集团、旭辉控股集团先后宣布推出股权激励、项目跟投等机制。尤其是 2016 年碧桂园爆出几个过亿年薪的区域总裁后，更是引起行业震惊，阳光城、龙湖、复星、绿地、招商等知名民企、国企纷纷推出其事业合伙人制度。根据相关数据，截至 2021 年年底，国内房企前 50 强中大部分均已实施项目跟投机制。

部分代表房企推出的合伙人制度见表 4.2。

表 4.2 部分代表房企的合伙人制度

序 号	房 企	合伙制度简介
1	碧桂园	集团董事、副总裁、中心负责人、区域总裁以及项目经理要强制跟投，其他员工自愿跟投。集团员工要投资所有项目，占比不高于 5%；区域总裁、项目经理等仅须投资自己区域的项目，占比不高于 10%。汇总后，全体员工的跟投不得高于 15% 的股权比例
2	中粮	控股集团股权比例为 8%，区域集团股权比例为 8%，区域公司股权比例为 8%，合计 24%，远高于行业水平。核心管理层强制跟投，其他人员自愿跟投
3	旭辉控股集团	采用旭辉企业、旭辉控股和高管们各持股 40%、30% 和 30% 的"四三三"模式
4	龙湖地产	分为永久合伙人、长期合伙人、高级合伙人、正式合伙人，第一届规模 141 人，第一年选出 109 位合伙人，后续还有补选

不论是楼市，还是中国其他民营企业，由于行业周期的影响都会来到决胜的下半场。企业的决胜就是人才的竞争，而如何管理和使用人才才是关键。

二、碧桂园的年终激励

1. 多元化组合拳式的激励政策

（1）固定薪资 + 福利。

（2）绩效奖金。

（3）成就共享。

（4）同心共享。

（5）销售奖励。

（6）拿的奖励。

（7）销售保底激励。

（8）旧项目激励。

（9）专项激励。

2. 碧桂园的激励机制解读——成就共享

（1）区域主导拓展的项目：

● 成就共享股权金额 =（净利润 − 自有资金按年折算后的金额 ×30%）×20%。

● 自有资金按年折算后的金额 = 集团的自有基金投入 ×（自有资金被占用的天数 /365 ）。

● 回笼自有资金必须是可用于购置土地的非受限资金，预售监控的受限资金不能计入自有资金回笼。

（2）集团主导拓展的项目：成就共享股权金额 =（净利润 − 自有资金按年折算后的金额 ×30% ）×（10 % ~15% ）（原则上是 15%，如有特殊项目，总裁可适当调整，但不低于 10% ）。

（3）成就共享股权奖励条件：

● 项目原则上自有资金需在一年内全额回笼方可参与奖励。

● 项目的回笼资金大于自有资金投入与年化自有资金收益之和，项目按半年度开始计提成就共享股权金额。

3. 碧桂园的激励机制解读——同心共享

（1）强制跟投：管理层、重点培养人才。集团管理层强制跟投见表4.3。

表4.3 集团管理层强制跟投

职 位	配资比例	最低投资/万元
总裁	1：8	1500
董事	1：7	1000
副总裁	1：6	500
中心总	1：6	300
中心副总	1：6	100
部门总	1：5	50

（2）区域管理层强制跟投见表4.4。

表4.4 区域管理层强制跟投

职 位	配资比例	最低投资/万元
区域总裁	1：7	80
项目总	1：6	50
区域投资总	1：6	20
区域营销总	1：6	20
区域财务总	1：6	5
项目投资跟进人	1：4	10
项目营销负责人	1：4	20

（3）持有比例限制如下：

● 总部"管理层员工"组建的"集团投资企业"对集团新成立的每一个"项目公司"进行投资，持有不高于5%的股份。

● 区域的"管理层员工"组建的"区域投资企业"均为有限合伙企业，持有区域新成立每一个"项目公司"不高于10%的股份。

（4）合伙人数限制：总部和区域均为2~50人，超过50人可代持。

（5）资金不足时，公司提供借款渠道，借款利率为 5%~8%。

（6）管理层员工按其认缴的份额分享收益、承担风险，在"项目公司"未清算，或者未达到"项目可售商品房销售超过 95%"的规定之前，"集团投资企业"和"区域投资企业"不得将收到任一"项目公司"的往来资金分配或借给个人股东和实际投资人。

（7）在首次预分红之后，每半年可再次申请预分红。个人可以选择将预分红金额继续跟投至其他"项目公司"。若项目开发后期净利润大幅减少，导致"区域投资企业"前期已预分红大于最终累计实际可分红数额，由各股东退回差额。若存在不退回的情况，需由区域总裁和项目总经理各承担 50%。

（8）计算预计净利润时，应充分考虑未售资产未来销售时的亏损。需把未售车位和综合楼等成本的一定比例（10%～60%）分摊到所有可售商品房；未售货量若预计会亏损，也需要合理预估亏损额，并调低已签约的预计净利润；同时应充分考虑交楼和工程维修所带来的成本增加。具体比例视项目不同由区域总裁决定，然后上报集团总裁批准，并最终由区域总裁承担责任。

（9）"项目公司"主要管理团队发生变更时采取的措施：

● 若在建立"项目公司"时发生区域总裁和项目总经理变更的，只要"项目公司"未结算，继任区域总裁和项目总经理均需按集团相应岗位最低投资额的要求跟投。

● 若原有区域团队的跟投已达"区域投资企业"10% 的持股比例上限，则由集团额外批准一个投资比例给继任区域总裁和项目总经理。继任区域总裁和项目总经理可享有其在职期间销售所对应净利润的收益权和分配权。

● 若在建项目为亏损，则由集团重新核定项目净资产，继任区域总裁和项目总按照核定净资产入股。

（10）"区域投资企业"的自愿跟投人员可向"区域同心共享管理委员会"提出申请，经审批通过即可退出。区域强制跟投人员和"集团投资企业"跟投人员需向"集团同心共享管理委员会"提出申请，经审批通过即可退出。

第三节
不同年龄不同的追求——时间动态

动态合伙离不开时间的动态，企业在不同的生命周期，需要用不同的动态逻辑。

企业在初创期、成长期、发展期和成熟期，所用的人才模型不一样，企业的战略需求也不一样。企业的股权和合伙人的选择一定是动态的。

我们非常希望能一劳永逸，但这根本不现实。企业要意识到，在企业的不同生命周期，企业的整体股权设计是要发生变化的。

最典型的动态合伙是中国的晋商。晋商在创业早期持有银股的东家所占的比例是比较高的，占到了七成，而干活的掌柜跟伙计持有的股份是三成。

因为此时，东家还奋斗在第一线，东家当然要获得更多的收益，同时也要给干活的掌柜和伙计少量分红股。

但是随着时间的推移，到了企业发展的中期（大约创业 20 年以后），东家会持有多少银股呢？东家持有的银股就会下降至五成，掌柜们的身股分红也会上升到五成，这就是保证奋斗者的利益。

如果企业传到了第三代接班人手中，东家所持有的分红股将会降低到三成，而奋斗者（掌柜跟伙计）持有的分红股将会达到七成。

晋商非常有智慧，通过七成分红股的设计，深度保证了奋斗者应得的价值回报。

只有保证奋斗者能得到合理的回报，才可以让这个企业真正地基业长青。

关于时间动态，我们要思考的核心问题是时间动态应该长期还是短期？

❯ 长期激励与短期激励

很多企业在咨询我的时候会问：股权激励的时间到底几年比较好，是一年、三年还是五年？

我国《上市公司股权激励管理办法》规定：限制性股票授予日和首次解除限售日之间的间隔不得少于 12 个月。因此，自 2006 年起的上市公司公布的 2000 多个股权激励方案中，87% 的方案都将等待期设定为 12 个月。等待期如此短，可以看出大家想的都是尽快解套，避免不确定的收益风险。这样，原本一种长期激励的制度，却使大家变得更加急功近利，甚至不负责任。

股权激励本来是基于长期的激励，却变成了与绩效考评的考核周期一样，只有一周年。这样，会出现什么样的状态呢？原来我们是希望做现金奖金的奖励，现在变成又拿了一笔额外的分红奖金，出现了"一头牛扒了两层皮"的奇怪现象。

在激励设计中，考核周期的长短是一个非常重要又容易被忽略的问题。

那么到底在什么情况下应该用长期激励，什么情况下应该用短期激励呢？这是一个非常重要的问题。

当股权激励计划是为了筛选人才时，应该使用短期激励，还是长期激励呢？

实际的结论是：在股权激励计划中，当筛选人才比激励人才更重要的时候，要考虑更"短"的考评周期。

为什么这么说呢？因为企业如果用一个新进的高管，我们根本不知道他是否合适，这对企业来说，有很大的用工风险。因此，我们要采用短考评周期，让董事会更加敏捷，更有弹性地决定高管人员的去留。一旦发现人才不合适，就可以迅速终止聘用关系。相反，如果高管是一个老员工，已经内部提拔了很长一段时间，很显然，能力和水准已经看得很清楚。这时，我们更要注重他长期的激励。此时，做股权激励计划的目的，当然就是激励这个人才。

短考评周期发生在以下几个情形中：

（1）替换新的 CEO。

（2）CEO 任职前的企业业绩远远低于行业的平均水平，所以需要换一个高手。

（3）行业高管相对流动性比较高。

（4）企业运营面临极大风险的时候。

任用新高管，企业会面临巨大的不确定性，还存在人才分布的极端化等问题。

在这种情况下，急需筛选人才，就需要用较短的考评周期，这样可以做到好聚好散，大大降低了双方的试错成本。

重要总结：采用长期激励制度，才能有长远的眼光，不会杀鸡取卵，会着眼于公司的研发和中长期的战略。当然，如果我们是为了人才筛选，迅速评估出这个人是否有效，那么就要进行较短的考评周期，尽量减少企业的试错成本，快速淘汰不合适的高管。

案例 12　喜家德水饺"358 合伙模式裂变创造中国水饺领导品牌"

《2019 中国小吃产业餐饮大数据研究报告》显示，2018 年和 2019 年这两年，中式快餐门店增速超过餐饮大盘平均涨幅，整体份额从 40% 上升至将近 50%，4 万亿元的餐饮市场份额，小吃店占了将近半壁江山。

在中国的水饺品类里有"两大帮派"，分别是来自北方的喜家德和来自南方的袁记云饺。

❷ 一、喜家德

喜家德自 2002 年在鹤岗创立以来，目前在全国有超过 700 家门店，遍布全国 40 多个城市，员工人数超过 8000 人。喜家德水饺秉承"一生做好一件事"的理念，默默专注水饺数载，致力于为顾客提供放心、美味的水饺。它以好吃、干净、原创一字形长条水饺闻名大众，招牌水饺"虾三鲜"经久不衰，目前是东北水饺的代表。

◆ 二、喜家德的"358机制"

喜家德在扩张的道路上，也踩过坑。刚开始时，喜家德为了快速扩展，不到一年就在全国几十个城市里开了100多家加盟店，结果加盟商水平参差不齐，店里卖什么的都有，总部根本没办法做好品控。

如果是小生意，夫妻俩起早贪黑基本也能忙活得过来。那500家门店餐饮直营连锁，靠什么才能成功呢？

是靠的是组织力，而核心是靠人。一个没有凝聚力的团队，大战来临，只能溃不成军。为了组织员工学习，喜家德创办了水饺大学，创立独有的"358机制"。创始人高德福说道："是人才，就给你提供发展的平台！"喜家德的成功正是采用了当下企业最为关注的合伙人制度。

1. 合伙人制度开放及覆盖范围

喜家德合伙人计划覆盖企业内部和外部两类对象：内部是店长及内部公司管理层；外部是运营合伙人及外部开发合伙人。

2. 喜家德内部合伙人制度

多层次的店长激励制度见表4.5。

表4.5　多层次的店长激励制度

激励层次	奖励科目与标准	股份类型	股份出资
1	所有店长考核成绩排名靠前的，可以获得3%期股收益	期股	无需
2	店长培养出新店长，并符合考评标准，就有机会接新店，成为小区经理，可以在新店投资入股5%	注册股	需要

续表

激励层次	奖励科目与标准	股份类型	股份出资
3	店长培养出了 5 名店长，可以成为区域经理，如果符合考评标准，再开新店，可以在新店投资入股 8%	注册股	需要
4	店长成为片区经理，可以独立负责选址经营，此时就可以获得新店投资入股 20% 的权利	注册股	需要

这种方式极大地调动了店长培养新人的积极性，并且店长与新店长之间，利益相关，沟通成本极低。

（1）区域店长与店长之间可根据绩效考核结果及排名，获得 3% 干股收益。干股获取对应的是完善的考核机制与管理体系，在把股份授予做到公平、公正、公开的同时，也调动了员工的良性竞争，还给店长这个职位树立了卓越的标准与榜样。

（2）可投资入股 5% 加晋升小区经理牵引核心人才复制。很多企业不仅留不住核心人才，且更致命的是在人才留不住的同时还没有可接替的对象，导致企业发展一直原地徘徊。想要建设人才梯队，想要让企业高速发展，必须让人才能够具备复制人才的意愿度，这比复制人才的标准流程更重要。

（3）区域经理和片区总经理可以享受 8%~20% 的合伙投资比例。店长培养出 5 名符合考评标准的新店长，即可成为区域经理，再开新店即可投资入股 8%，最后店长晋升为片区经理后，就可以获得新店投资入股 20% 的权利。同时通过退出机制的设计，可以起到留住人才的作用。

◉ 三、喜家德 358 内部合伙制度总结

看似简单的 358 模式，透露出喜家德完善的管理体系和健全的运营机制。同时对于人员的选、用、育、留都有严格的流程。358 机制保持了层层递进的模式，只要你干得好，你就可以持续上升。既不至于激励不足，也不至于因为获得过高的收益而失去进取的动力。

喜家德每年对员工的培养、培训，无论是从技术还是从管理的角度都是按标准执行。而且这套模式和公司员工的发展晋升通道相关联，你到一定的级别或者达到规定的成绩，才可以获得这个资格。

一个简洁的股权激励模式背后一定有一套不简单的管理运营机制，如果没有配套的制度体系，股权激励一定会出现相关的问题，我们要有这个意识去完善这些机制，逐渐释放股权激励的核能。

喜家德是把股权激励做出了新高度，只要你够优秀，就有资格对新店进行投资，通过投资才能获得股份，而不是把股权当成福利。

喜家德的股权激励颠覆了我们对股权激励的认识，把股权激励变成了一种机会，获得这种机会的标准，就是你要符合公司的考核标准。

❯ 四、喜家德外部合伙人制度

1. 运营合伙人模式

"运营合伙人计划"是喜家德一种开放的合作创业方式，给餐饮创业者提供一个创业平台，提供品牌支持，帮助降低创业难度及风险。如果你符合喜家德合作准入条件，通过培训考核，就有资格与喜家德其他合伙人共同出资开店（需本人进行全职经营管理，非由投资合伙人进行）。

与加盟模式不同的是，运营合伙人模式不需要缴纳加盟费、品牌使用费等费用，你投入的资金将作为你所持有的店面合伙份额的投资款，运营合伙人对投资店面共同经营管理，共享收益、共担风险。

喜家德不加盟，只直营，招募适合的合伙人。合伙人投入的资金，会变成所持店面的股份（可占比 8%~32%）。

这样，行业人才被吸引，共同经营，收益共赢，风险共担，就变成了利益共同体。

2. 开发合伙人模式

"开发合伙人计划"是喜家德专门针对有开发选址特长的人开放的一

种合作方式，让有开发选址特长的人才在喜家德品牌平台上得到发展。

如果你符合准入条件，通过公司考核后，即可成为喜家德开发合伙人。开发合伙人可以入股其所开发新店份额 5% 的股份，无须投入门店日常运营及管理中，但必须全职参与选址开发工作。

3. 合伙人准入条件

运营合伙人及开发合伙人准入条件见表 4.6。

表 4.6 合伙人准入条件

序 号	运营合伙人	开发合伙人
1	目前开放合作城市：上海、广州、西安、太原、石家庄、成都、南京、武汉，其他地区暂不开放，其中东北三省、山东省、北京、深圳以及部分成熟城市已不再开放合作资格	目前开放开发合伙人的城市：北京、上海、广州、深圳等一线或二线城市
2	年龄在 24 ~ 40 岁，大专以上学历	年龄在 28 ~ 42 岁，统招大专以上学历
3	有时间、有能力、有意愿、能亲力亲为经营店面，成为合伙人后不得以直接或间接入股、参股、提供有偿或无偿劳务或服务等任何方式从事副业或其他投资项目	积极乐观、勤劳吃苦、善于沟通，做事有毅力、有拼劲；有一定经济基础，能承受一定投资风险
4	具有经营意识和潜力、同时具备一定（专业性）特长	在所选城市有良好商业人脉、对餐饮市场有深入见解者优先
5	有过创业（不成功）经历者优先考虑	成为开发合伙人后不得以直接或间接入股、参股、提供有偿或无偿劳务或服务等任何方式从事副业或其他投资项目

4. 合伙人入伙的条件及比例

（1）开发合伙人将入股其所开发新店 5% 的份额，无须投入门店日常运营及管理中，但必须全职参与选址开发工作。开发合伙人无须参与门店培训（历时 1 个月～6 个月）及相关开店资格考核。

（2）运营合伙人入伙比例分为 8%、16%、24% 和 32% 四个级别，参股比例由公司决定。主要条件如下：

1）在规定的培训期（1 个月～6 个月）通过开店资格考核，经营管理能力得到验证。

2）专业能力在组织内部的决策与贡献程度。

3）启动资金。

以上条件均由客观数据衡量。若合伙人未能在规定的培训期通过开店资格考核，则证明暂时不具备合作能力，喜家德有权单方面终止合作（但合伙人无权以此为由单方面终止合作）。

外部合伙人出资 32%，加上总部职能部门可能的项目跟投，总部投资降至 40% 以下。而在 358 模式下以区域经理为代表的内部合伙人最多出资 8%，总部至少出资 70%；相比之下，对于总部来说，采用外部合伙人计划，资金压力减少很多，可运用外部合伙人的资金完成裂变。

❯ 五、匠合咨询对餐饮合伙人制度的理解

餐饮股权架构的设计与餐饮品类、商业模型、发展阶段、创始人能力或资源结构、合伙人能力和资源状况等都有关系，不能只是简单地模仿。喜家德除了给营运板块这些人股权，还给"平台"里每一位专家有投资合伙的机会；华莱士不只有内部合伙人，还用股权锁定了整个产业链上下游的资源；西贝除了股权分红还有"好汉工程"和数不清的各类奖项机会。

每一个餐饮品牌都要因类制宜、因人制宜、因时制宜地设计自身的股权模式，以喜家德 358 模式为参考，我们可以根据自身实际情况灵活应用。

1. 基于模式本身的灵活应用

358 模式也可以是 147 模式、258 模式或 369 模式，最重要的是要能算出来一年中这 3% 意味着多少钱，跟工资收入相比或以综合收入来参考，

能不能产生激励作用。

干股分配也可以是超额分红转股，比如为门店设置半年或年度目标，超出目标之后的净利润按比例转成一年期、两年期或三年期的固定分红资格，一样可以起到激励作用。

也可以参考华为模式，3% 相当于 3 万元股票，每年都可以奖励，第一次只能拿到 50% 的分红，第二次才能拿到 100% 的分红，叠加激励，让店长持续创造更好业绩。

2. 基于战略导向的灵活应用

股权的作用有很多，可以融资、融人、融资源、激励和留人等。战略导向的股权应用意味着首先要清楚公司当前的核心战略是什么，如果核心战略是爆款单品或一本万利的菜单设计，那么优先考虑的是能否吸引优秀的产品研发或菜单设计人员入股或按照爆品本身的销量分成激励研发者。如果核心战略是通过加盟完成迅速扩张，那么要考虑的则是优秀的加盟操盘者、加盟操盘团队或分层代理如何匹配股权。

如果是直营扩张，则要考虑如何大批量地吸引和培养优秀店长，海底捞的师徒制和喜家德的模式的明显导向是新店长招募和能力提升。如果核心战略是构建以用户为中心的餐饮品牌，就要把股权释放给围绕客户需求做品类、场景拓展的部门，比如餐饮零售化中的天猫淘宝门店、品牌孵化部门、用户的获客留存转化部门等。

每一个战略一旦被验证，就可以逐渐摸索出一种相对固定的比例，形成股权模式，比如九毛九集团为了孵化出更多的太二酸菜鱼品牌，就拿出15%~20% 的股份分享给新品牌孵化团队，用以激励新品牌的孵化。

3. 基于分配资源的灵活应用

如果从激励的角度来理解股权，那么除了分红权的激励之外，还可以设计出权利等级、荣誉等级，比如决策知情权、会议列席权、提议权、审批权和否决权等各种权利，按照等级分配到岗和人，或更灵活地将一些权利覆盖到更基层的人或岗位。比如华为的"蓝血十杰"，西贝的"好汉工程"，或关键岗位的明日之星，或基于特殊贡献的金、银、铜奖等荣誉。

同样，权利或荣誉的激励形成有效反馈后，也可以固化为某种模式或习惯，长期坚持，使其内化为企业文化持续传承。

4. 基于时间轴的灵活应用

如果把钱分为过去的钱、现在的钱和未来的钱，那么激励又可以分为过去激励（追认贡献奖、退休安全金等）、现在激励（工资、奖金、专项奖、福利等）和未来激励（股权、长期专项奖、学习机会等）。每一个单项还可以继续分级，比如福利可以按照考评得分分为 A、B、C 三个等级，不同级别享受不同的福利待遇，激励后进者。

时间轴上的每一种激励资源也都可以简化为某一个数字或比例，形成固定模式。比如 334 模式，就是过去贡献、现在贡献和未来贡献的激励分别占三成、三成、四成；比如 451 模式，未来激励要覆盖 40% 的人，现在激励要覆盖 50% 的人，过去激励只覆盖 10% 的人。

合伙人模式背后是一整套对人才的价值评价、价值分配体系，不是简单的股权分配，每一次分配背后，都依赖清晰客观、公正、权威的考评结果。

第四节
水龙头开多大——数量动态

我们来谈一下数量动态，就像晋商的银股和身股，采用前者高后者低的方式，这就是一种数量动态的设计。互联网行业，技术高手在不断地增加，期权的数量也在不断地增多，这也是一种动态设计。水龙头开多大，是个手艺活。

因此，我们要理解数量的股权动态。

第一，创始人的股权越来越少。

第二，少量多频持续。

第三，数量动态的三大策略，是期权池还是大股东转让，或者是同比稀释。

➋ 一、创始人的股权动态

创始人股份不断地减少，这也是一个动态的设计。匠合咨询曾邀请华为原副总裁林国雄来演讲，他说道："如果哪一家公司的创始人，只持有公司 5% 的股份，那这家公司一定大有希望。"

创始人的股份不超过 5%，那简直是奇迹，也不太现实，但是如果一个创始人能做到这样的股权动态设计——自己的股权越来越少，合作伙伴的股权越来越多，那么这家公司一定大有希望。

硅谷的研究表明，企业成功的核心要素中，第一要素是创始人拥有少量股权。

如果你拥有的股权数量很多，其实是一件非常危险的事情。因为这意味着你没有联合创始人，就要承担更大的责任、出更多的钱，且并不意味着你收获最多。

拥有少量股权是分阶段完成的，并不是一次性完成的，是根据企业的创业期、成长期、成熟期逐渐地释放你的股权。

硅谷第二个成功的要素是能够吸引到高手和你一起工作。如何吸引呢？可以归纳为"低工资 + 期权"，如此才能吸引到联合创始人。低工资恰恰是一个企业成功的核心，因为你的成本低，你才可以活下来。当然，你一定要给别人期权。"又要马儿跑，又让马儿不吃草"，天下没有这样的好事情。

如果你的联合创始人是位顶尖高手，那么给他们的股权比例是多少比较合理呢？如何给才会比较合理呢？这是值得深思的问题。

蒙牛集团提出，让员工持有 51% 的股份，让他们为自己干。

万向集团提出，让员工持股，拥有 20% 的年回报。

新东方提出，老大要有 10% 的代持股份，总股本 1 亿元，10% 就是 1000 万股，用来吸引后来人，作为"股权池"，引进新的管理者。

新东方一上市，10 万股、50 万股都能够吸引到很好的管理者。公司迅速形成了第二管理梯队，他们是用 1000 万代持股吸引进来的。

新东方同时提出，要有定期的股份增发机制，让干活的人能够有更多的收益。

新东方每年都会申请期权，发给能干的人，谁干得多就发给谁，增发的股份是为了发给有才能的人，是为了把公司做好，是为更多的合作者增发股份。

新东方每到年底的时候就会有一次股份的增发。虽然有些人刚开始占了 40% 左右的股份，却因为除了投资之外什么都没干，股份有可能被稀释到 20%。

相反，有人每年都会拥有新的股份，有一个原本只占 10% 的股份的人，因为总负责，现在已经增加到了 30%。

这样的一套机制就可以让合伙人不散，也可以让做事的人慢慢获得更多的收益。

在数量动态上，我们要思考身股和银股的比例，也就是投资人和奋斗者的动态平衡。要考虑奋斗者的不断增加，对公司所产生的价值和意义。

❯ 二、少量、高频、持续

在给激励对象增加股权数量时，切记这是一个动态的过程，应该做到少量、高频、持续，大忌是静态、一次性、多量。

❯ 三、数量动态的三大策略

第一个策略为相对值策略。公司可以设立一个期权池，比例可以是 10%、15% 或 20%，这个期权池可以提前以有限合伙企业的形式来存在，等到有合适的激励对象时，创始人将自己作为 GP 所持有的份额转让给 LP，LP 也就是未来的激励对象，使他们有机会进入有限合伙企业，间接持有公司的股份。

某公司估值 7000 万元，该公司拿出了 10% 的股份作为期权池，也就是 700 万股，每股 1 元。第一年给 5%，也就是 350 万股；第二年公司的估值上涨，已经变成 1.5 亿元左右，此时，还有 5% 没有分配，相当于又有了 700 多万股没有分配。因为此时公司的总估值已经增加了一倍多，依然有机会将这些股份给到未来的奋斗者，保证公司有足够的资金储备。

第二个策略为大股东转让策略。是指大股东自己持有的股份比较多，这时可以将自己所持有的部分股份转让给未来所激励的对象，这种方式适合于创业阶段，适合于大股东持股较多的时候。

第三种策略为绝对值策略，或称为同比稀释策略。

例如，某公司股份为 100 份，现在又来了一个核心高管，我们要给他 5 股，这时可以将总股数变成 105 股，也就是将蛋糕切成 105 份，给新来的高管 5 份，意味着原来所有的股东的股份全部同比稀释，每个人的股份相对值变少了，但是蛋糕做大了。

大股东转让策略适合创业期企业，相对值（期权池）策略适合企业初创期。在企业进入发展期和成熟期的时候，通常采用同比稀释策略。

无论采取哪一种策略，一定要记住，你的手上要有一定量的资金储备，这样才能够吸引人才加入，也许下一个新进的人才就是"蔡崇信"。

❯ 四、资源股东的动态策略

一天晚上的十点多，有一个同学赶到酒店和我交流，当然要尽心回答。这是一个家具生产企业，想要通过股权，吸引几个下游年销售量可达两三千万元的家具销售公司。

经过沟通，提出三个要点：

第一个，一定不要把前期股权比例出让得太多，因为该公司是新创，估值不高。本来他想分给 3 个高手每人 15% 的股份，我觉得 15% 太高了，因为三个人的股份合计达 45%，比例太高，再进来高手怎么办？我的建议是分给每个人 10% 的股份。

第二个，资源股份，一定要设定预先的业绩目标，动态分红。如在每年完成 1000 万元的销售额的基础上再完成 1000 万元的销售额，可以额外增加 5% 的分红。

千万不要以为给了股份，他就会自发地努力，天下没有这么美好的事情，没有清晰的约定，必是枉然。

第三个，动态注册股份，注册股份可以在满 3 年的时候，重新做一次调整，可以上调，也可以下降。如果平均每年完成 2000 万元的销售额，那么可以再增加 5% 的股份；如果平均每年没有完成 1000 万元的销售额，那么股份要下调 5%；如果平均每年连 500 万元的销售额都没有完成，那么将以原始出资额退还股份。

这个案例告诉我们股权的运营是每一个企业的命脉，企业要根据实际采用动态的合伙方案。

案例13　芬尼克兹"内部裂变式合伙"制度

芬尼克兹自 2002 年创立至 2021 年净资产增长 260 倍，年均增长率 44.8%。宗毅是芬尼克兹的创始人兼 CEO，他是一个从不到 100 平方米的厂房里走向世界的人，他不断地挑战自我，终身学习、终身成长，永远在创业的路上！

❯ 一、裂变式创业起源

2002 年宗毅和张利一起创办芬尼克兹，2004 年公司的营销总监提出辞职去创业，他是公司里非常关键的人，公司 80% 的销售额都是他做的。当时公司提出给他很优厚的条件，甚至是股份，但是还是留不住。

营销总监成立了一家跟芬尼克兹模式一模一样的公司。宗毅说道："他知道我所有的秘密，包括我的成本、售价、客户，因为当时都是我们一起去做的。那个时候很紧张，甚至恐惧。当时就想，当员工提出辞职时，肯定在外面已经找好路子了，这时给再优惠的条件他也回不来了。那么公司思考的应该是创造一个什么样的系统，能让公司的创业人留下来，在他还没往这方面想时先给他一个'坑'，让他跟着一起创业，不能等出了问题再去想办法。"

芬尼克兹开始了让员工用人民币投票选总经理的探索。

芬尼克兹的泳池项目

如果公司上一年做了 1 亿元的营业额，产生 1000 万元利润，今年因人工成本上涨，如想再有 1000 万元利润，就要做到 1.1 亿元营业额。于是，芬尼克兹展开了一个 1.1 亿元营业额产品经理的竞选，有很多人参选，如何选择合适的人呢？

宗毅就设置了竞选机制，参赛者自己组队参加产品经理竞赛，员工对各参赛队伍进行投票，投票写明自己的投资额，用人民币进行投票。参选人至少要投资 5 万元，普通员工可 1 万元起投。假设 B 觉得参选的小张好，他可以投小张 5 万元。

如果小张完成了 1.1 亿元的营业额，那么 B 就能拿回 5 万元本金，没赚没赔；如果小张做到 1.2 亿元营业额，那么 B 的 5 万元就变成了 7.5 万元；如果小张做到 1.3 亿元营业额，那么 5 万元就变成了 10 万元。因为公司算过营业额每多 1000 万元会多出多少利润，然后拿出利润的一半分给你。

如果小张只完成 1 亿元的项目，那么 B 的 5 万元就只能拿回 2.5 万元。如果只完成了 8000 万元，那么 B 投的 5 万元就没了。

这种机制非常刺激，投票人会很认真地分析小张、小马或小李，选出一个最优秀的人来做这个项目。

二、逐渐成形的裂变式创业模式

1. 竞选总经理规则

（1）参赛人员无资格要求，由参选人自己组建团队参赛，公司提供创业培训。

（2）参选人及参选团队要申明其个人投资额度，竞选总经理的人首期投资在 10% 以上。

（3）在公司工作 3 年以上的员工才可参与投票，每人只能投一票。

（4）根据职位高低设定每个人的投资额上限，不可超限投资。

（5）公司领导和员工用人民币投票，想投哪个团队则写上自己的投资金额，如没有按承诺的额度投资，则按其上一年年收入的 20% 进行处罚。

（6）获得投资额最大者胜出，如投资超额则按比例打折。

如某项目需要 1000 万元，员工投资合计 800 多万元，只能说服大家等比例打折，将员工的总投资额控制在 500 万元以内，另外 500 万元由公司投资。这样投资新公司就变成了一种机会、一项福利。

2. 投资和利益分配机制

芬尼克兹公司投资和利益分配机制见表 4.7。

表 4.7　投资和利益分配机制

<table>
<tr><th></th><th>投资额比例</th><th colspan="3">收益分配</th></tr>
<tr><td>创始人（宗毅、张利）或母公司</td><td>约 50%</td><td></td><td rowspan="4">50% 按投资比例分配，每年分红</td><td rowspan="4">30% 作为发展基金</td></tr>
<tr><td>总经理</td><td>10% 以上</td><td rowspan="2">20% 优先分红</td></tr>
<tr><td>团队成员</td><td>约 15%</td></tr>
<tr><td>投票员工</td><td>约 20%</td><td></td></tr>
</table>

（1）创业团队有 20% 的优先分红。投资 25% 享有 40% 的收益，总经理个人用 10% 的投入获得 16% 的收益，是新公司的最大受益者，对创业团队有很强的激励作用。

（2）创始人（宗毅、张利）或母公司投资 50%，享有 40% 的收益。宗毅说道："**尽管我是大股东，但我没有总经理拿得多，要让总经理感觉到他才是新公司的最大受益者。**"

（3）50% 的利润直接分配给股东。宗毅表示：公司每年必须分红，让每个投资的员工都能即时感受到投资收益，而不是等到 10 年后或公司达到一定规模再卖掉股份赚一大笔钱。而且分红后员工也有钱投下一个项目。

（4）30% 的利润作为公司的发展基金，用于投入再生产。

芬尼克兹的投资和利益分配机制设计的精妙之处在于：创业团队占 25% 的股权，获得 40% 的收益；创始人或母公司占 50% 的股权，享有 40% 的收益。创业团队有更高的收益权而非股权，而创始人或母公司占更多的股权，保留控制权。创业团队享受投资额 1.6 倍的收益，会更努力地工作创造好业绩。

如印刷事业部的总经理，于 2010 年毕业后入职芬尼克兹，工作 3 年后，在 2013 年参加总经理 PK 大赛胜出，从菜鸟到总经理仅用了 3 年时间。2015 年他带领团队创下营业额增长 5 倍的业绩，投资 100 万元，一年后仅分红就拿到 90 多万元，外加一辆特斯拉汽车，2016 年事业部正式升级为公司。

3. 用人民币投票的好处

裂变创业制度找到了一个不同人群的共同爱好，就是人民币。

公司把参赛队伍公布出来之后，"选民"就会去研究该把钱投给谁，根本不用公司去评估，当每个人拿自己的钱去选人时，一定是最认真理性的，最终选出来的团队一定是德才兼备的。

（1）**避免贿选和拉票**。因为用钱投票，关系到自己的利益，投票人会更谨慎地对待自己的选票，不会有人因为跟参赛团队感情好就投 5 万元给他。

（2）**实现自动监控**。团队当选后，总经理自己是大股东，他不会贪腐；而员工用真金白银投票，他们也会起监督作用，公司基本不用监控。

（3）选拔人才。芬尼克兹公司已有 2000 多名员工，没有合理的竞争机制会导致很多人才被埋没。创业大赛给予了团队内部优秀人才展现自己的舞台，有能力的人能不能冒出来取决于竞赛时有没有人愿意跟随，由此可以考量出一个人的领导力和经营管理能力。就算没有成功当选，也能让公司领导发现优秀人才。

（4）留住公司骨干。员工可竞选总经理、成为股东，创业竞赛尊重并给予员工机会，让有能力、有创业激情的员工和企业共同成长，实现内部创业。提高组织效率，制度是决定组织长期竞争力的保障，通过这样的制度设计，新公司的竞争力将更强大。

❯ 三、走向成熟的芬尼创业模式

联合创始人张利说道："2016 年之前裂变式创业模式处于探索阶段，2017 年开始接近成熟，不仅在公司内部实施，也开始接受对外培训。"

1. 2016 年成立的芬尼能源

芬尼能源就是那个通过超级话题软文引爆社交媒体，推广公司产品，据说粉丝转介绍率达到 12% 的公司。

（1）母公司芬尼科技持股 60%，芬尼的创始人宗毅和张利通过母公司控股芬尼能源。

（2）总经理张靖持股 10.3%（含间接部分），并控制含员工投资共 34% 的股份。

（3）管理团队一共直接持股 6%。

（4）张靖兼执行董事、总经理、法定代表人，掌握芬尼能源的管理权。

2. 2017 年成立的芬尼净水

（1）母公司芬尼科技持股 60%，芬尼的创始人宗毅和张利通过母公司控股芬尼净水。

（2）总经理田亮持股10%，控制含管理团队和员工投资共40%的股权。

（3）田亮兼执行董事、总经理、法定代表人，掌握芬尼净水的管理权。

2017年成立的芬尼净水与2016年成立的芬尼能源相比，除总经理以外的管理团队不再独立持股，管理团队与其他投资员工一起通过有限合伙企业持股，股权由总经理控制，进一步加强了总经理的掌控能力。

3. 逐渐成熟的芬尼创业模式特点

（1）用人民币投票选出总经理和创业团队。

（2）宗毅和张利或母公司在新公司的持股比例为60%，母公司只控股而放权，所以宗毅可以放下公司参加80天环球之旅。

（3）总经理投资10%，管理团队和员工投资共占30%（这部分通过有限合伙企业持股、由总经理控制），总经理共控制40%的股权。

（4）总经理兼执行董事、法定代表人，并控制40%的股权，对新公司有很高的管理权。

（5）总经理和管理团队享有比股权更高比例的超额分红。

（6）总经理5年一选举，选举获胜可连任，但最多连任一届，之后必须要换新鲜血液上来。卸任的总经理可以参与芬尼其他平台公司的竞选。

4. 思考

（1）**票选的总经理如果辞任怎么处理？**芬尼科技最新成立的子公司为2017年成立的芬尼净水，总经理直接持股10%的股权、控制另外30%的员工持股。按之前的公开信息，总经理和团队享有20%的优先分红权，设计优先分红的出发点是用于奖励总经理和管理团队。如果总经理辞任，相应的股权和优先分红权是否一并转给下一任总经理呢？

（2）芬尼科技新三板挂牌时的股权架构，宗毅与张利分别持股26.97%和25.32%，两人持股比例接近，为一致行动人和实际控制人。张利还控制另两家员工持股企业共 14.5% 的股份，张利实际控制的股份比例高于宗毅。没有像许多专家说的，创始人一定要一股独大，芬尼科技两位创始人持股比例差不多，已顺利相伴走过 15 年，并没发生股权纠纷。

▶ 四、新分红模式解读

新公司有盈利的情况下每年强制分红，税后利润分成三个部分，分别为 20%、30%、50%。50% 的税后利润按照股权结构进行分红，让每个投资的员工都能即时感受到投资收益。

总经理有 10% 的股份，因此在 50% 的投资分红中可以分到 5% 的税后利润。30% 为企业留存收益，作为企业的滚动发展资金，总经理在发展资金中有 3% 的份额。还有 20% 作为管理团队的优先分红。这块就是管理团队的额外收益。前面说过，管理团队共有 25% 的股份，其中总经理占了 10%，也就是五分之二。

在 20% 的特殊分红里，总经理可以拿到 8%。因此，总经理是 13% 的利润分红加 3% 的权益，也就是凭借 10% 的股权享有 16% 的收益权。创业团队的每个参股高管也同样享有 1.6 倍的收益权。

芬尼克兹股权与收益权明细见表 4.8。

表 4.8　芬尼克兹股权与收益权明细　　　　　　　　　单位：%

	20% 优先分红	30% 发展基金	50% 股份分红	各方总收益权
总经理 10% 的股份	8	3	5	16
裂变骨干 15% 的股份	12	4.5	7.5	24
集团其他入股员工 25% 的股份	0	7.5	12.5	20
母公司两位创始股东共计 50% 的股份	0	15	25	40

管理团队以 25% 的股份，享有 40% 的收益权，以小博大。该模式的精妙之处在于，他们占有的是收益权，不是股权本身，公司还是属于芬尼

克兹的创始人宗毅和张利。这个模式也带有对赌性质，如果无法实现盈利，那么创业团队就无法享有额外收益权。

➤ 五、选人机制

有了好的激励机制，还要有好的创业团队。如何选出正确的人呢？

（1）芬尼克兹的任何人都可以组队参加创业大赛，这个团队必须有人担纲。一开始参赛团队要拿出项目思路，然后接受一系列创业培训，比如战略制定、财务培训，因为有很多参赛人不懂如何做财务报表及营销计划书。

（2）参加初赛时，评委从七个维度来评价参赛团队及其担纲人，这七个纬度分别是工作年限、目前职务、对芬尼克兹理念的认同度、战略思维、创新思维、团队打造、人格魅力。这些维度的分值加起来就是100分；此外，项目评分也是100分。总分200分。总经理PK大赛评分表见表4.9。

表 4.9　总经理 PK 大赛评分表

致评委：
我们是一群没有背景、没有资源、没有后台，必须靠自己勤奋努力、自谋生路的普通人。您的鞭策就是我们前进的动力，千万别手下留情！
规则：
1. 阴影部分由 HR 撰写，其他评分由评委填写。 2. 从"战略思维"到"人格魅力"的 4 个维度是针对团队的总经理的评分。
评委签字： 日期：

（3）评价维度及评价标准见表 4.10~ 表 4.13。

表 4.10　战略思维评价标准

维度	等级	内容
战略思维	优	看得长远，有胆有谋，下得起注，舍得一身剐，敢把皇帝拉下马
	良	看得清路，把得清脉，派探子收集过情报，能发出正确信号
	中	前怕狼后怕虎，吃着碗里的，不敢瞅着锅里的，着力于眼前发展
	差	胸无大志，行事草率

表 4.11　创新思维评价标准

维度	等级	内容
创新思维	优	紧跟大趋势，酷爱倒腾新玩意儿，说不定就颠覆了
	良	取人之长，根据自己的特点进行改良
	中	想玩点新鲜的，尝试过，借鉴过，一半精粮一半糠
	差	看着人家玩新鲜的，曰：一切都是浮云

表 4.12　团队打造

维度	等级	内容
团队打造	优	带得起兵，打得起仗，画得起饼，给得了未来，唬得队友像狼嗷嗷叫
	良	爱玩、爱疯、爱胡闹，知人善用，营造合作的团队氛围
	中	要酷、要帅、要内敛，各司其职，一团和气
	差	要不就板着脸，要不就火眼金睛，员工见了就闪

表 4.13　人格魅力

维度	等级	内容
人格魅力	优	有盘古开天地的气势，敢逆流而上，越是挑战越兴奋
	良	爱惜下属，勤奋有加，追求完美，凡事亲力亲为
	中	说话办事都靠谱，活儿交给他放心，就是少了点冒险精神
	差	喜欢单枪匹马，英勇杀敌，眼里的自己能征服世界，唯独没有团队

❯ 六、芬尼模式的特点

（1）公开透明。公司涉及的股东比较多，需要公开透明让大家放心。

（2）员工的信任。第一个项目的成功，是建立员工信任的重要基础，所以让第一个项目挣钱很重要。

（3）选对人。创业最好办的是钱，最难办的是人。选对人，钱是最不缺的资源。产品和商业模式很重要，但人和团队更重要，因为商业模式也是人想出来的。比如马云的商业模式很好，但是无数人学马云却失败了。

裂变创业的精髓是选举而不是裂变，创业成功的唯一要求就是选对人。创始人说：把握基因很重要，性格没有办法培养。一个人虽然没有阅历，但不代表不能做成功。建议企业家们在选人的时候，不要选工作经历，而应该选潜质和性格。企业能走多远，人才和选举人才的机制一个都不能少。

（4）创新精神。联合创始人张利说道："芬尼有一个满身野性与不羁的领导人宗毅，还有融入每个芬尼人骨髓里的创新精神，不是一学就会的。"

第五节
玩游戏前的智慧——规则动态

先有游戏，还是先有游戏规则呢？

在机制动态中，进入机制是动态的，退出机制是动态的，分红机制是动态的，发展机制是动态的，数量机制也是动态的。

如何去理解机制是动态的呢？比如进入机制，如果根据级别、绩效、工龄、贡献度、岗位价值评估、价值观、能力和潜力等来确定这个人的激励数量，这就是动态的了。你不能以这个人的老资格来确定给他的股数，更不能以简单评分的方式来操作。

❯ 一、约定合伙机制是动态的

我有一个客户，他的公司为了吸引代理商，对代理商发布股权认购证，还印制了票据，上面写着"给予上市以后1000股的股权"，他问我这样做行不行、合不合规、合不合法？

我的回答是：

第一，如果是国内 A 股市场的话，肯定不行，抓得很严，审核过不去。

第二，你的公司没有上市，并不能公开发行股票，严格来说，这种做法违法违规。

第三，你没有约定股份的出处，是大股东稀释、大股东转让还是股东同比稀释，容易引起争议。

第四，没有约定价格，将来行权的价格是多少更容易引起争议。

相对正确的做法，是以"业绩期权"的方式来进行的。

第一，约定行权的时间是 3 年，一个代理商跟你奋斗 3 年的概率很小，自然就会让代理商有奋斗的时间动力。

第二，约定行权的业绩标准，比如每年的业绩评分为良好及以上，才可以行权，这样就会让代理商有奋斗的业绩动力。

第三，一定要约定行权的价格，即可以按照一个什么样的价格来行权，还应该约定行权以后套现的周期。

第四，要约定股权的来源是大股东出让，还是股东同比稀释，总股本是多少，这样字斟句酌，界线清晰，就不会有任何的后患。

因此，一个好的股权设计，规则一定明确清晰，不能想当然，必须深谙公司治理之道，合规合理，这样才方能长久。

❷ 二、退出是动态的

假如一个人在公司奋斗了三五年，如果他要退出，那么这个时候就要评估他是以什么样的状态退出的，是正常的离职退出、违规退出，还是立下了汗马功劳退出（我们称为奖励退出）。不同的退出状态，对应的条件和标准都是不一样的，我们称为退出动态。

我们有一个电脑公司的客户，在为部门做股权激励设计的时候，就懂得动态设计的原理，为每位激励的伙伴都设定了目标。例如，为一位伙伴设定了对赌的目标，约定绩效目标（为 100 万元）。那么他只有完成了 100 万元的绩效目标才可以享受分红；如果没有完成 100 万元的绩效目标，则不能分红。这样，伙伴的激情就会非常高并且投入和用心。因此，就产生了一个非常好的结果，伙伴完成了销售目标，同时也拿到了自己的分红。公司也很开心，为他的绩效喝彩，伙伴也非常地欢喜，这就是多方共赢。

案例14 《那年花开月正圆》电视剧的股权逻辑错在哪里

有一部曾经特别火的电视剧——《那年花开月正圆》，讲的是秦商故事，也就是陕西商帮的故事。

女主角周滢重燃斗志建立泾阳布厂，不料天降横祸以致资金链断裂，绝境之中，决定发动员工融资入股。这一段电视剧拍得不错，情节跌宕，但是从专业股权的角度来端详，其中有诸多需要提升和完善的地方。

先说亮点，《那年花开月正圆》的亮点有两个：

一是定价明确，棉花行估值五千两银子，给大家说明白了，定价清晰。

二是入股承诺，伙计入股的时候，可自选抵押物，比如大门、石狮子，这样很妙，让员工充满信赖，产生员工入股的契机。

《那年花开月正圆》此段剧情中，在股权设计上犯的错误如下：

一是定人不明。什么人都可以入股，连伙计、丫鬟都可以入股，这样容易造成激励对象的混乱，越容易获得，越不容易珍惜。

二是定量过高。在激励过程中，出让的比例过高，首次出让了 50% 的股权给激励对象。股权激励的释放比例过于夸张，出让 10%~20% 是比较合理的，而且股权出让需要逐年释放。

三是个量不准。在定量的过程中，该剧又犯了一个很重要的错误，就是每个人的量自己定，即根据自己的投资实力来定，如果有一个员工家里拆迁有了钱，就把所有的股份都买了，这样融资问题是解决了，但是激励目的却没有实现。

因此，定完总量之后，要定个量，每个人有多少量，要跟级别挂钩，跟绩效挂钩，跟工龄挂钩，这样大家才会更加地珍惜。

四是定规混乱。该剧中，整体股权的规则是缺失的，比如分红、退出、约束等都没有相应的规则。

如何分红呢？多长时间分？何时分？每次分多少？拿出多少比例出来分？没有说清楚。

有朝一日退出的价格是多少？没有说清楚。

如果员工违规了，股份还有没有效？约束规则也没有说清楚。

当然，这只是电视剧，我们是从专业的角度来看待、学习和思考的。

第五章

五类合伙"动态"方法

合伙时代。创业者如何能运用多元合伙模式融汇人才、资金、资源，低风险创业，打造联盟共生型组织呢？

很多企业家会碰到合伙的五大问题：

（1）创业团队如何动态合伙？持续奋斗，成就伟业。

（2）联合创业如何动态合伙？引进高手，焕然一新。

（3）资金股东如何动态合伙？融汇资金，飞速发展。

（4）资源股东如何动态合伙？资源整合，合作共赢。

（5）内部人才如何动态合伙？力出一孔，利出一孔。

创始股东是"土"，是根源，创始股东的眼界、格局、能力、智慧，决定了企业的器宇。切忌有发起的创始人处于躺赚的状态，一定要有动态的设计。

联合创始人、人力股东是"木"，是生长，人力股东出小钱，占大股。因为人力股东是干活的奋斗者，所以条件比较优惠。原则是贡献进入，给虚拟股加期权，甚至给注册股，主要根据其价值观、工龄、级别、贡献来决定。

资源股东是"火"，出小钱，占小股，原则是"不见兔子，不撒鹰"。激励种类是分红加期权，不建议给其注册股。因为我们无法预知资源股东真实的表现，建议使用期权激励的方式，用分红兑现的方式。

资金股东是"金"，出大钱，占小股，建议的股权种类是注册股份，原则是溢价估值进入。资金股东要拿现金流让公司变得更值钱，所以公司一定要有一个漂亮的价格。同时要观察资金股东背后的隐含资源，比如战略支持专业建议。

因此，不同维度的股权合伙人给的股权种类、给的原则、给的策略，都是不一样的，本章一一道来，读者要仔细斟酌。

创业合伙动态，谁是"李鬼"——动态调节法

21 世纪是人本为王的时代，是合伙的时代。在公司的各种生产要素中，人力资本已变成企业最重要的财富。而在创业公司中，如果还单纯根据出资决定股权结构，忽视人力资本在股权中发挥的作用，就容易产生股权比例与创业股东的价值创造不匹配的问题，就是我们说的"人资倒挂"。

创始股东的动态是一个很大的难题。因为大家都投资入了股，投的钱都是真金白银。然而并不是每个创始股东都会全力以赴，如果有浑水摸鱼、出工不出力的"李鬼"，该怎么办呢？这时该如何进行动态的股权分配呢？

本节中要探讨的是针对创始合伙人，资金股和人力股如何平衡？分配的依据和要素是什么？贡献率如何评估？股份如何调整？是增发还是期权池？分红如何调整？

❷ 一、资金人力平衡表

2012 年一家互联网公司成立时启动资金只有 80 万元，但是经过 5 年时间其估值达到 500 多亿美元，整个公司价值的增长绝不是靠这 80 万元

的资金产生的，而是其创业团队的持续奋斗创造的。

我们把资金资本所分配的股权叫作资金股，而把人力资本所分配的股权叫作人力股。创业公司在股权分配时一定要做资金股和人力股的分配。现在很多股权分配的逻辑是有问题的，出钱的占大股，出力的占小股。

比如两个发起人一起设立公司，启动资金为 100 万元，A 股东出资 20 万元，占股 20%；B 股东出资 80 万元，占股 80%。A 股东出钱又出力，负责公司整体经营；B 股东出钱不出力，不参与经营。B 是公司实际控制人，而 A 只是小股东。这样的股权分配一定会出现问题。对于 A 来讲，会出现动力不足或者不公平的问题，把公司业绩做上去了，但是自己只拿蛋糕的 20%。

1999 年，马云拿 50 万元创业。2000 年，孙正义投资刚刚创业不到一年的阿里巴巴 2000 万美元，占股 20%，不参与企业的经营。这是正确的股权设计理念，也是孙正义对马云的人力价值认可。事实证明，孙正义的投资获得了巨额回报，双方合作共赢。

2012 年 12 月 22 日，罗振宇和申音创办"罗辑思维"公众号，申音出资 100 万元，罗振宇没有出资，双方股权比为 82%：18%。在公司创立之初，公司还没有盈利，这样的股权比例似乎没有什么问题。但是随着罗振宇的影响力越来越大，双方就发生了矛盾，最终申音退出。现在"罗辑思维"的估值已经有 10 亿元人民币，这就是人资倒挂的典型案例。这种股权分配已经明显不适合现代企业发展和时代的需求。

互联网时代，人力资本在企业中越来越重要，正确的股权分配应该是出力的拿大头，而出资的拿小头，这样企业才有可能良性发展。尤其是人力驱动型企业中人力股占比要更大。

在区分是资金型还是人力型分红比例时，先要考虑企业的性质。如果是资金型企业，如地产，需要重投入，那么资金股占大头；如果是人力型企业，如咨询公司，不需要太多注册资本，人力股要占大头。对此，可以参考表 5.1 中的资金人力平衡表，投了多少钱，决定后续的分配力度。

表 5.1　资金人力平衡表

注册资本 / 万元	资金股占比 /%	人力股占比 /%
10	10	90
100	30	70
1000	50	50
10000	80	20

二、创始股东动态分配的三大要素

第一个要素：贡献率评估。

创业股东股份要根据贡献率来确定。要对贡献率进行价值要素评价。

我们有一位做建筑材料的客户，在上海投资了一个建筑装饰公司，公司启动注册资金需要 100 万元，找的几个合伙人都属于装饰材料渠道销售的老板，但是几位合伙人投资了注册资金中的 10 万元之后，对公司几乎不闻不问，没有产生任何销售额。因为只投了 10 万元，大家都不当回事，这时该怎么办呢？如何做出动态的股权分配呢？总不能都按 10% 来分红吧。

我们还有一个做物流的客户，他的公司和其他两家物流公司在一起进行深度并购。一家出销售，一家出管理，一家作为总经理运营。他们相约 3 年后根据彼此的贡献做一次动态股权的变化和调整。由于是注册股份，3 年后重新再做一次评估，这个难度可想而知。

有一个公司请我们做咨询，公司有 5 个创始股东，每个人都是 20% 的股份。我们知道在做股权顶层设计的时候，切忌股权平均。由于 5 个人的股权平均，在公司内部决策的时候，效率就非常低，非常慢。

他们希望我能给出一个综合的决策和分配机制。有一个联合创始人说：我是做人力资源的，他们是做营销的，每个人的岗位都不一样，有人负责营运，有人负责管理。该如何来进行岗位价值的评估呢？这确实是一个头疼的问题。这时，如何客观地评估每个人的工作价值贡献，就成了绩效考评的难点。

因为如果都按营销部门业绩贡献来评估是比较简单的，但由于是不同的岗位，绩效评价就比较有难度。有可能给人事部定的目标比较低，很容易完成，而给营销部定的目标比较高，很难完成。这样如何来进行一个合理的价值评估呢？

这个看似无解的问题，其实只需要对每一个岗位的工作价值进行评价。

如果你是财务总监，帮公司融资了 1 亿元，根据国际惯例，要给 1% 的佣金，相当于你为公司至少产生了 100 万元的价值。根据不同的工作价值，运用外包思维，行情价是多少，要进行要素评定。这就是一个评价的思维模型。

华为有人力资源三部曲：价值创造、价值评价、价值分配。整个动态股权的一个核心点就是价值的评价。因为价值评价越明确、越清晰，价值分配就越容易操作。

因此在联合创始股东将来商议做动态股权的时候，可以提前做一个岗位价值要素的评价，对于大家未来的贡献，如引进人才、引进资金、销售绩效等都可以视作评估的标准，等到一年期满就可以增加高贡献者的股权比例。

第二个要素：股份动态调整方法。

创始股东股权动态调节，是股权领域的一大难题。虽然操作起来比较难，但对很多创业公司还是很有必要的。匠合咨询服务了很多企业，在入驻企业调查时，发现大多数初创企业股权结构是"静态"的，没有随着创始股东贡献的不同进行动态调整，容易造成创业股东之间的矛盾。对于初创期企业，其股权结构保持一定的灵活性非常重要。在做创业股东动态调整时，有以下两种方法。

（1）增发股权动态调整。增发股权动态调整是指创业股东在创业之初提前约定好，在一定年限内，公司根据创业股东贡献大小，通过增发股权方式调节股权结构。

例如，某公司由张三、李四、王五 3 位发起人共同设立，注册资本 1000 万元，3 个股东股权比例分别为 40%、40%、20%。张三为总经理，负责公司整体运营，李四负责公司销售，王五负责人力资源、财务和融资。3 位发起股东约定，公司成立第 3 年根据股东贡献率，通过增发 50% 的股份调整股权结构，具体见表 5.2。

表 5.2 增发 50% 股权调节股权结构

合伙人	初始股权结构 /%	注册资本 / 万元	增发 50% 股份后股权结构 a/%	前 3 年贡献率评估 /%	增发 50% 股份占比 b/%	股权激励后股权结构 $c=a+b$/%	调整后注册资本 / 万元
张三	40	400	20	54	27	4%	940
李四	40	400	20	36	18	38	760
王五	20	200	10	10	5	15	300
合计	100	1000	50	100	50	100	2000

该公司如果 1000 万元注册资本都是认缴，也可不增加注册资本，直接由股东会出具决议对公司章程中三位股东的认缴出资额作出相应修订，并进行工商变更。

（2）预留股权池动态调整。预留股权池是指在公司刚开始创立时，工商注册的股份是工商注册的股份，但实际股权没分配完，预留部分股权池用于公司成立后创业股东的股份动态调节或者吸引新股东加入。预留股权池的比例一般为 30% 或以上，预留股权池股份可以由大股东代持。

例如，某服装公司由张三、李四、王五 3 位合伙人成立，注册资本 100 万元，在公司刚成立时，3 位股东在股东协议中约定，各自股份比例为 40%、20%、10%，预留 30% 股权池用于创业股东之间的股份动态调节和吸引新的股东，当释放的股权比例超过 30% 时，原有股东股份比例同比稀释。公司达到相应里程碑时，根据 3 位创业股东股份动态调整，约定见表 5.3。

表 5.3　股份动态调整约定

里程碑 / 万元	本次分配股权比例	剩余股权池比例 /%
公司营业额达到 500	30%×1/3=10%	20
公司营业额达到 2000	20%×1/3=6.67%	13.33
公司营业额达到 5000	13.33%×1/3=4.44%	8.89

以上股权动态调整机制仅适合成长期，公司步入成熟期后，创始人不确定，不断动态变化的股权结构会影响到外部投资机构对创业团队的评价，甚至会影响融资。如果有外部融资的需要，应尽量提前确定股权结构，保证公司有决策大股东。

第三个要素，红利动态分配。

在实际操作过程中，创业股东的股权动态调整是比较难的，主要是因为各创业股东的贡献率很难客观衡量，大部分人容易高估自己的贡献。但完全静态的股权和红利分配，与创业股东持续的贡献和企业发展又不匹配。那如何在不调整股权的情况下，能够根据股东的贡献率合理分配？这时就需要建立红利动态分配机制。

红利动态分配是指公司的每年红利根据各创业股东的贡献率进行动态分配，并在公司章程或股东协议中提前约定。

例如，某公司由张三、李四、王五 3 位合伙人创立，注册资本 100 万元，工商登记股权比例为 40%、30%、30%。3 位合伙人约定，公司年度可将净利润的 40% 根据股份占比分配（初始比例），60% 根据创业股东贡献进行分配（人力股）。如果公司当年盈利 1000 万元，可分配净利润为 600 万元。合伙人分红见表 5.4。

表 5.4　合伙人分红

合伙人	股份比例 /%	股份比例分红 40% / 万元	本年贡献率 /%	人力贡献分红 60% / 万元	合计分红 / 万元
张三	40	96	60	216	312
李四	30	72	10	36	108
王五	30	72	30	108	180
合计	100	240	100	360	600

案例 15　某初创公司股份动态分配设计

◆ 一、案例背景

3 个股东加盟一个品牌培训公司，其中加盟费为 60 万元，运营资金为 40 万元，启动资金共计 100 万元。

在合伙之初，需要考虑：

（1）初始股份分配考虑资金贡献和人力贡献。

（2）项目运作建议有控股股东决策权超过 51%。

（3）股东动态分红和创业股东贡献挂钩。

（4）投资人的每年投资回报至少在 20% 以上。

股东出资情况见表 5.5。

表 5.5　股东出资情况

股　东	出资额／万元	是否参与管理	担任岗位
A	42.5	是	总经理
B	32.5	是	销售经理
C	25.0	否	无

◆ 二、公司形式

以有限公司形式运作。

◆ 三、股权比例分配

股权比例分配见表 5.6。

表 5.6 股权比例分配

股东	出资额／万元	资金贡献（60%）／%		人力贡献（40%）／%		股份比例／%	认缴出资额／万元
		出资额占比	资金股比例	岗位贡献占比	人力股比例		
A	42.5	42.5	25.5	68.75	27.5	53	53

续表

股东	出资额/万元	资金贡献（60%）/%		人力贡献（40%）/%		股份比例/%	认缴出资额/万元
		出资额占比	资金股比例	岗位贡献占比	人力股比例		
B	32.5	32.5	19.5	31.25	12.5	32	32
C	25.0	25.0	15.0	0	0	15	15
合计	100	100	60.0	100	100	100	100

表 5.6 中，各项计算公式如下：

（1）出资额占比 = 股东出资额 / 总出资额 ×100%

（2）资金股比例 = 出资额占比 ×60%

（3）岗位贡献占比 = 岗位系数 / 总系数 ×100%

（4）人力股比例 = 岗位贡献占比 ×40%

（5）股份比例 = 资金股比例 + 人力股比例

（6）认缴出资额 =100 万元 × 股份比例

（7）岗位系数的说明见表 5.7。

表 5.7　岗位系数说明

岗　位	系　数	说　明
销售经理	1.0	部门负责人，如营销负责人、讲师负责人等

四、红利动态分配

只有经营团队把业绩做大，股东收益才会增加，因此在分红时要设计人力股的台阶分红，让拉车的股东有动力。利润分配方案见表 5.8。

表 5.8　利润分配方案

利润目标 X/ 万元	人力股分红 /%	资金股分红 /%
<50	0	100
50~100	10	90
100~150	20	80

续表

利润目标 X/ 万元	人力股分红 /%	资金股分红 /%
150~200	30	70
200~250	40	60
300~350	50	50
350~400	60	40
400~450	70	30
450~500	80	20
≥ 550	90	10

例如，2020 年该公司利润为 230 万元（不考虑给提取公司发展基金等因素）

人力股分红 =（100–50）× 10%+（150–100）× 20%+（200–150）

× 30%+（230–200）× 40%=42（万元）

资金股分红 =230–42 =188（万元）。

⊘ 五、决策权设计

在创业初期，建议有一个大股东，其决策权比例大于 51%，避免出现决策僵局。股东 B 和股东 C 分别与股东 A 签署《一致行动人协议》。

▌案例 16　某汽配企业内部裂变创业项目经营合伙方案

某公司是温州一家非常知名的汽配贸易公司，成立于 2006 年，专业销售汽车底盘及排气管系列产品。公司分为外贸和内销两个业务板块。近年来外贸业务发展迅猛，但由于市场环境、内部管理等问题，内销业务处于下滑趋势。内销业务分为八条线路，为激活内销事业部，打造内部创业平台，让优秀员工在公司平台实现二次创业，公司决定以线路为单位，与内部员工共同出资经营，做大事业，实现双赢。

甲为公司创始人，乙为某线路负责人。双方共同出资成立 × × 汽配批发部。

一、合作模式

（1）乙全权负责汽配批发部管理，对批发部业绩、利润和人才管理全权负责。乙属于既出资又出力的角色。

（2）甲负责为乙提供项目整体运营支持，包括资金、外围资源、供应链、客户资源、ERP 系统、人事、财务以及行政等支持，同时对乙的运营管理提供必要指导和协助，但甲不参与汽配批发部的管理及运营。

二、股份比例及出资

公司注册资本 100 万元。

甲持股比例 51%，出资 51 万元，通过货品及固定资产出资。

乙持股比例 49%，出资 49 万元，通过自有资金出资。

三、利润分配及盈亏承担

（1）公司净利润和亏损，由甲乙双方按持股比例分享和承担。

（2）净利润分配顺序为：首先，扣除被没收的财务损失、支付各项税收的滞纳金和罚款；其次，弥补以前年度亏损；再次，按照税后净利润的 20% 提取企业发展基金；最后，股东分配净利润。

（3）为鼓励乙及其经营团队持续做大项目，设置人力贡献股，乙按人力股对年度净利润进行分配后，再按各自出资比例进行分配。分配方案见表 5.9。

表 5.9 分配方案

年度可分配净利润 / 万元	资金股 /%	人力股 /%	人力股计算公式
$X \leqslant 100$	80	20	$X \times 20\%$
$100 < X \leqslant 200$	70	30	$100 \times 20\% + (X-100) \times 30\%$
$200 < X \leqslant 300$	60	40	$100 \times 20\% + (200-100) \times 30\% + (X-200) \times 40\%$
$300 < X \leqslant 400$	50	50	$100 \times 20\% + (200-100) \times 30\% + (300-200) \times 40\% + (X-300) \times 50\%$

续表

年度可分配净利润 / 万元	资金股 /%	人力股 /%	人力股计算公式
$X>400$	40	60	$100×20\%+（200-100）×30\%+$ $（300-200）×40\%+（400-300）$ $×50\%+（X-400）×60\%$

➤ 四、分红收益测算

当公司 3 年后净利润达到 500 万元时，计算甲、乙双方的分红收益，计算公式如下：

公司提取发展基金 =500×20%=100（万元），年度可分配净利润为 400 万元。

乙的人力股分红 =100×20%+（200-100）×30%+（300-200）×40%+（400-300）×50%=20+30+40+50 =140（万元）。

乙的资金股分红 =（400-140）×49%=127（万元）。

甲的资金股分红 =（400-140）×51%=133（万元）。

甲、乙双方的分红收益见表 5.10。

表 5.10　甲、乙双方的分红收益

股　东	人力股分红 / 万元	资金股分红 / 万元	合计分红 / 万元	分红占比 /%
甲	0	133	133	33
乙	140	127	267	67
小计	140	260	400	100

这样设计的目的就是让拉车出力的股东有动力把事业做大，针对既出资又出力的股东一定要设置人才超额回报，设置动态分红机制。

甲投资 51 万元，3 年后获得 133 万元的回报，将近 2.6 倍的回报，同时把原本没有起色的内销事业部通过创业合伙的方式彻底盘活，如果八条线路采用同样的方式都能取得成功，公司将多面开花，蒸蒸日上。

乙由于自己的创业热情和勤奋苦干，打工者转变为创业者，为公司创造了超额价值，因此要给予超额回报，以激发其创业热情。

案例 17 如何进行合伙人股权设计实现产业转型

江苏有一家洁具连锁企业，拥有 4 家门店，代理十几种国内高端知名洁具品牌。该公司已成立了十多年，目前品牌竞争已趋于白热化，利润越来越薄。现有一款新式洁水系统，品牌发展前景较好，但目前市场开发难度较高，加上店员推广力度不强，导致前景较好的产品一直不见起色。

通过划小单元核算的理念，新式洁水系统按项目核算利润，让经营者清晰认识到新式洁水系统的利润情况，原有代理品牌按门店核算利润。原有代理品牌设计超额分红机制，激发店员创造增量。设计低风险内部创业合伙人机制分配新式洁水系统利润，鼓励店员努力推广新式洁水系统，同时设计新式洁水系统事业合伙人方案，打造市场，提高工程服务质量，提升品牌价值，以达到产品转型的目的。

超额分红方案落地实施后，每月超额完成业绩目标，年度业绩由 2020 年的 3500 万元上涨到 2021 年的 5200 万元，增长率达到 53%；低风险内部创业方案和事业合伙人方案落地实施后，店员推广新式洁水系统的积极性非常高，并超额完成 2021 年业绩目标，增长率达到 300%。

该企业的顶层股权架构如图 5.1 所示。

图 5.1 顶层股权架构图

（一）原有代理品牌门店超额分红方案

1. 目的

（1）打造事业合伙平台，践行共创、共享、共担、共梦的企业文化，成就员工。

（2）核心骨干与业绩骨干参与分红，体现"共同参与，共同经营"的目的。

（3）留住现有核心伙伴，吸引外部优秀人才，加强公司第二梯队人才的培养。

2. 股份类型

（1）采用分红股激励方式，员工享有基于岗位参与本门店超额收益分配的权利。

（2）权利：无须工商注册，享有分红权，没有增值权、表决权、转让权、继承权。

（3）失去：无论任何原因离开公司，分红股自动灭失。

3. 合伙人画像

（1）价值观：高度认同和践行公司使命、愿景、价值观。

（2）岗位：已转正的门店在职员工。

4. 分红比例

（1）本次激励取门店净利润的 10%~30% 作为合伙人的分配比例，见表 5.11。

表 5.11 合伙人分配比例

月度销售额 X 万元；月度基础目标 Y 万元	内部结算净利润率 /%	分红比例 /%	门店分红奖金包（超额累进）
$X<Y$	例如 4	0	0
$Y \leqslant X<110\%Y$	例如 5	10	$(X-Y) \times 5\% \times 10\%$
$110\%Y \leqslant X<120\%Y$	例如 6	20	$(110\%Y-Y) \times 6\% \times 10\% + (X-110\%Y) \times 6\% \times 20\%$
$X \geqslant 120\%Y$	例如 8	30	$(110\%Y-Y) \times 8\% \times 10\% + (120\%Y-Y) \times 8\% \times 20\% + (X-120\%Y) \times 8\% \times 30\%$

（2）启动分红条件：每月销售额大于基础目标；月度累计请假天数不超过 3 天（正常休息除外）。

5. 合伙人内部分配

分红：门店超额分红池 × 分配比例。

第一层分配：门店超额分红池 ×50%，作为本门店团建活动基金，由店长组织团建，持费用凭证及活动照片到财务部报销。目的是打造团队凝聚力。

第二层分配：店长的分红 =（门店超额分红池 ×50%）×30%；团队的分红 =（门店超额分红池 ×50%）×70%；各组的分红 =（门店超额分红池 ×50%）×70%× 各组业绩占比。

第三层分配：团队内部和组长的分红 =（门店超额分红池 ×50%）×70%× 本组业绩占比 ×40%，剩下 60% 由完成个人基础业绩目标 80% 以上的组长和组员按业绩占比进行分配，即组员的分红 =（门店超额分红池 ×50%）×70%× 本组业绩占比 ×60%× 本人业绩占比。

6. 分红规则

（1）分红周期：月度核算，月度分红一次。

（2）合伙人分红于次月 15 日之前发放，若遇法定节假日，则顺延。

（3）公司召开月度经营分析会，向经营合伙人披露财务数据。

（4）净利润率的核算：销售收入 × 利润率（高折扣订单的净利润率按固定净利润率 8% 计算，低折扣订单的净利润率按固定净利润率 4% 计算）。

7. 退出规则

（1）人在股在，人退股灭，因主动辞职、辞退等任何原因离开公司的，分红股自动灭失。

（2）触犯否决条件，立即取消分红权。

（二）新式洁水系统低风险内部创业合伙人方案

1. 合伙人画像

（1）岗位：各门店的店长、组长。

（2）工龄：大于或等于 1 年。

（3）绩效：良好以上。

（4）价值观：须高度认同并竭尽全力实践公司使命、愿景、价值观，公司总经理有一票否决权。

2. 获得

（1）本门店新式洁水系统项目利润的 30% 作为合伙人可分配利润。

（2）利润核算：按新式洁水系统项目核算，等于实际销售收入减去内部结算销售成本，减去期间费用计算利润。每个项目均需单独核算。

（3）分红意向金：合伙人需要缴纳分红意向金获得分红权，店长出资限额 3 万元，组长出资限额 1.5 万元。

3. 分红规则

（1）可分配利润 = 本门店新式洁水系统项目可分配利润。

（2）个人分红 = 可分配利润 × 分配比例。

（3）店长分配本门店新式洁水系统项目可分配利润的 40%。

（4）组长分配本门店本组新式洁水系统项目可分配利润的 60%。

（5）保底收益：首批合伙人享受年化利率 5% 的保底收益。

（6）分红发放时间：新式洁水系统项目完工后的次月发放。

（7）公司通过财务月度披露的方式向合伙人披露财务数据，如合伙人对财务数据有疑问的，财务负责人负责解释。

4. 退出规则

（1）主动退出。合伙人因个人原因与公司解除劳动合同的，退还分红意向金，取消分红资格。

（2）被动退出。合伙人不能胜任所聘工作岗位或拒绝服从公司工作安排，经公司董事会（或股东会）批准取消其分红资格的，或者是因合伙人连续两年年度绩效考核不合格的，退还分红意向金，取消分红资格。

（3）违规退出。合伙人违规的，取消其分红资格，给公司造成经济损失的，承担相应经济损失，退还分红意向金扣除累计分红后的金额，也可自行约定。

第二节

联合创业，发现"子龙"——时间规划法

什么是联合创始人呢？联合创始人通常指在创业一年或者两年之内，在项目还没有起色，还在过雪山草地时，就愿意来投奔的仁人志士，他们是你的"常山赵子龙"。在匠合公司最开始甘愿来创业的，自然要隆重厚待。通常联合创始人都是按照起始的资金，进行战略性合伙。

本节的逻辑是：联合创始人的班子如何搭建？应该给他多少股权比较合理？如何定价、定量、定类？

❯ 一、什么是真正的班子

衡量你是否有能力，关键看你是否有一个班子。有企业家说："搭班子，定战略，带队伍。"马云说："定战略，搭班子，带队伍。"这两者有区别吗？

这两者有区别，最大的区别就是看你的公司属于发展的早期，还是中期。

如果是早期，核心就是要搭班子，你一定要把你的队伍先建起来，队伍建起来以后，才能说战略的事情。

企业到了中后期，核心就是定战略，此时此刻，向何处走，决定了企业的成败！

那么如何评估你有还是没有班子呢？

核心是什么？

核心是有没有对你提出不同意见的人。若你总是一言九鼎，就非常危险！你需要能够跟你有对立观点的人，能够有跟你同等水平的人，这才是真正的合伙人。

对此，我的感受非常地强烈，如果没有与我们同等水平的合伙人，那么所有的付出和努力都是徒劳。

当一个组织有了战略，有了哲学，有了模式之后，剩下的就是人的问题，而人中最重要的是高层的合伙人，那么该如何构建合伙人？如何搭建班子呢？找几个人过来，这就叫班子吗？

真正的班子取决于三个核心要素。

第一个核心要素是有没有共同的价值观、信念和理念。就像《苦难辉煌》中，有坚贞不渝的，也有中途变节的，这一切来自我们的价值观。

第二个核心要素是这个班子的人能不能独当一面，能不能够开疆辟土。例如 CFO 的水准高不高，决定了企业能够走多远。

第三个核心要素是这个班子中人与人之间的默契度。能力是不是互补？是否会产生化学反应？我们是不是在情感上、关系上融洽，在知识上、能力上又能够产生指数级的裂变增长。这才是关键。

❯ 二、搭班子的方法

对于搭班子来说，有以下三种方法。

1. 性别搭配

"男女搭配，干活不累"，话糙理不糙，还真是有道理。

在青岛有两个知名企业，其中一个是海尔，创始人张瑞敏最好的搭档叫杨绵绵，比张瑞敏大 7 岁，张瑞敏亲切地称为杨大姐，杨绵绵对海尔的发展起到了定海神针的作用。

张瑞敏说:"在别人已经放弃梦想去买菜、织毛衣的年龄,杨绵绵却在学习。"张瑞敏全力邀请当时 43 岁的杨绵绵加入自己的团队。

青岛的另一个知名企业是海信。海信也有一位铁娘子,是海信董事长周厚健的得力干将——于淑珉。

周厚健刚执掌海信时,正需要一位得力助手,于淑珉则站在前台,一度被误被认为是企业的大老板。

于淑珉在海信内部被称为"铁娘子",不苟言笑,严格严厉,雷厉风行,一丝不苟,是一位相当合格的大总管。因此,在很长时间里,她都是周厚健的得力助手、思路的执行者。

而在山东还有一家知名的企业叫九阳,其董事长也是一位杰出女性。

在女性企业家中,我们会看到华为的孙亚芳、格力的董明珠、滴滴的柳青、阿里巴巴的彭蕾等。

在阿里巴巴,马云规定合伙人的 30% 必须是女性,因为女性的思维结构不一样,女性对团队的配合不一样,女性使得整个组织极富凝聚力。

2. 老少配

年轻的要配一个年长的,他会用丰富的经验和学识来辅导和帮助你。比如阿里巴巴的关明生,在 GE 公司奋斗了 17 年,被亲切地称为"阿里爸爸",整个阿里体系的背后就是 GE 的体系。关明生对 KPI 的运用了如指掌,对使命的强调雷霆万钧。

扎克伯格是 Facebook 的创始人,他特别邀请《向前一步》的作者——桑德伯格加入 Facebook,桑德伯格不仅是一位杰出的女性,还比扎克伯格大 10 多岁,他俩搭班子解决了两个问题:性别搭配、老少搭配。

谷歌的两位创始人都很年轻,他们邀请了一位教父级的人物——埃里克·施米特担任企业的 CEO。如果你年纪大,你最好找年轻人搭班子;如果你很年轻,你最好找年纪大的人搭班子。

3. 动态搭建

当你的班子中有人不符合能力标准时,你敢不敢主动把他请走?当年红军的三人团，李德的指挥频频犯错，那能不能召开一个"遵义会议"？我们能不能增加一个"诸葛亮"或"刘伯温"？来一个智多星，局面或许就会改变。

动态搭建，不仅包括了工作职责的变化，还包括了工作内容的变化。比如美的公司的人力资源总裁可以去做供应链，阿里巴巴的信息部 IT 总裁可以去做客服部的老总。

这种动态的搭建，对一个领导人的成长至关重要，在华为，有轮值 CEO 的制度，不一样的视角，看待问题会得到不一样的结果。

从本质上来说，你的班子的品质决定了你的事业的品质；领导人的能力决定于领导人身边人的能力。NBA 教练的水平其实是由队员的水平决定的，所以说乔丹很关键。

祝福你建立如梦如歌的创始人团队。

创始人的第一个层级我们称为创始股东；第二个层级我们称为联合创始人。

❯ 三、联合创始人的定价、定量、定类

针对联合创始人，要考虑几个非常重要的问题。

第一个问题，公司此时的价值是多少？因为这决定了整个蛋糕有多大。

第二个问题，联合创始人应该给的比例是多少？而这个比例跟他未分配的薪酬是有密切的关系的。举例来说，如果他的年薪应该是 50 万元。实际上他只拿了 10 万元的年薪，也就是说，他牺牲了 40 万元的薪酬，和你一起干，如果公司的价值是 1000 万元，那么 40 万元除以 1000 万元，就是 4 万的股权，那么他应有 4% 的股权比例。关于联合创始人的股权比例可以推荐一本书《切蛋糕》，书中讲述的就是联合创始人的股权分配数额。

第三个问题，给予联合创始人股权的类别是什么？这时应该给注册股、期权还是期股呢？这个问题很重要。我们建议是先给期股＋期权，在合作满 3 年之后，这 4% 的股权就可以行权，就变成了期权的行权期。

如果你给联合创始人注册股，他干了 3 个月就走了，这会很麻烦，所以我们建议是期股 + 期权的模式。

案例 18　某地产公司联合创始人股权设计

一、咨询背景

该地产公司从事市政等工程建设，公司规划将环保产业独立出来运营，与上市公司子公司控股合并成立环保公司，新聘总经理、副总经理各 1 名，均为有多年行业经验的管理人才，未来 3 年 ~5 年创始人希望以环保公司作为主体上市。针对新聘总经理和副总经理的激励问题，根据客户需求和对激励对象的调研访谈，最终我们给出思路：第一年采用分红股 + 超额分红股（不需要投资），第二年增持期股（需投资），公司 3 年 ~5 年股改时将期股转换为限制性股票。

二、合伙人画像

期股合伙人入围条件如下。

（1）级别：副总经理级及以上。

（2）工龄：大于或等于 1 年

（3）绩效："合格"等级及以上。

（4）价值观（审批条件）：高度认同公司使命、愿景、价值观，愿意与公司共同奋斗，并不断提升匹配公司未来发展，公司拥有一票否决权。

三、股份类型

（1）身股：基于岗位身份而享有公司收益分配的一种分红权，无须出资。

（2）期股：为公司内部虚拟化股份，不做工商变更，享有分红权和增值权，但不享有投票权、表决权，授予时由公司与激励对象签署《期股授予协议书》，具有法律效力。

（3）期股转为限制性股票：公司进行股份制改造，并进行股权激励计划时，期股合伙人所持有的期股可优先转化为拟上市主体限制性股票。

该地产公司联合创始人股份类型见表 5.12。

表 5.12 该地产公司联合创始人股份类型

授予年份	股份形式	标的股份	备 注
2020 年 2 月	身股	5%~10%	无须出资
2021 年 2 月	期股	2.8%	出资购买
公司股改时	期股转限制性股票	待定	按"所持期股/拟上市主体总股本"转换

▶ 四、公司估值和授予价格

（1）公司均采用注册资本方式估值，公司注册信息见表 5.13。

表 5.13 公司的注册信息

公 司	注册资本/万元	总股本/万股	授予价格/（元/股）
×× 公司	5000	5000	1

（2）授予日：符合入围条件合伙人期股日期，为 2021 年 2 月。

（3）授予价格：期股按 1 元/股授予合伙人。

▶ 五、股份数量

给予总经理和副总经理的股份数量见表 5.14。

表 5.14 股份数量

持股平台	岗 位	授予期股股数/万股	持股比例/%	授予日期	授予价格/（元/股）
×× 公司	总经理	100	2	2021 年 2 月	1
×× 公司	副总经理	40	0.8	2021 年 2 月	1

⊛ 六、身股分红

（1）合伙人按所持身股数量享受公司的分红，详情见表 5.15。

表 5.15　合伙人享受的公司分红

年度指标完成率 X	身股比例 /%	计算公式
业绩指标完成 $X \leqslant 90\%$	5	实际利润 ×5%
90%< 业绩指标完成 X<100%	7	利润目标 ×5%+（实际利润 － 利润目标）×7%
业绩指标完成 $X \geqslant 100\%$	10	利润目标 ×5%+（实际利润 － 利润目标）×10%

（2）合伙人所获红利分两次发放，分红年度会计周期结束后的次年春节前发放 50%，剩余 50% 分红于次年 6 月份发放。

⊛ 七、期股的权利

1. 分红权

合伙人按所持期股数量享受公司分红。

合伙人所获红利 = 公司年度可分配净利润 × 所持期股数 ÷ 公司总股本

（1）公司年度可分配净利润：每年公司从净利润中提取 30% 作为公司发展基金，余下利润为公司年度可分配净利润。

（2）保底收益：2021–2022 年针对首批合伙人采用优惠政策，按照保底收益 5% 保障投资回报率。

（3）合伙人所获红利分两次发放，分红年度会计周期结束后的第一年 3 月发放 50%，剩余 50% 分红于第二年 3 月发放。

2. 增值权

合伙人享受公司净资产增长带来的增值收益，按净资产价格回购股份计算公式为：

公司最近一期净资产价格 × 所持期股数 ÷ 公司总股本

3. 财务知情权

合伙人具有财务知情权，公司通过财务季度报告披露的方式向合伙人披露财务报告数据，如合伙人对财务数据有疑问的，财务负责人负责解释。

➤ 八、期股退出规则和回购价格

（1）合伙人所持期股无转让权和出售权，退出时期股直接由公司回购。

（2）退出情形及价格见表 5.16。

表 5.16　退出情形及价格

退出类型	退出情形	回购价格
主动退出	合伙人持有期股未满两年主动与公司解除劳动合同	按初始投资额回购所有股份
	合伙人持股期股满两年后主动与公司解除劳动合同	按最近一期净资产价格回购所有股份
被动退出	自行约定	按合伙人初始投资额回购所有股份
当然退出	自行约定	自行约定
违规退出	自行约定	公司有权以 1 元 / 股的价格回购合伙人所有股份
IPO 退出	公司经股东会决议向中国证监会申报 IPO 材料时，本激励计划终止	公司上市股改，期股股东有优先转化权。按合伙人所持期股 ÷ 拟上市主体总股本转换。通过持股平台间接持有主体公司股份

案例 19　三重合伙人设计，实现门店快速裂变

江苏一家水果连锁企业拥有 4 家门店，年度业绩约 2000 万元，已经连续 3 年业绩和利润都出现严重下滑趋势，员工流失较为严重，优秀的人才也留不住，想开新店，但没有人才梯队支撑。

设计联合创始人、事业合伙人、经营合伙人三重合伙人制度，激发每个层级员工的活力，吸引优秀人才快速开新店。

三重合伙人机制落地一年后，门店损耗降低，毛利率由原来的 28% 提升到 31%。门店数量由原来的 4 家增加到 6 家。核心人才没有流失且回流 1 人。年度业绩总额提升 25%。

（一）联合创始人方案

1. 目的

除门店直营模式下，吸引运营高级人才，打开联营模式，成立运营公司，打造联营事业平台，快速扩展公司规模，提升品牌价值。

2. 股份类型及持股平台

注册股，持股平台为运营公司。

3. 股份比例

开放 30% 股份，赠送 10% 分红股。

首批出资 100 万元，后面根据运营资金需求同比例增资，未能增资时稀释相应股份。

4. 总量

联营事业部启动时出资 30%，送 10% 分红股。

5. 分红规划

（1）分红周期：年。

（2）分红金额 = 年度净利润 × 股份比例

6. 退出

（1）违规退出：如果有走私单、经营同行业业务、私自采购等重大错误，自愿以 1 元 / 股的价格将股份转让给大股东。

（2）主动退出：共创期 3 年内退出，本金 - 累计分红价格退出；共创期满 3 年，按净资产退出。

（3）被动退出：连续两年绩效不合格，公司以净资产相应股份价格回购其股份。

（4）清算：公司经营不善进行清算时，双方按出资比例进行净资产清算。

（二）经营合伙人方案

1. 目的

（1）细化分配规则，让每一位员工清晰自己的分红规则。

（2）增加店长的分配权，便于店长管理。

（3）增加店长和副店长的银股，用于留人和增加股东身份感。

（4）合伙人机制导入起到吸引优秀人才的作用。

2. 持股平台及分配规则

采用身股和银股的方式持股，持股平台为所在门店。设置身股机制的目的是员工有"人人都是经营者"的理念，降低门店水果的损耗率，从而提升门店净利润。设置银股机制目的是激发门店管理人员承担责任，培养经营意识，对门店净利润负责，并能从中获得收益。

（1）身股机制。

1）采用身股激励方式，基于岗位参与门店收益分配，无须出资。

2）总量：拿出本门店净利润的 8% 作为身股总分红池。按个人分配比例进行内部分配。优秀店员由店长评选，并给予一定分配比例。

3）个人分配比例见表 5.17。根据定编人数以及贡献度，按分配比例进行分配，人员小于定编人员，个人比例不变，公司批准的增加编制按相应比例增加。

表 5.17　个人分配比例

店铺名称	定编人数/人	店长身股分红比例/%	副店长身股分红比例/%	店员身股分红比例	优秀店员身股分红比例/%	身股股份合计/%
A 店	6	27	20	12%×3 人	12+5	100

店铺名称	定编人数/人	店长身股分红比例/%	副店长身股分红比例/%	店员身股分红比例	优秀店员身股分红比例/%	身股股份合计/%
B店	7	24	17	11%×4人	11+4	100
C店	4	36	28	15%×1人	15+6	100
D店	7	24	17	11%×4人	11+4	100

4）出勤系数：月度请假大于 2 天（正常休假除外）出勤系数为 0；月度请假等于 2 天（正常休假除外）出勤系数为 60%；月度请假等于 1 天（正常休假除外）出勤系数为 80%；月度请假等于 0 天（正常休假除外）出勤系数为 100%。

5）身股分红金额 = 门店月度净利润 × 总分红比例 × 人分配比例 × 出勤系数。

6）退出：无论任何原因离开公司，身股自动灭失。

（2）银股分红。

1）银股激励方式，基于岗位参与门店收益分配。

2）总量：拿出本门店净利润的 5%（或 2%）作为银股总分红池。

3）出资：需要出资购买，出资金额为门店估值的 5%（或 2%），店长和副店长按 6 ：4 的比例出资购买份额。出资情况见表 5.18。

表 5.18　出资情况

门店名称	估值（净利润3倍）/万元	分红比例/%	出资金额（店长+副店长）/万元
A店	100	5	5（3+2）
B店	100	5	5（3+2）
C店	100	5	5（3+2）
D店	350	2	7（4.2+2.8）

4）出资金额：首批购买店面银股，出资金额打 6 折；第二批购买银股，出资金额打 7 折；第三批购买银股，出资金额打 8 折；第四批购买银股，原价出资。

5）窗口期：每年 5 月为窗口期，办理股份的进入、退出等手续。

6）个人收益分配比例：店长和副店长按 6 ：4 比例分配利润。

7）出勤系数：月度请假大于 2 天（正常休假除外）系数为 0；月度请假等于 2 天（正常休假除外）系数为 60%；月度请假等于 1 天（正常休假除外）系数为 80%；月度请假等于 0 天（正常休假除外）系数为 100%。

8）银股分红金额 = 门店季度净利润 × 总分红比例 × 个人收益分配比例 × 出勤系数。

9）退出：无论任何原因离开公司，银股自动灭失，退还本金。

3. 门店合伙人画像

（1）价值观：高度认同和践行公司使命、愿景、价值观。

（2）岗位：有身股的岗位有门店店长、门店副店长及门店在职员工；有银股的岗位有门店店长、门店副店长。

（3）工龄：入职满 6 个月。

4. 启动分红条件

每月销售额不低于目标业绩。该企业 4 个门店的月度销售目标见表 5.19。

表 5.19　4 个门店的月度销售目标

项　　目	A 店	B 店	C 店	D 店
月度销售目标 / 万元	40	45	30	65

5. 退出规则

人在股在，人退股灭。因主动离职、被动辞退等任何原因离开公司的，身股和银股自动灭失。

第三节
投资合伙，人财两得——双重分红法

有了人，更要有钱，经营和投资是两件事。你是创业者，不代表你也要投资。融资是创业者的必修课，不要搭上全部身家，要学会融资，这世界上有很多人拿着钱在到处找好项目。

关于资金合伙，第一要明白，我们如何融资，如何把握三阶段；第二要明白，如何动态设计；第三要明白，投资的三原则和六要素。

❯ 一、融资的三阶段

融资的第一个阶段，最重要的不是你的估值，也不是你的金额，而是你的时间！

在创业阶段谁能迅速地给你钱才是关键，而不是纠结是 5000 万元的估值，还是 1 亿元的估值，这是创业第一个阶段融资的关键点，我们称为时间和速度。

融资的第二个阶段中最重要的是你融资的金额，因为融资的金额可以决定你能够做多少事情。

你必须要把这件事做成，需要多少钱是关键。是 1000 万元，还是 2000 万元，融资金额的多少决定了你这件事能不能做成。

融资的第三个阶段中重要的是股份比例，因为这个时候的比例对你来说太重要了，你要有一定的标准。

因为你只融资 10%，所以不管公司价值 10 亿元，还是价值 8 亿元，对你来说都不重要，重要的是股份比例不能再让。因为这时哪怕是 1% 的股份，也可能决定着企业的巨大的价值。

速度、金额、比例，不同的阶段，不同的关键点！

❯ 二、设计动态融资

1. 溢价进入法

我在上海有一个客户，做烤鱼餐厅，生意非常火爆。做一家烤鱼餐厅需要投资 50 万元，找到我们做股权设计的时候，我们建议他将烤鱼餐厅溢价为 100 万元，然后寻找投资人出资 49%，也就是融资 49 万元。自己只要象征性地出 1 万元，就可以拥有 51% 的股份。因为他的烤鱼拥有品牌、系统、管理、体系，投资人乐见其成，也非常愿意投资。

2. 双重分红法

双重分红法，又称为溢价融资法，这种方法不是很新鲜，关键是分钱的时候，可以采取动态分红法。尤其是在第一年分红的时候，可以让投资人双倍分红，这样，投资人就可以快速回本，通常来说，根据餐饮业 151 的定律，投资 100 万元，要产生 500 万元的营业额，然后有 20% 的净利润，也就是当年净利润为 100 万元。

这样，在第二年投资人就可以把自己的本金全部收回，之后，就按照投资股份的实际比例来分红，这是一种动态投资设计逻辑。

3. 人力身股法

如果这家餐厅在 3~5 年后，还能够持续经营。尤其是在 3 年以后，一定要从投资人 49% 的分红里面拿出 10%~20%，分给干活的兄弟们，作为身股或分红股。这样，企业才能基业长青。

❯ 三、投资三原则和六要素

1. 投资的三个原则

第一个原则是投资的行业要有巨大的市场空间。如果是一个小众行业，再怎么努力也是无济于事，必须是海洋中的大鱼。

那么这个行业正处于什么阶段，整体的规模有多大，才值得投资呢？

比如说元气森林，原来做人才测评行业，即使做到行业第一名，也只有 1 亿元的规模。后来它选择了饮料行业，这是一个规模巨大的行业，假如你做到行业前 100 名，那也是超过 10 亿元的市场规模。

第二个原则是要有出色的创业团队，能成事，成大事。创业团队的两个核心：一是创业者的能力，二是创业者的精神。

创业者的精神比能力更重要，因为只有具备真正的品质和美德，他的能力才能够得以发挥，否则可能会被滥用。

第三个原则是独特的商业模式。如果你的商业模式满大街都是，投资人一般是不会投你的，因为你没有独特的点。一定要有一个颠覆性的、前所未有的、可行性的商业模式。

2. 投资的六个要素

（1）看人。一定要有执行力强大的合伙人。

（2）模式。要有好的商业模式。

（3）执行力。没有执行力，一切都是空谈。

（4）客单量。客流决定一切。

（5）效率。人效决定竞争力。

（6）数据。数据不会骗人，可以显示成长轨迹。

你可以自我对照一下，这三个原则和六个要素，你的企业都做到了吗？

案例 20　某餐饮连锁公司融资合作经营分红协议

股权方案设计思路：本案例中的门店实际需求资金 50 万元，按照双倍溢价，估值 100 万元，投资人持股 49%，创始人持股 51%。在投资人收回投资额之前，门店除提取 10% 风险准备金外所有利润全部分配给投资人，让其优先回本。投资人收回投资本金后按照正常的持股比例分红。

甲方：

乙方：

（以上任一方，以下单称合伙人，合称协议各方。）

乙方拟投资人民币 49 万元（大写：肆拾玖万元整），成立 × × 店（个体工商户）（简称门店），并聘请甲方对门店进行日常运营管理。双方承诺，双方均为可以独立进行活动的完全民事行为能力人或依法设立并合法存续的独立民事主体，双方均具备所有必要的民事权利能力及民事行为能力，能以自身能力履行本合同的全部义务并承担民事责任。现双方经自愿、平等和充分协商，并依据《中华人民共和国合同法》等有关法律规定，达成如下协议，以资各方信守执行。

第一条　合作模式

1.1　甲方拥有门店注册商标××××× 的所有权，授权门店免费使用 ××××× 商标至双方合作终止之日止。

1.2　甲方每月收取门店当月营业额的 5% 作为管理费。

1.3　甲方全权负责门店的经营和管理。

1.4　乙方不参与门店的经营和管理，不享有门店经营决策权。

第二条　财务及盈亏承担

2.1　财务管理：

门店应当按照有关法律、法规和门店制度的规定，规范财务和会计制度。

2.2　利润分配方案：

2.2.1　门店利润和亏损，原则上由甲、乙双方按分红比例分享和承担。

2.2.2　经甲、乙双方一致同意，门店利润分配顺序如下：

（1）被没收的财务损失、支付各项税收的滞纳金和罚款。

（2）弥补门店以前年度亏损。

（3）按照税后利润扣除前两项后的 10% 提取门店风险准备金，风险准备金超过 5 万元时，可不再提取。

（4）合伙人分配利润。门店以前年度未分配的利润，可以并入本年度向投资者分配。分配规则为：

在乙方累计分红达到投入资金前，向合伙人分配的利润全部分给乙方，当乙方分红累计达到投入资金后，按照甲方 51%、乙方 49% 分配门店利润。

2.2.3　自本协议签署之日起第一年的分红方式：每季度分红一次。自本协议签署之日起一年后的分红方式：每半年分红一次，分红时间分别为每年的 7 月和 1 月。

2.3　财务公开：

2.3.1　财务公开透明：各方约定财务负责人将财务收支明细按（自然）年度告知合伙人，各合伙人对财务有任何异议，可书面或口头向财务提出，财务人员负责解释。

2.3.2　合伙人可将财务报表提交会计师事务所审计，如审计后存在财务问题，费用由门店承担。如审计后无问题，费用由发起审计合伙人承担。

第三条　合伙人退出及价格约定

3.1　为保证项目的稳定，甲、乙双方一致同意：自本协议签订之日起 3 年内，乙方未经甲方同意，不得向任何人以转让、赠与、质押、信托或其他任何方式，对其所持有的门店分红权进行处置或在其上设置第三人权利。如有发生，则视为其自愿以每股壹元的价格将转让其所有门店分红权转让给甲方。

3.2　自本协议签订之日起两年后，乙方未经甲方同意，不得向甲方以外的第三人转让分红权。

3.2.1　若甲方受让，则受让价格为乙方初始投资额，甲方支付乙方分红权转让款，分期两年支付，每年支付 50%。

3.2.2　若甲方不受让，则甲、乙双方默认转让或终止门店经营。

3.2.3　若甲、乙双方转让门店，乙方累计分红低于出资额即 49 万元，则乙方优先受偿；若乙方累计分红不低于出资额，则按照甲方 51%、乙方 49% 受偿；若甲、乙双方终止门店经营，乙方累计分红低于出资额，则乙方优先分取门店剩余财产，若乙方累计分红不低于出资额 49 万元，则按照甲方 51%、乙方 49% 分取门店剩余财产。

3.3　转让方违反上述约定转让分红权的，转让无效。

第四条　保密（见保密协议）

（略）

第五条　项目终止、门店清算

5.1　若因自然灾害，如台风、地震、洪水、冰雹；政府行为，如征收、征用；社会异常事件，如罢工、骚乱等不可抗力因素导致本项目终止，协议各方互不承担法律责任。

5.2　经合伙人表决通过后可终止门店经营，协议各方互不承担法律责任。

5.3　本协议终止后：

5.3.1　由合伙人共同对门店进行清算，必要时可以聘请中立方参与清算。

5.3.2　若清算后有剩余，合伙人须在门店清偿全部债务后，甲、乙双方按分红比例分取剩余财产。

第四节
资源合伙，物为我用——期权渐进法

孟子云：万物皆备于我。资源决定能力，资源决定效果。

在这个无限链接的时代里，我们如何吸引资源合伙人呢？关于资源合伙，第一要明白，资源股东如何动态设计？资源如何量化评估？如何做股数增减的动态设计？如何做分红动态设计？第二要明白，资源股东如何操作？如何启动？第三要明白，上下游资源如何合伙？

❯ 一、资源股东动态设计的三个关键点

（一）资源量化评估

为什么在资源股东合作中，大多以期权合作？因为资源的价值不好确定。

如果对方的资源是非常明确的，也可以前期成为注册股东，根据资源的逐渐兑现，再进行股权的增持。

举例来说：如果你是做健身会所的，有一个朋友，愿意拿房产来作价入股，那么应该怎么做呢？在实际操作中，可以把房子的正常租金折算成公司的股份占比，这样创始人就不用再花房租的钱。

如一个学校需要总投资 200 万元，一年房租 20 万元，那么 3 年的房租就是 60 万元。当第一年的房租进来时，相当于 20 万元在 200 万元当中可以占股 10%（20 万元）；当第二年的房租进来时，可以再占股 10%（20 万元），以此类推。根据房东所支付资源的价值进行股权价值对等的增加，称为显性资源股权动态。

对于资源股东投入的资源价值需要进行量化，再按照量化后的价值折算为股份，一般原则是参考市场水平来定价。例如，资源股东可以帮助公司融资，可以参照市场行情给予融资金额 2.5%~5% 的中间费用确定价值。如资源股东可以促进销售或介绍订单，可以按照订单金额 5%~20% 返点费来计算资源价值。常见的资源量化方法见表 5.20。

表 5.20　常见的资源量化方法

资　源	常见量化方法
物资和设备	视同现金等价物： 物资使用不到一年，按照历史成本计算； 物资使用超过一年，按照重置成本计算
厂房、办公场所等固定资产	市场租金水平
介绍订单或促成销售	市场返点 / 佣金水平，一般为订单金额的 5%~20%
融资	市场融资中介费用，一般为融资金额的 2.5%~5%
个人资产为公司提供担保	按照担保费用的市场价格计算
提供咨询服务	参考其提供咨询服务的市场价格计算
商标权、著作权等无形资产	商标权：对商标权价值评估或按照销量计算"商标使用费"； 著作权：参考版税计算方式确定
提供技术研发系统	完成技术或系统，按照市场价格水平或按研发成本的一定倍数计算

（二）股权渐进设计

在确定了资源股东提供资源价值后，接下来就是要设计资源股东的动态股权。一般有三种设计形式。

1. 期权方式

在进行资源股东的股权设计时，切忌仅根据资源股东提供资源的承诺就给予股份，因为资源股东最后可能没有任何资源贡献。因此，如果资源股东的资源不是非常明确，建议给期权。期权就是资源股东达到行权条件可给予公司股份，而行权条件就是资源股东的资源贡献。

有个客户咨询我，他们公司是做工程的，有多个非常有实力的渠道商或大客户可以转介绍订单，如何能与这些人进行深度利益捆绑？目前公司已经有返点机制，但竞争对手也有。

我建议他可以这样设计：公司成立一个有限合伙企业作为持股平台，有限合伙企业合伙人数可以为 2~50 人，因此这个持股平台最多可以有 49 个资源股东。创始人作为 GP，资源股东作为 LP，每年根据各资源股东的业绩贡献配股。如某资源股东今年给公司带来了 1000 万元的业绩，佣金比例是 10%，即 100 万元，公司估值 1 亿元，则可以给这位资源股东配 1% 的股份（100 万元 / 亿元）。每年根据资源股东持续业绩贡献增持股份，这样就实现双重利益捆绑，资源股东带单后，既有返点奖励，又作为股东还享受着公司收益。

2. 注册股增持方式

如果资源股东的资源是非常明确的，也可以采用注册股份的形式，根据资源的逐渐兑现，进行股权增持。

3. 分红股方式

针对资源股东也可以采用分红股的方式。例如当资源股东兑现资源后享有公司净利润 10% 的分红。

（三）分红动态设计

在资源股东红利分配时，也要根据资源股东的资源贡献进行动态分红。例如上面工程企业案例中，有限合伙企业红利的 20% 按照股份比例分配，80% 按照资源股东当年业绩贡献占比分配。同时设定股份回购机制，如果资源股东连续两年没有任何业绩贡献，则公司可回购资源股东股份。

❯ 二、资源股东操作三部曲

A 公司在创业的时候听说 B 公司能对接资源、资金，特别是可以对接到红杉投资公司，于是 A 公司的老板心潮澎湃，无偿出让了 20% 的股份给资源股东 B 公司，没想到没有任何资源进账，竹篮打水一场空。A 公司回购股份的时候花了 1000 多万元，损失可谓惨重。

在吸纳资源股东的时候，有如下三部曲。

第一，自我分析。

你是什么行业？你真正需要的是什么？比如你是做餐饮连锁的，这是一个充分竞争行业，你需要的是市场化，资源股东对你毫无意义；如果你是做工程或是工业品的，一个大客户有可能会改变企业的命运，那么资源股东对你就有作用。因此，一定要深刻了解你的企业的定位以及所需要的核心竞争力，以及资源股东对你的企业有没有本质的影响。

第二，给什么股。

对资源股东通常是以期权的形式配股，做到了某个标准，才会给到相应的股权，如 1 年、2 年或 3 年产生的业绩。

资源股东一旦兑现资源，可以用赠与股份或者股权代持的方式配股，总而言之，不能轻易地先给注册股，以免覆水难收。

第三，给资源股东的股份数量。

因为是资源股东，千万不要给太高的股份比例，要记住：资金股东出大钱占小股，资源股东出小钱占小股，人力股东出小钱占大股。

建议将给资源股东的股份控制在 5%~10%。有一家公司从事连锁业，竟然给资源股东的股份达到 40%，这个比例非常惊人。其资源股东包括了上游的供应商，如火锅底料、牛肉这些供应链的平台，供应链本身可正常购买，丝毫不会影响企业的核心竞争力，那为什么要给资源股东百分之几十的股份呢？这样给出去毫无意义。

三部曲回顾：自我分析，给什么股，给资源股东的股份数量。

➋ 三、如何启动资源合伙人

启动资源合伙人的，不是你的方案，不是你的思路和设计，而是更深度的关键思考。

（1）要塑造标杆。

为什么有了一个方案，却没有人去推动它，因为大家没有眼见为实，这个世界上所有的改变不是因为道理，而是目睹、感受、触动，有共鸣才会有改变。为什么社交电商做得好？是因为有代理商在粉红海滩上漫步，有买奔驰、宝马的案例，有普通群众逆袭的见证。为什么减肥药的效果好，是因为反差最强烈。

因此，在从 0 到 1 的筹备期间，一定要寻找最有潜质可以打造为标杆的资源合伙人，这是启动的关键点。

（2）关键充分的激励机制。

激励机制一定要能够实现两大原则，第一个原则是分得够多，分得充分，洗澡的水龙头要够大才爽。你分的是增量，要拿出增量分红的态度，给五个点或十个点，没有任何触动。为什么美容行业容易启动资源股东，因为利润分得够多。第二个原则是分得快，及时激励，如月度分红、周薪制。

只有足够的利益，才会有足够的疯狂。过去我们追求利益最大化，现在我们要追求利益最小化，因为只有当我们的利益最小化，而对方的利益最大化，对方才会真正地为你拼命工作。

没有彻底的燃烧，不会贡献 100% 的资源，就不可能有 100% 的结果。

机制中更要有晋升的机制，让合伙人可以有升级为城市合伙人的可能性，让他能再招募资源合伙人，产生无限裂变，这就是动力之所在。

（3）动线的设计。

任何一家超市都有一个动线的设计，什么是视觉点？什么是引爆点？所有超市的门口都会有烘焙面包房，用香味让你欲罢不能。那么你的动线要如何设计？仅仅设计一个资源合伙人制度，没有前端的推动，事实上效果非常艰难。因此，一定要有买到就是赚到的极致的感觉。如何做前端、中端、后端的深度设计呢？如同 Costco 的会员卡一样，要让大家疯狂地抢购，才会有疯狂的结果。

启动资源合伙人的三个关键：打造标杆，充分的激励机制，动线设计。你做得如何？

❯ 四、上游如何和下游合伙

例如，一家服装企业，如何从上游的厂家批发的营销模式，升级为和下游门店的合伙模式呢？

如果仅仅做批发，无法掌控下游，必须要靠货品的竞争力，如果价格一旦失去优势，将会立刻失去下游客户。因此，从长远来看，服装企业必须走品牌之路，必须走合伙之路。

不是加盟，而是合伙，这个世界上没有门店愿意被你整合，他们只愿意合作。如何发货？如何配货？如何结算？如何扣点？需要掌握细致的理论知识。

分享一个厂家品牌店合伙模式：

（1）用品牌方品牌，进口品牌方的货，品牌方负责铺货，开店方出点装修款，负责经营。

（2）开店方出装修款，不再摊销成本。

（3）开店方缴纳货品保证金可获得一定货品授信。

（4）品牌方出租金，租金可谈，可查。

（5）品牌方出货比正常出货折扣低，乙方承担库存。

（6）品牌方与开店方按 5 ： 5 分成。

（7）上系统，门店财务管控 POS 机刷款到品牌方账户。

（8）与商场的协议，由品牌方签订，避免乙方不合适，可以撤换。

实际中，具体的数据可以调整，但是逻辑和思路很重要，只有实现双方的共生共赢和长久利益，才能实现无界组织，开启无限游戏。

案例 21　某食品有限公司城市合伙人期权协议

方案设计思路：甲方为一家经营休闲食品公司，为广东省的一家老字号。乙方为浙江省一家城市联营公司，在浙江省内推广甲方的品牌、销售甲方的产品。为激励乙方在浙江省区域内快速招商并打开市场销路，可将乙方打造为城市合伙人，并奖励城市合伙人公司期权。甲方公司估值 3000 万元，根据乙方的绩效贡献给予乙方期权奖励 5%，即 150 万股，行权价格为 1 元 / 股，分 2 次行权，达到对应的行权绩效指标即可按行权价进行行权。

甲方：

乙方：

为保护甲、乙双方的利益，本着自愿公平、平等互利、诚实守信的原则，甲方与乙方就股权的授予、收益核算、退出办法等有关事项达成如下协议：

第一条　释义

1.1　行权：指乙方在满足一定的条件后，通过支付行权价款购买甲方部分股权的行为。

1.2　行权日：指本协议中规定的，对满足行权条件的期权行权的日期。

1.3　行权价格：指乙方根据本协议约定行权需支付的单位价格。

第二条　协议标的

2.1　乙方满足本协议约定的行权条件后可获授甲方期权 150 万股，占本协议签署日甲方总股本 3000 万股的 5%。

2.2　甲、乙双方一致同意，乙方达到甲方的要求后，以每股 1 元的价格行权，行权安排及具体要求见下表。

行权安排及具体要求

行权期	行权条件	行权比例	行权时间
第 1 个行权期	招募"城市合伙人"24 人及以上，城市合伙人覆盖率达到 50% 以上	2%	2020 年 1 月 1 日—3 月 31 日
第 2 个行权期	招募"城市合伙人"48 人及以上，城市合伙人覆盖率达到 80% 以上	3%	2021 年 1 月 1 日—2022 年 3 月 31 日

2.3　乙方满足本协议约定的行权条件后，方可行权。乙方超过行权时间未行权，则视作自动放弃行权。

2.4　第一个行权期乙方行权后，甲、乙双方一致同意，股权由甲方股东 ××× 代为持有，乙方享受股东分红收益，表决权同时委托给代持股东行使。

2.5　乙方全部行权后，乙方股权可在工商局进行注册变更。

第三条　甲方的权利和义务

3.1　甲方的权利：

3.1.1　甲方享有按照 2.2 约定对乙方进行考核，并根据考核结果决定乙方是否行权。

3.1.2　在乙方违反本协议约定时，甲方享有按本协议约定对乙方所持期权进行处理的权利。

3.2　甲方的义务：

3.2.1　甲方对于授予乙方的股份将恪守承诺，除非乙方违反本协议涉及的约定，否则甲方不得中途取消或减少乙方的股份数额，也不得中途终止或终止与乙方的协议。

3.2.2　甲方有按照本协议约定按时足额发放期权红利的义务。

第四条　乙方的权利和义务

4.1　乙方的权利：

4.1.1　乙方享有按照本协议约定进行期权行权的权利。

4.1.2　按照本协议约定要求甲方进行股权工商变更。

4.2　乙方的义务：

4.2.1　乙方应恪尽职守，以确保本协议 2.2 所列指标的达成。

4.2.2　乙方不得对其所持股权私自进行转让，也不得用于抵押或偿还债务。

4.2.3　乙方保证依法承担因股权激励计划产生的纳税义务。

4.2.4　乙方保证遵守国家的法律，依法按规定程序享受股权收益，在签署的本协议中所提供的资料真实、有效，并对其承担全部法律责任。

第五条　退股

5.1　自本协议签署之日起未满 3 年或股权未全部行权时，乙方申请退股，则已行权的股权由甲方以行权价格加上 8% 的溢价回购，未行权的期权不予行权。

5.2　自本协议签署之日起满 3 年，乙方申请退股，已注册的股份按照甲方公司章程或注册股东之间的股东协议的约定退出。

5.3　若乙方申请转股时，公司处于不盈利状态，则甲方按照乙方行权时价格回购其所有股权。

第六条　保密义务

略。

案例 22　某成都餐饮企业资源股东分红协议

甲方：　　　　　　　　　　　　乙方：

统一社会信用代码：　　　　　　身份证号码：

1. 甲方有限公司（简称甲方或者公司）是依据中华人民共和国公司法在注册成立并合法存续的有限责任公司，登记注册资本为人民币_____元整。

2. 乙方系具有完全民事权利能力及民事行为能力人，能够独立承担民事责任。

甲、乙双方根据中华人民共和国有关法律法规的规定，为实现共创、共享、共成、共赢的目的，经过友好协商，达成一致意见，特订立本协议，以供双方共同遵守。

第一条　前提条件

1.1　甲、乙双方确认并同意正式签署本协议。

1.2　本协议成立的前提为：_____。

1.2.1　乙方需在_____年_____月_____日前兑现如下资源：

_____

_____

1.2.2　甲、乙双方按照合作计划顺利推进和实施。

1.2.3　双方合作愉快，并按照预期实现目标。

第二条　协议期限

2.1　本协议合作期为_____年_____月_____日至_____年_____月_____日。

2.2　分红窗口期为合作期第 2 年的_____月_____日至_____月_____日。

第三条　双方权利和义务

3.1　乙方权利：

3.1.1　乙方成为甲方的分红股合伙人后，拥有 10% 的分红权，无决策权、增值权和转让权。

3.1.2　乙方分红来源为公司股东_____转让。

3.2　乙方义务：

3.2.1　保守商业秘密。

3.2.2　乙方不得将本分红股进行任何质押、担保、交换、信托、转让，仅限于作为分红股合伙人的凭证和依据。

3.2.3　乙方应积极配合甲方按照合作计划进行推进，实现预期目标。

3.3　甲方权利：

3.3.1　若甲方准备发行股票并上市或有其他重大融资安排时，乙方同意按照相关法规的要求以及甲方董事会的决定，由甲方董事会对其所持有的分红股进行处理。

3.3.2　甲方将在合作中，定期对分红股东进行评价，以决定是否续约。

3.3.3　甲方有权根据乙方的贡献，对乙方的年度分红额度进行动态调整。

3.4　甲方义务：

甲方应根据乙方的分红股股数，于合作第 2 年的窗口期按期履行分红义务。

第四条　商业秘密保密义务

4.1　乙方应对与甲方合作期间所获得的公司的商业秘密予以终生保密。

4.2　乙方同意，如果乙方违反商业秘密保密义务，致使甲方的利益受到损害的，乙方须就甲方遭受的损失承担赔偿责任。

第五条　纳税义务

乙方根据相关税务法律的有关规定承担与本协议相关的纳税义务，由甲方代扣代缴。

第六条　退出机制

6.1　该分红合作由＿＿＿＿＿＿年＿＿＿＿＿＿月＿＿＿＿＿＿日到＿＿＿＿＿＿年＿＿＿＿＿＿月＿＿＿＿＿＿日，若双方友好协商终止合作，则本协议废止。

6.2　如乙方发生如下事宜，则本协议废止。

（1）乙方违反本合作协议。

（2）乙方泄露甲方商业机密。

（3）乙方承诺资源和目标未兑现。

第五节
人力合伙，勇攀高峰——绩效目标法

从创始人到联合创始人，再到资金合伙人和资源合伙人，接下来就要引入人力合伙人，使企业不断精进，基业长青。

人力合伙人有四层境界。

第一层是经营合伙人，针对的是全体员工，可以享受分红，品类是分红股和超额分红股，成本最小化，业绩最大化，形成利益共同体。

第二层是事业合伙人，针对的是中、高管理层，可以投钱，并以此为事业。品类是虚拟股＋超额分红，形成梦想共同体。

第三层是裂变合伙人，针对的是子公司老总。裂变合伙人，能够享受子公司的股份，品类是注册股＋超额分红，以此改变命运，形成价值共生体。

第四层是联创合伙人，指的是企业核心高管，如 CEO、CTO、COO

等，品类是银股 + 期权，形成命运共同体。

这就是合伙人的四层境界。

给员工分红，最低境界，称为经营合伙人。

让员工投资，马马虎虎，称为事业合伙人。

让员工投资并且动态分红。

让员工投资创业，裂变，创业合伙人彻底为自己干，这才是标配。

让员工投资创业，已有 10 个成功标杆，才是优秀！

在做合伙人激励的时候，一定要让每一个合伙人带着绩效目标去奋斗。因为你是合伙人，所以对你的要求更高，标准也更高。管理不是权力，而是意味着一份责任。

一定要想，因为我是合伙人，我是不是应该订立更高的目标呢？股权要围绕绩效目标而设计，股权激励的目的是实现企业的绩效目标。

❯ 一、让合伙人挑战高目标

这时可以采取的一个策略就是对赌。对赌和绩效目标很相似，但对赌有一个好处，就是可以由激励对象自己提出，可以跟公司对赌目标，跟部门老大对赌，甚至可以跟同事对赌。只有他自己提出来的目标，才有自动自发的动力。所有的事情必须是自愿的。

在游戏化管理中，谈到为什么人们喜欢打游戏，原因有以下几点：

第一，打游戏是自愿的。

第二，游戏可以得到及时的反馈。

第三，游戏有一个明确的大目标，就是消灭敌人。

因此，我们可以请求激励对象为自己设定目标，如今年他分红的条件和不分红的条件分别是什么？

记住这时候的沟通尤为重要，必须是双向沟通，而不是公司单向地下达目标。我做过人力资源总裁，惊讶地发现，如果是公司下达的目标，他竟然会忘记这个目标。因为这不是他自己想制定的目标。

全球著名的猎头公司——领英公司的创始人叫里德·霍夫曼。里德·霍夫曼在《联盟》一书中写道：在这个世界上有一个谎言，就是员工跟老板说他会好好干，会为公司奋斗终身。事实上，如果有更高待遇的工作时，他可能就撤退了，另谋高就去了。因此，一定要跟他深度沟通，不是问他在这企业干多久，而是要问他：你的职业生涯的目标是什么？为了实现你的职业生涯的目标，我们来看一看你需要做多久。

举例来说，你想成为一名咨询师，就需要有一个 5 年的职业生涯规划。这样就会从公司的目标变成你自己想要的目标，变成你自动自发的动力。这就完全验证了内在动机的理论。

几乎所有高效的学习都是自动自发完成的，完全是内在动机的焕发和觉醒。

❷ 二、股权行权与绩效目标挂钩

在做股权设计时，一般股份授予或解锁条件就是完成绩效目标。可以分三层绩效目标进行考评：

第一，公司层面目标考评。

第二，部门层面目标考评。

第三，个人层面目标考评。

例如，有一家上市公司，2013 年实行了很多期股权激励计划。而行权条件涵盖公司目标、经营单元目标和个人目标，在第二、第三、第四期计划中都有公司、部门、个人绩效要求，见表 5.21。并且每期行权条件都会依据实际情况发生变化。例如，在第三期的计划中，根据市场情况去除了公司净利润增长和净资产收益率的硬性指标要求，如果经营单元考核未达标，第三期可由董事长酌情考虑，第四期调整为行权 65%。

表 5.21　行权条件

计　划	行　权　条　件
第一期	（1）较上一年度净利润增长不低于 15%，净资产收益率不低于 20%。 （2）年度净利润不低于近 3 年平均值且不为负值。 （3）个人绩效评估为 B 级及以上
第二期	（1）较上一年度净利润增长不低于 15%，净资产收益率不低于 20%。 （2）年度净利润不低于近 3 年平均值且不为负值。 （3）经营单位考评 80 分以上。 （4）个人绩效评估 B 级及以上
第三期	（1）净利润不低于前 3 年的平均水平且不为负值。 （2）个人绩效评估 B 级及以上。 （3）经营单位考评 80 分以上（不满足由董事长决定）
第四期	（1）净利润不低于前 3 年的平均水平。 （2）个人绩效评估 B 级及以上。 （3）所属经营单位业绩达标，全部行权；经营单位一般，行权 65%

三、红利分配如何与绩效目标挂钩

为实现股权激励收益与公司战略目标完成情况高度一致，在合伙人红利分配时要与绩效目标挂钩。

分红＝年度可分配净利润 × 持股比例 × 公司绩效系数 × 部门绩效系数 × 个人绩效系数

1. 公司绩效系数

只有当公司达成当年预定的业绩目标时，方能启动公司当年分红计划。如公司层面考核不合格，则当年不启动分红，见表 5.22。

表 5.22　公司目标完成率及分红系数

公司目标完成率 X	分红系数
$X>100\%$	1.0
$100\%>X \geqslant 80\%$	0.8
$X<80\%$	不启动分红

（1）公司绩效目标可以是单项销售额指标、利润额指标或管理提升指标，也可以是两至三项指标的加权完成率。

（2）如公司连续两年未完成目标，公司可按激励对象购买股票的价格回购股份。

2. 部门绩效系数

在红利分配时也可以加入经营单元或者部门绩效系数。

3. 个人绩效系数

激励对象个人绩效考核等级需达到合格及以上，才有资格参与当年分红。个人绩效等级及分红系数见表 5.23。

表 5.23　个人绩效等级及分红系数

个人绩效等级	分红系数
卓越	1.2
良好	1.0
合格	0.8
需改进	不参与

个人绩效考评为不合格，按如下方式处理：

（1）当年不得参与分红，其名下的股份当年利润由其他股东分享。

（2）如果激励对象连续两年考核不合格，由公司按激励对象的购股价回购股份。

案例 23　某印刷生产企业如何通过股权激励实现年度业绩目标

某印刷生产有限公司，是一家集印刷、设计、生产、销售于一体的生产企业，公司拥有先进的生产设备、精湛的工艺和良好的口碑，为当地印刷行业的标杆企业。因整体经济形势下行和中美贸易战加剧，公司外贸业务受到重创，业绩同比下滑 20%，员工士气低迷。

创始人意识到光靠自己的力量不足以改变公司的现状，只有把所有经营团队团结起来才能焕发生机。于是公司进行合伙机制改革，通过合伙机制迅速凝聚人心，经营管理团队重燃奋斗激情。

➤ 一、股份类型

考虑到公司首次进行股权激励，根据先虚后实原则，采用期股形式。

期股为公司内部虚拟化股份，不做工商变更，享有分红权和增值权，但不享有投票权、表决权，不影响公司总资本和股权结构的一种股份形式。

➤ 二、合伙人画像

首批合伙人的入围标准为公司的中、高层管理者和对公司业绩能产生重要影响的关键职位。

（1）必须认同公司使命、愿景、价值观，愿与公司共同奋斗，并不断提升匹配公司未来发展。

（2）岗位可以为生产厂长，车间主任，售部、采购部、品质部、工艺部部门负责人，高级业务员等。

（3）上一年度绩效评估 B 级及以上。

（4）工龄大于或等于 3 年。

➤ 三、公司 3 年战略目标

公司 3 年的战略目标见表 5.24。

表 5.24　公司 3 年战略目标

年　份	2019 年	2020 年	2021 年
销售目标 / 万元	10000	15000	20000
净利润 / 万元	1500	2250	3000

➤ 四、定价

公司拟采用净利润倍数的方式来估值，估值价格为 5000 万元，虚拟总股本为 5000 万股，初始股价为 1 元 / 股。

▶ 五、股份比例

（1）公司拟出让 15% 的股份用于首批股东股权激励，股份额度为 750 万股，股份额度由贡献股和激励股构成，贡献股是基于过去贡献的激励，激励股是基于未来价值创造的激励。分 4 期授予，分别按 25%、25%、25%、25% 的比例授予。

（2）贡献股和激励股的行权条件、激励时间见表 5.25。

表 5.25　激励股份相关信息

激励时间	股份类型	行权条件	行权比例 /%	股数 / 万股	股份比例 /%
2018 年	期股	无	25	187.5	3.75
2019 年	期股	（1）公司业绩目标不低于 10000 万元且利润率不低于 10%。 （2）个人绩效评估 B 级及以上	25	187.5	3.75
2020 年	期股	（1）公司业绩目标不低于 15000 万元且利润率不低于 10%。 （2）个人绩效评估 B 级及以上	25	187.5	3.75
2021 年	期股	（1）公司业绩目标不低于 20000 万元且利润率不低于 10%。 （2）个人绩效评估 B 级及以上	25	187.5	3.75

▶ 六、合伙人个人股份分配原则

（1）公司合伙人具体的股份额度采用个人系数进行分配，个人系数维度规则如下：

● 个人系数 = 级别系数 × 岗位系数 × 绩效系数 × 工龄系数

● 个人获授股份数量 = 公司出让股份数量 ×（个人系数 ÷ 所有激励对象个人系数之和）

公司级别系数、岗位系数、绩效系数和工龄系数见表 5.26 ～ 表 5.29。

表 5.26 级别系数

管理序列	技术序列	系　数
总经理	–	5.00
总监	首席技术官	3.40
经理	工程师	2.20
主管	高级技师	1.38
职员	技术员	1.00

表 5.27 岗位系数

岗　位	系　数
战略岗位	1.5
价值链关键岗位	1.2
支持价值链岗位	1.0

表 5.28 绩效系数

评估结果	系　数
卓越	2.0
良好	1.5
合格	1.0
需改进	一票否决

表 5.29 工龄系数

工龄 X / 年	系　数
2 年 ≤ X<5	1.00
5 年 ≤ X<10	1.05
10 年 ≤ X<15	1.10
15 年 ≤ X<20	1.15
20 年 ≤ X<25	1.20
25 年 ≤ X<30	1.25
X ≥ 30 年	1.30

（2）公司的股份分配采用动态调整的规则，可上可下，充分保障奋斗者的利益。

当职位发生变化（升职、降职、调动），股数发生相应调整：股数＝

（变化后的职级系数 ÷ 变化前的职级系数）× 变动前股数。增持的股数需要投资购买（购买价格按当前股价），减持的股数由公司回购，回购价格参考退出规则。

七、期股权利

1. 分红权

合伙人按所持期股数量享受公司分红，公式如下：

合伙人所获红利 = 公司年度可分配净利润 × 所持期股数 ÷ 公司总股本 × 公司绩效系数 × 个人绩效系数

（1）公司年度可分配净利润：每年公司从净利润当中提取 30% 作为公司发展基金，余下利润为公司年度可分配净利润。

（2）公司绩效系数见表 5.30。

启动分红条件：完成公司销售目标的 80% 即可启动分红。

表 5.30　公司绩效系数

公司销售目标达成 X	分红系数
$X \geqslant$ 销售目标	1.0+ 增持股份比例
销售目标 $>X \geqslant$ 销售目标 90%	1.0
销售目标 90%$>X \geqslant$ 销售目标 80%	0.9
销售目标 80%$>X \geqslant$ 启动分红条件	0.8
$X<$ 启动分红条件	按保底政策执行

（3）个人绩效系数见表 5.31。

表 5.31　个人绩效系数

个人绩效等级	分红系数
卓越	1.0
良好	1.0
合格	1.0
需改进	按保底政策执行

2. 增值权

合伙人享受公司价值增长带来的增值收益，计算公式如下：

增值收益 = 退出时公司留存收益部分 × 所持期股比例

备注：退出时公司留存收益含"盈余公积"和"利润分配 – 未分配利润"两个会计账户的金额。

3. 财务知情权

合伙人具有财务知情权，公司通过财务季度披露的方式向合伙人披露财务数据，如合伙人对财务数据有疑问的，财务负责人负责解释。

➲ 八、退出规则和回购价格

（1）合伙人所持期股无转让权和出售权，退出时期股由公司回购。

（2）期股自期股授予日起锁定期 3 年，锁定期内原则上不允许退出。

（3）退出情形及价格见表 5.32。

表 5.32　退出情形及价格

退出类型		退出情形	回购价格
主动退出	锁定期内	被激励对象主动与公司解除劳动合同	按初始投资额减累计分红回购所有股份
	锁定期已满	被激励对象主动与公司解除劳动合同	按初始投资额加增值收益回购激励对象所有股份
被动退出		自行约定	
当然退出		自行约定	
违规退出		自行约定	

案例 24　集团新业务跟投机制，如何凝人凝钱

一、背景和目的

（1）本方案背景：KGGS（简称 KGGS 公司）为集团新业务板块，也作为集团第一个跟投业务板块。

（2）目的：为肯定集团核心干部过往的贡献，集团将对新业务、新单元采用内部核心干部跟投机制，用于激励集团核心干部，共享新业务、新单元的利益共享。

二、跟投形式

（1）跟投方式：采用自愿跟投的方式。

（2）出资方式：以自有资金出资。

（3）合伙对象：本次跟投机制的对象针对的是集团核心干部。

（4）共负盈亏：跟投合伙人享受跟投主体的利益分配，同时也承担跟投主体的亏损。

三、本次同心圆计划标准和名单

（1）司龄：集团司龄 8 年以上。

（2）岗位及级别：部门总监及以上级别。

（3）认同集团使命、愿景、价值观，须经集团股东会审批通过。

四、配股规则

（1）本次配股规则见表 5.33（该配股规则根据公司估值、人才素质、薪酬策略等，通过数据测算得出）。

表 5.33　配股规则

级　别	股份数量
总经理	20
总监	12
经理	6

（2）价格：按 1 元 / 股购买股份。如出资 10 万元购买 10 万元股。

⭙ 五、分红规则

（1）公司每年将部分利润预留，用于下一年度发展滚动基金。预留的发展基金见表 5.34。

表 5.34　预留的发展基金

公司净利润 X / 万元	预留发展基金
$X \leqslant 300$	100%
$X > 300$	30%，保底 300 万元

（2）合伙人分红 = 公司可分配净利润 ×（投资股数 ÷ 总股本）。

（3）分红时间：每年 3 月发放。

⭙ 六、退出规则

（1）KGGS 公司跟投合伙人合伙期为 10 年。

（2）合伙期满后，则本业务单元跟投合伙结束，集团决定是否启动第二轮跟投，或者启用新项目跟投。

（3）退出情形见表 5.35。

表 5.35　退出情形

退出类型	退出情形	回购价格	
		公司盈利	公司亏损
合伙人退出（合伙期内）	合伙人无论什么原因和形式不在集团工作	5 年以内：按照"本金－累积分红"回购； 5 年~10 年：按照"本金 ×（1×8%× 本协议签订之日起服务年限）－累计分红"退还	按投资股数比例承担亏损
公司自然收回（合伙期满）	合伙期满，由集团自然收回	如合伙收益＞本金 ×4 倍，则退还"本金 ×30%"； 如合伙收益＞本金 ×2 倍，则退还"本金 ×50%"； 如合伙收益＜本金，则退还"本金 ×100%"	
违规退出	自行约定	立即退出，KGGS 公司按"本金 ×50%－累积分红"回购，分红全部取消。如造成公司损失，追求法律责任	
自然退出		自行约定	

第六章

动态股权设计 7.0 模式迭代

中华五千多年来，凡是朝代更迭、江山变化，背后皆是分配机制出了问题；凡是给勤劳智慧的中华民族几十年好日子，皆是太平盛世、物华天宝。

如何设计动态合伙分配机制，是所有创业者的第一个课题。分配涉及体制、励制和机制。

仔细剖析"合伙"这个词，会发现合伙涉及合资、合人、合力、合梦、合心、合法、合盟共七大阶段。

1.0 是合资盈利：1∶1分红法，大家出钱就分钱，简单直接。

2.0 是合人盈利：对于奋斗者，开始有贡献分红法（身股）。

3.0 是合力盈利：对于干得好的伙伴，有超额分红，称为"123 阶梯法"。

4.0 是合梦盈利：骨干可以有分期权，即明天的股权。

5.0 是合心盈利：虚拟股，投钱投心，不注册。

6.0 是合法盈利：股法组合拳，多维组合，要运用一切可以激励的种类，也称为合和盈利——期股、身股、限制股、期权。

7.0 是合盟盈利：要把外部的资源运用进来，形成盟约，产生无限裂变。

在价值创造的过程中，要思考如何不断地升级，不断地自我变革？

如果你知道你的竞争对手是谁，你就完了。如果你知道你的合伙人是谁，你就有希望！因为今天价值创造的路径已经刷新，从过去单一的产品变成复合的生活解决方案，从过去以产品为载体的时代进入了共生、联盟、创客的时代。你所要思考的问题是如何持续不断地升级。

你要超越竞争！在价值刷新的过程当中，要深度链接你的合伙人，创造出一个价值共好型组织！

从联合创始人到事业合伙人、从经营合伙人到裂变合伙人、从资金合伙人到创客合伙人、从联盟合伙人到版图合伙人、从资源合伙人到渠道合伙人，一切充满想象，一切无限可期！

第一节
钱够用吗——1.0 合资盈利

合伙的 1.0 阶段最需要钱，称为合资盈利阶段。

合资盈利中，3 个人合伙拿了一块地，一共出资 1 亿元。这 3 个人都不愿意干活，于是找来一个职业经理人，3 个人等着分红，这就属于合资盈利。

合资要弄清楚如何融资，如何投资，公司是人力驱动还是资金驱动，如何回报，以及如何分红。

➤ 一、融资三部曲

1. 大趋势

《孙子兵法》第十三篇讲的是一个"势"字，有了势，投资人才会有意愿投资，对其有兴趣、有动力。你做的事情是大健康，还是大教育？未来增长的空间有多大？未来无限想象的空间有多大？

2. 大拆分

大拆分就是不要用一家公司来融资，且融资一定要多元化。从海星层来看，子公司如何融资？项目如何融资？持股平台如何融资？从卫星层级，做用户的互联网公司如何融资？做渠道的平台公司如何融资？做产品的科技公司如何融资？做趋势的软件公司如何融资？做采购的供应链公司如何融资？拆得越细，机会越多。因此，不要拿一个公司来融资。

2022 年初，京东物流正在香港上市，估值超过 400 亿美元。京东裂变出来的京东健康、京东数科等也是前途无量。

3. 大发布

要让更多的人知道你。量变带来质变，因此，你在什么平台发布，是同学会，还是老乡会？是商会还是融资平台？是在县、市、省还是在国、世界？露面的级别越高，发布的机会越多，无限的可能性才会越多。

回顾融资三部曲：大趋势、大拆分、大发布。

❷ 二、价值投资的前世今生

今天，你选择一家公司或一只股票，最重要的不是 K 线图，也不是它的股价，而是它的内在价值。

价值投资理论的第一阶段是在 1930 年就被提出的内在价值的概念。市场看起来是一个价格，却不会告诉你真实的价值，而安全边际是你能够理解价值而选择稳妥的价格。

价值投资理论的第二阶段是在 1950 年时，沃伦·巴菲特提出了"捡烟蒂"的内在价值理论。好比一家公司的价值被低估了，很便宜，资产拆分下来依然有很大折价。类似于把一辆二手汽车买回来，就算拆了卖点配件也能赚钱。

价值投资的第三个阶段是在 1970 年时，沃伦·巴菲特收购了喜诗糖果这家成长型的企业。他发现要选择好的企业，要有宽阔的护城河，要有独特的竞争力，要有好人、好的 CEO、好的管理层，以保持持续的增长。

价值投资的第四个阶段是在 2000 年提出的动态护城河理论。因为昨天的核心竞争力，今天已经不再是核心竞争力，企业的发展是动态的，动态价值需要极强的学习能力和敏锐的洞察力。比如腾讯，从过去的 QQ 到今天的微信，阿里巴巴从当年的淘宝到今天的阿里云，都需要持续、动态的增长。

价值投资的第五个阶段是在 2010 年提出的创造价值的价值投资，是指企业要创造价值或者要成为价值的孵化器。

比如品牌的赋能或资源的赋能，让这家企业变得更加出色，提高它的运营效率，提供全面的战略方案，复制管理的经验，在海外的拓展等，这些都是价值的创造。

那么如果让你进行价值投资，你属于哪一个阶段呢？

在合资盈利中，要注意三个关键词。

第一个关键词是投资回报率。

一块土地投资了 1 亿元，最终这块土地能盖出价值 10 亿元的房子，最后产生 3 亿元的利润，这就是 300% 的回报。3 亿元的利润还要扣掉银行利息、各种成本等，大概还会赚 1 亿元，投 1 亿元赚 1 亿元，这就是我们说的投资回报率。

第二个关键词是回报周期。

假如 3 个人合伙开一家餐厅。根据 151 投资定律，投资 100 万元回报 500 万元，净利润 100 万元，一年就可以回本，这当然很好。餐饮业两年回本是正常的，三年回本就不太好，因为 3~5 年以后就可能要装修，房租就要到期，存在着非常多的变数。假如你做的是养老院，这个养老院可以经营 30 年，虽然前两年回本慢一点，但是细水长流，会有长时间的回报周期。了解项目的回报周期，也是我们在合资中的思考原点。

第三个关键词是分红策略。

如何分红？不能把赚到的所有钱都分掉。我们有一个三分法，1/3 拿来分红，1/3 拿来发展，剩下的 1/3 拿来作为公司的留存收益，作为公司进一步开疆辟土的原始资本。3 个 1/3 不绝对，每个企业情况不一样，但是基本逻辑是这样的。

三、人力驱动还是资金驱动

在 1.0 合资盈利的过程当中，特别要注意的是你的企业所在的行业的状态。如果你所在的是资金型的行业，那么合资盈利是比较吻合的，比如你做农业开发、做商业地产或者做工厂需要购买工业设备，合资盈利的状态都是可取的。这些行业要考虑的就是资金股东，考虑大资金的进入。

但是如果你所在的是人力型的行业，比如投行、律师事务所、会计事务所、培训公司、咨询公司等这种公司是完全以人力为驱动的公司，不能只考虑资金股。

【思考】假如你开了一家粤菜馆，你觉得这是资金型行业、技术型行业，还是人力型行业呢？

A. 资金型　　　　　B. 人力型　　　　　　　C. 其他类型

参考答案：A

第三种状态的公司介于资金型和人力型之间，我们称为技术型。

大餐厅属于资金型，肯定要投资。餐厅也需要人力高手。餐饮业介于两者之间的状态，正是技术型。

对技术型企业，通常在股权激励时，要考虑重要价值链的岗位。举例来说，粤菜餐厅最需要激励的，是店长和厨师长这些关键岗位。

1.0 的状态，针对的是出钱，因为有钱才能有机会。但很多时候，钱不是唯一的资源，人和技术才是决定要素。那么进入 2.0 的时候，会是什么状态呢？

案例 25　YG 管理有限公司资金合伙人方案

❯ 一、为什么需要资金合伙人

（1）资金自筹：多数创业者或开展新项目使用的大多是自有资金，依靠过往经营积累的利润。

（2）风险自担：项目从 0 到 1 使用自有资金，经营过程中现金流短缺使用债权融资非股权融资。

（3）团队自建：自有资金导致利润难以分享，自建团队花钱把事做好；反之，收钱把事做对。

➋ 二、资金合伙人方案目的

（1）信（信任）：充分地调研分析，用数据建立对项目本身的信用体系。

（2）想（想象空间）：优化项目描述方式，提炼对方感兴趣的关键内容，让对方一听就想投资。

（3）解（解决困境）：用新经营方式解决，资产找不到出口，投资永无出头之日。

（4）正（中正平和）：在经营者价值观与投资人立场中找到方案的落脚点。

（5）和（和美共创）：提供三套或以上的投资方案，让投资人有选择空间。

➋ 三、项目背景

（1）政府需求：对 NT 市农贸市场的卫生、占道、垃圾、公厕等综合方面需要进行长效管理与改善。

（2）中标机会：农贸市场原有商户 28 家，菜农 48 户。标地进行农改商统一采购、统一管理、统一销售。

（3）项目盈利：四项长期盈利点，即农改商超市自营、供应链盈利、商铺租金、政府奖励。

（4）人才引进：共引进 2 名，其中 1 名女性，曾担任知名商场店总；1 名男性，董事长亲自培养出来的人才。

（5）投资规划：600 万元。

➋ 四、发展规划

1. 农贸市场基础情况

市政府立项：农改商项目试点；NT 共 4 个区，有 48 个农贸市场，拥有优先经营资格。

（1）经营面积共 5000 平方米，分为 2 层，每层 2500 平方米。

（2）外部停车场面积共 4200 平方米。

（3）内部经营场地共 1700 平方米。

（4）外部经营场地共 800 平方米，共 28 家商铺。

（5）市场原租户年租金为 14400 元，市场实际价值 3 万 ~5 万元 / 年。

2. 农改商后商业经营价值

（1）内部经营场地 1700 平方米的租金 70 万元 / 年。自行使用，租赁费用算入超市自营净利润。

（2）外部经营场地 28 家商铺，共 800 平方米的租金 84 万元 / 年。周边人流非聚集的商户租金大约 3 万元 / 年。

（南面规划一条小吃街，北面规划银行、华莱士等，已沟通）

（3）自营超市经营保底目标 2550 万元 / 年，正常经营目标 3500 万元 / 年，冲刺 4000 万元以上。

（净利润率 5%，包含场地租金净利润 150 万元 / 年。正常经营目标：150+70=220 万元 / 年；

（4）进场、条码等综合费收入 100 万元 / 年。每年达到 3000 万元营业额以上。

（5）政府奖励（补贴）：60 万元 / 年。达到 NT 长效管理条件排名前 10 位。

（6）固定支出：租金 80 万元，税金 20 万元，固定维护人员 6 名的工资 21.6 万元，其他费用 10 万元。

（7）盈利规划：464 −131.6 =332.4（万元）。

（8）经营目标：第一试点经营取得成果后可复制（直营 / 直管）。

3. 农改商项目投入（包括建立超市）

（1）场地租金 80 万元 / 年，押金 20 万元。

（2）商铺收回所需一次性花费 50 万元。

（3）水电、景观、绿化、装修等一次性投入 200 万元。

（4）空调、生鲜、制冷、货架、电子设备等一次性共计 250 万元。

共计投入资金 600 万元。

4. 咨询团队实地考察总结

（1）项目天然护城河：原有 48 家农户，21 家商户，有经营基础（集中收回，升级后自营）。

（2）市场发展趋势：经调研菜场改超市受到居民认可（菜场价格高，采购集中，环境体验好）。

（3）周边竞争对手 ×× 面临搬迁，原来地处老城与开发区交界处的地理优势不足被弥补。

（4）商铺租金可根据市场经营情况逐步提价。

❯ 五、资金合伙人三大抗拒点

1. 风险

指项目本身的风险系数。

（1）产品推行的风险、团队人才的风险、经营管理的风险。

（2）发展障碍的风险、财务规范的风险、退出机制的风险。

2. 时间

指投资资金回收时间，公司发展速度。

（1）项目启动到盈利的时间（是否一启动就赚钱）。

（2）项目盈利达到行业经营水平的时间（行业平均的经营水平是多少）。

（3）达到盈利峰值并复制扩张的时间（任何行业复制才是真正的盈利）。

3. 投资回报率

指单纯的投入产出比。

（1）靠投资股份的占比回报率有多少（不盈利，占大股利润也少）？

（2）新公司能产生很高的净利润率吗（分红周期无限拉长）？

（3）如果投资回报率很普通那为什么要投资（股比大盈利小，股比小盈利更少）？

➋ 六、单主体与多主体

（1）单主体资产过重，投资下去就面临贬值（要轻）；

（2）单主体组织结构与经营过繁，让投资人在经营评估上感到风险（简洁，直观）；

（3）单主体效率发展过慢（要快）。

➋ 七、YG 经营模式

（1）分拆。

（2）顶层设计图如图 6.1 所示。

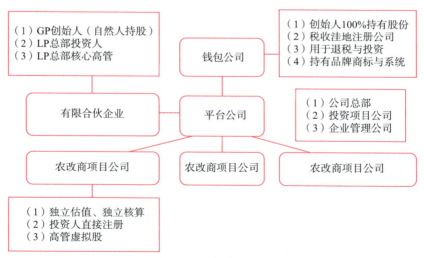

图 6.1 顶层设计图

八、满足资金合伙人的三个收益阶段

（1）短期收益：优先回本机制。

（2）中期收益：农改商项目公司股份长期回报收益。

（3）长期收益：农改商项目公司长期回报 + 平台公司总部股份。

九、三类投资方式与测算

1. 按照 15% 投资回报率配置股份，同时享受优先分红

优先分红：企业所得利润应优先分配给投资人，待投资人回本后，创始人方可按照持股比例进行分红。投资人未回本之前，所有利润均应分配给投资人。

（1）正常经营水平利润测算：464–131.6=332.4（万元 / 年）（30% 浮动比），见表 6.1。

表 6.1　利润测算

总投资额	投资回报率 / 对应分红所得	正常经营范围总利润	分红所得占利润比	对应投资回报率	个人投资额	个人对应配股
600 万元	15%/90 万元	332.4 万元 / 年	27%	90 万元	100 万元	4.5%
				正常经营水平利润年分配测算：14.95 万元		

（2）五年测算见表 6.2。

表 6.2　五年测算

年　份	浮动比 30%	净利润 / 万元	投资额 / 万元	股份占比 /%	投资人（优先回本）/ 万元	创始人	回本后投资收益 / 万元	投资回报 /%
2021 年	−30	232.68			232.68	/	/	/
2022 年	−20	265.92			265.92	/	/	/
2023 年	正常水平	332.40	600	27	101.40		62.37	10.30
2024 年	+10	365.64			/		98.70	16.45
2025 年	+20	398.88			/		107.69	17.94
总计		1592.5			600.00		268.76	44.69

2. 按照 15% 投资回报率配置股份，同时享受优先分红

优先分红：企业所得利润应优先分配给投资人，待投资人回本后，创始人方可按照持股比例进行分红。投资人未回本之前，所有利润均应分配给投资人。

排除可通过努力实现的之外利润，政府补贴 60 万元 / 年，做股份配置与测算。

（1）正常经营水平利润测算：404−131.6=272.4（万元 / 年）（30% 浮动比），见表 6.3。

表 6.3 利润测算

总投资额	投资回报率 / 对应分红所得	正常经营范围总利润	分红所得占利润比	对应投资回报率	个人投资额	个人对应配股
600 万元	15%/90 万元	272.4 万元 / 年	33%	90 万元	100 万元	5.5%
				正常经营水平利润年分配测算：14.98 万元		

（2）五年测算见表 6.4。

表 6.4 五年测算

年 份	浮动比 30%	净利润 / 万元	投资额 / 万元	股份占比 /%	投资人（优先回本）/ 万元	创始人	回本后投资收益 / 万元	投资回报 /%
2021 年	−30	190.68			190.68	/	/	/
2022 年	−20	217.92			217.92	/	/	/
2023 年	正常水平	272.40	600	33	191.40		26.73	4.50
2024 年	+10	299.64			/		98.88	16.48
2025 年	+20	326.88			/		107.87	17.97
总计		1307.52			600.00		233.48	38.95

3. 按照投资回报率配置股份，享受优先分红 + 总部股份

权益和收益见表 6.5。

表 6.5　权益和收益

序　号	权　益	收　益
1	优先分红特权	建立在胸怀之上的快速回本
2	按照投资回报率测算配置股份	长期持续的分红收益
3	总部股份 1%	未来增值的高累进收益

总部配股条件：

（1）投资额超过 100 万元。

（2）承接 3 个总部任务。

（3）价值观一致。

❯ 十、合伙人画像

合伙人入围条件：

（1）认同项目价值且为人做事、价值观一致，先公后私，长期主义。

（2）需用自有的资金投资，不接受借、贷等不良资金。

（3）投资起步门槛为 10 万元的倍数，现金一次性投入。

（4）能为公司的经营起到帮扶作用，共同推动市场版图。

（5）认同项目合作周期与分红时间。

❯ 十一、分红规则

合伙人根据持股比例分配利润和承担亏损。

合伙人所获红利 = 公司可分配净利润 × 持股比例

（1）公司可分配净利润：从净利润中提取 20% 留存收益，作为公司扩大经营发展基金。

（2）合伙人所获红利按半年度发放，每年分红两次，时间分别为自然年度 9 月 30 日和自然年度 1 月 31 日。

（3）中途退出，则取消当年度分红。

➤ 十二、股份转让与合伙人退出

（1）所有股东一致同意合伙人股份可向外部的第三人转让，外部第三人需达到公司投资人画像标准。外部转让价格由合伙人与外部第三人自行协商。

（2）合伙人退出情形见表 6.6。

表 6.6　合伙人退出情形

退出类型	退出情形	回购价格	
		盈利情况	亏损情况
股份退出	合伙人 3 年内不得退出		按股份比例承担亏损
	合伙人合伙满 3 年后退出	可向外部第三人转让	
当然退出	见同类条款	按本金回购	
违规退出	见同类条款		

案例 26　实战增资扩股及委托代持协议

甲方：投资人＿＿＿＿＿＿＿＿＿＿＿＿＿＿＿＿＿＿

身份证号码：＿＿＿＿＿＿＿＿＿＿＿＿＿＿＿＿＿

住址：＿＿＿＿＿＿＿＿＿＿＿＿＿＿＿＿＿＿＿＿＿

联系方式：＿＿＿＿＿＿＿＿＿＿＿＿＿＿＿＿＿＿＿

乙方：＿＿＿＿＿＿＿＿＿＿＿＿＿＿＿＿＿＿＿＿＿

身份证号码：＿＿＿＿＿＿＿＿＿＿＿＿＿＿＿＿＿

住址：＿＿＿＿＿＿＿＿＿＿＿＿＿＿＿＿＿＿＿＿＿

联系方式：＿＿＿＿＿＿＿＿＿＿＿＿＿＿＿＿＿＿＿

丙方：LXJ 能源有限公司

法定代表人：＿＿＿＿＿＿＿＿＿＿＿＿＿＿＿＿＿

统一社会信用代码：＿＿＿＿＿＿＿＿＿＿＿＿＿＿

办公地址：_____

联系方式：_____

鉴于：

（1）LXJ 能源有限公司（以下简称丙方、公司或目标公司）是一家依据中华人民共和国法律注册成立并有效存续的有限责任公司，于 20×× 年 ×× 月 ×× 日设立。

（2）目标公司现有登记股东 1 名，乙方是目标公司现有股东，已实缴出资 500 万元，占公司注册资本的 100%。

（3）目标公司愿意通过增资的方式引进资金，扩大经营规模，且已按照《中华人民共和国公司法》和《中华人民共和国公司章程》的规定对本次增资扩股形成了股东会决议。

（4）目标公司拟增加注册资本，甲方愿意按照本协议约定的条款和条件，向目标公司进行增资，并委托乙方代持甲方所持目标公司的股权，乙方放弃目标公司新增资本的优先认购权。

甲、乙、丙三方本着平等互利的原则，经友好协商，现就目标公司增资及甲方委托乙方代持事宜达成如下协议，以兹各方共同遵照执行。

第一条　目标公司的股权结构和资产情况

1.1　目标公司增资扩股前的注册资本为人民币 500 万元，实收资本为人民币 500 万元，乙方持有公司 100% 的股权。

1.2　根据公司财务出具的《2021 年财务报表》，截至 2021 年 12 月 31 日，净资产为人民币 6000 万元。

1.3　公司按照实际净投入的 2 倍估值，即投前 1.2 亿元估值，投后 1.5 亿元估值。

第二条　增资扩股

2.1　各方在此同意以本协议的条款及条件增资扩股。

2.1.1　根据公司股东会决议，决定将公司的注册资本由人民币 500 万元增加到 625 万元，认购价格为 3000 万元，其中 125 万元为新增注册资本，剩余 2875 万元为资本公积金。占公司总注册资本的 20%。新增注册资本由目标公司后续引进的投资人认购，均由原股东代为持有，原股东放弃优先认购权。

2.1.2 新增股东甲方出资 150 万元，其中 6.25 万元计入注册资本，剩余部分为资本公积金，占增资后目标公司注册资本的 1%。甲方自愿委托乙方代持甲方所持有目标公司 1% 的股权。

2.2 公司按照第 2.1 条增资扩股后，注册资本增加至人民币 625 万元，乙方持有公司 100% 的股权（其中包含乙方代甲方持有目标公司 1% 的股权）。

2.3 出资时间：

2.3.1 甲方应在本协议签订之日起 7 个工作日内将本协议约定的认购总价 150 万元一次性足额支付至乙方指定账户，由乙方存入公司指定的银行账户。逾期 15 日后，守约方有权单方面解除本协议，并有权追究违约方的违约责任。

乙方指定账户信息：

户名：＿＿＿＿＿＿＿＿＿＿＿＿＿＿＿＿＿＿＿

银行账号：＿＿＿＿＿＿＿＿＿＿＿＿＿＿＿＿＿

开户行：＿＿＿＿＿＿＿＿＿＿＿＿＿＿＿＿＿＿

公司指定账户信息：

户名：＿＿＿＿＿＿＿＿＿＿＿＿＿＿＿＿＿＿＿

银行账号：＿＿＿＿＿＿＿＿＿＿＿＿＿＿＿＿＿

开户行：＿＿＿＿＿＿＿＿＿＿＿＿＿＿＿＿＿＿

第三条 委托代持

3.1 甲方自愿委托乙方代持甲方持有目标公司 1% 的股权，乙方自愿接受甲方的委托并按照本协议的约定代为行使相关股东权利。

3.2 甲方委托乙方代为行使的权利包括：由乙方以自己的名义将甲方

投资款汇入目标公司，在目标公司股东名册上具名，以股东身份参与公司活动，代为收取股息或红利，出席股东会并行使表决权。

3.3 乙方承诺将其因持有由甲方实际享有的目标公司股权所获得的全部投资收益（包括但不限于现金股息、红利）及／或股权转让价款（如有）转交给甲方。乙方承诺在获得股权投资收益及／或股权转让价款之日起 3 日内，将其划入甲方指定的银行账户。如果乙方不能及时向甲方划款，还应向甲方支付相当于同期银行逾期贷款利息的违约金。

甲方指定账户信息：

户名：＿＿＿＿＿＿＿＿＿＿＿＿＿＿＿＿

银行账号：＿＿＿＿＿＿＿＿＿＿＿＿＿＿

开户行：＿＿＿＿＿＿＿＿＿＿＿＿＿＿＿

第四条 目标公司和原股东的陈述与保证

4.1 目标公司是按照中华人民共和国法律注册并合法存续的企业法人。

4.2 其签署并履行本协议，不违反对其有约束力或有影响的法律或合同的限制。

4.3 公司现有名称、商誉、商标等相关权益归增资后的公司所有。

4.4 公司向甲方提交了截至 2021 年 12 月 31 日止的财务报表及所有必要的文件和资料（下称"财务报表"），详见附件（本书中省略）。原股东在此确认该财务报表正确反映了公司至 2021 年 12 月 31 日止的财务状况和其他状况。

4.5 财务报表已全部列明公司至 2021 年 12 月 31 日止的所有债务、欠款和欠税。

4.6 确保公司的业务正常进行并不会做出任何对公司存在重大影响的行动。

4.7 原股东将采取所有合理措施维护公司的商誉，不会做出任何可能损害公司的行为。

4.8 原股东保证采取一切必要的行动，协助公司完成本协议下所有审批及变更登记手续。

第五条 股权稀释

5.1 如因目标公司引进新股东或进行股权激励需无偿转让股权的，则由股东按股权比例同比转让。

5.2 如果因目标公司融资或进行有偿的股权激励需要继续增加注册资本的，现有股东（包括投资人）则按照增资扩股同比稀释。

第六条 财务及盈亏承担

6.1 财务管理：

公司应当按照有关法律法规和《中华人民共和国公司章程》的规定，规范财务和会计制度。

6.2 公司利润和亏损由协议各方按股权比例分享和承担。

6.3 财务公开：

6.3.1 财务公开透明：各方约定财务负责人将财务收支明细按（自然）年度告知股东，各股东对财务有任何异议，可书面或口头向财务提出，财务人员负责解释，直至提升至股东会。

6.3.2 股东可将财务报表提交会计师事务所审计，费用由发起审计股东承担。

6.3.3 双方约定以年度为结算单位，结算日为每年的 12 月 31 日，结算上一个自然年度的利润及支出。

第七条 股东退出及价格约定（自行约定）

第八条 保密（自行约定）

甲方（签字）：＿＿＿＿＿＿＿＿＿＿＿＿＿＿

乙方（签字）：＿＿＿＿＿＿＿＿＿＿＿＿＿＿

丙方（盖章）：＿＿＿＿＿＿＿＿＿＿＿＿＿＿

第二节
你差一个"商鞅"——2.0 合人盈利

有了钱之后，就要考虑人。来一个高手，可能改变企业的命运。秦孝公遇到商鞅，改变了秦国的大势。

在合人盈利中，需要考虑人力的贡献，尤其是针对人力型公司。在人力型公司中，最重要的不是出钱，而是出力，很多互联网公司中更加明显，只要有两三台电脑，公司就可以开始运作。

在合人盈利中，要弄清楚分红从哪里来、如何分（岗位贡献），持久价值，退出机制等关键问题。

员工基于岗位或某种身份享受身股，不需要投资，享受公司利润分配和经营成果。

❯ 一、从晋商到当代企业的身股制

电视剧《乔家大院》以清朝晋商为背景，向我们展现了晋商票号"顶身股"机制的魅力。

在晋商票号中有两种角色：一个是东家，另一个是掌柜。

东家拥有票号的所有权，出资成立票号，承担票号的经营风险。东家根据出资拥有银股。

掌柜拥有票号的经营权，管理经营票号，不承担票号的经营风险。掌柜无须出资，拥有身股，基于岗位享有票号收益分配。

在顶身股机制中，每个票号掌柜可顶 1 股，1 股等于十厘，二掌柜可顶七八厘，业绩优秀的伙计可顶一到四厘。

在票号发展前期，银股为大，占到 70% 以上，而随着票号的发展，越来越多人力股东加入票号，身股开始超过银股，占到 50% 甚至 70% 以上。

东家虽然股份比例不断稀释，但是股份收益却不断增加。

据山西票号史料记载，光绪十五年（公元 1889 年）时，大德通票号银股为 20 股，身股为 9.7 股，身股占比为 33%。到了光绪三十四年（公元 1908 年），大德通票号银股 20 股不变，身股 23.95 股，身股占比为 55%，虽然银股的股份比例下降，但股权收益增加了 20 倍。大德通票号在 1889 年和 1908 年的银身股比例见表 6.7。

表 6.7　大德通票号的银身股比例

年　份	银　股	身　股	银股比例	盈利总额	每股分红	银股分红
1889 年	20 股	9.7 股	67%	2.5 万两	842 两	1.68 万两
1908 年	20 股	23.95 股	45%	74 万两	16837 两	33.67 万两
		+14.25 股	−22%	29.6 倍	20 倍	20 倍

按照顶身股机制，票号的掌柜和伙计到底能分到多少钱呢？

票号每 3 年或 4 年一个账期，每个账期内，每厘身股平均可以分到 700~800 两银子，一个掌柜每 4 年可以分到 7000~8000 两银子，而伙计可以分到 700~2000 两银子。而当时一个七品县令 4 年收入将近 4000 两银子，在掌柜的收入中，仅分红就远远超过县官。因此这种顶身股机制极大地调动了掌柜和伙计的工作热情，也让票号持续了上百年，并一度垄断整个清朝的金融体系。

现代很多优秀企业都受到了顶身股机制的启发。

如方太采用身股机制，工作满两年以上的方太员工从满两年的次月起，自动成为身股激励对象，公司拿出利润总额 10% 对身股股东进行激励。

王品牛排也采用身股分红机制，按月及时对店面员工进行激励，门店一旦开始获利，将 23% 的净利润给店面员工进行分配。并且实时公布经营财务数据。

王品认为："既然要分红，同仁就有资格了解公司整体财务状况，这样他们才不会心里想着分红到底公不公平？集团里的每一家店，所赚的每一毛钱，都公开发布在内部网络上，同仁可以清楚了解店里的获利状况。除了可以知道自己领多少分红，也知道其他同事的分红是多少，这样彼此之间没有猜忌"。

王品的餐厅总经理、各店店长、厨师等的收入中，正常薪资只占到20%，其余全部来自于股票或者分红。

身股分红法比较适合基层员工、利润单元（如门店、车间）等。如何将分红从静态变成动态是身股机制设计的重中之重。

二、岗位贡献值

不同的岗位，贡献和价值是不一样的。

假如你是开面馆的，那么你来回答一下，是下面条的贡献大，还是端面条的贡献大呢？那么你可能回答是下面条的。但是如果问你买面条的贡献大，还是下面条的贡献大，那么你可能就要思考半天才能回答了。因为买面条是采购，显然也很重要，采购的面粉品质和价格对公司的经营至关重要。这时就涉及一个非常复杂的岗位价值贡献的评估问题。因为有了岗位价值贡献评估，我们才可以将蛋糕切得更加合理和科学。

在合人盈利中，要考虑岗位贡献率。要进行岗位分析，判断是否是价值链岗位，分析岗位的级别以及人岗是否匹配。岗位贡献的特征就是根据合伙人的贡献结果决定分红额度，衡量合伙人贡献有两个标准。

一是级别。级别越高，岗位价值越大。根据岗位价值评估，相邻级别的级别系数可以相差 1.38。岗位级别及系数见表 6.8。

表 6.8　岗位级别系数

级　别	级别系数
总经理	5.00
总监	3.40
经理	2.20
主管	1.38
专员	1.00

二是绩效。绩效越好，工作贡献越大。华为采用的是四级绩效评估，谷歌采用的是五级绩效评估。四级绩效评估见表 6.9。

表 6.9　四级绩效评估

绩效结果	绩效系数
卓越	2.0
良好	1.5
合格	1.0
需改进	0

例如，某门店当月核算分红共 1 万元，门店合伙人内部分红见表 6.10。

表 6.10　门店合伙人内部分红

门店合伙人	级别系数 a	绩效系数 b	个人系数 $c=a\times b$	分配比例 /% $d=c / \sum c$	分红金额 / 元
店经理	2.2	1.5	3.3	42.31	4231
店员 1	1.0	2.0	2.0	25.64	2564
店员 2	1.0	1.5	1.5	19.23	1923
店员 3	1.0	1.0	1.0	12.82	1282
店员 4	1.0	0	–	–	–
合计	–	–	7.8	100	10000

❯ 三、岗位贡献的持久价值

要考虑岗位贡献的持久价值。例如，他是贡献半年、3 年，还是 5 年？他是全职，还是兼职？通常来说，全职的评分高，兼职的评分低。如果是期权激励，必须以 3 年或 4 年为周期，才能够享受到期权激励。如果是限制股的成熟，必须是要有绩效要求才能成熟。要用激励周期来进行人力股的划分，或者人力股的成熟。

假如 3 个人在一起创业，其中一个人干了一年就移民到澳大利亚，此时他持有公司 30% 的股份，请问另外两位合伙人能作何感想呢？因此，此时此刻一定要再有一个约定，因为他只工作了一年，所以他们 30% 的股份只能成熟 10%，另外 20% 要退还给公司。这就是限制股的逻辑，是股权成熟的原理。

❯ 四、资金股和人力股的平衡

要考虑如何进行资金股和人力股的调配。

例如，A、B 和 C 一起创业，A 投资 60 万元，B 投资 30 万元，C 只投资 10 万元。但是 C 担任了总经理。

如果 A 没有干活，B 担任的是副总经理，C 虽然只有 10% 的股份，但是他担任了总经理。很显然，C 除了 10% 的注册股对应的分红之外，还需要有一份人力股分红，如此才合理。

【思考】假如注册资金是 100 万元，那么资金股占几成？人力股占几成？

A. 七成   B. 五成   C. 三成

参考答案： AC。

在区分资金型和人力型的分红比例时，第五章第一节分享了一个《资金人力平衡表》（见表 5.1）。假如你的注册资金是 10 万元，就可以启动这个项目，显然是人力型的，在分配时，资金股只能占一，人力股要占到九；假如你的注册资金是在 100 万元，那么资金股要占到三，人力股占到七；假如你的注册资金是 1000 万元，而且是真金白银投入的，那么资金股将会占到五，人力股占到五；假如你的注册资金是在 1 亿元，那么资金股将会占到八，人力股占到二。

在实际的设计中，可以考虑拿出 30% 的利润和注册股份有关。为什么是 30% 呢？因为只有 100 万元，假如有 1000 万元，那可能是 50%，假如有 10 万，那就属于风险投资，只能占 10% 收益。拿出 30% 的利润作为人力股来分红，另外 40% 作为留存和发展基金。

例如，由于 C 担任的是总经理，他可以享受 30% 的人力股分红当中的一半。这样的话，C 就会心满意足，也是情理之中。另外的 20% 用来作为发展基金，还有 20% 作为公司的留存收益和公积金。这种模式我们称为 334 模式。

合伙人进来的时候，要弄清楚他是以能力进来还是以资金进来的。以资金进来的跟资金股有关，以能力进来的跟人力分红有关，这两者都要慎重地考虑。还有退出机制，退出时拿到的是期权还是限制股，以及将来退出的价格，要进行深度的安排。

案例 27 《创始合伙人合作协议》实战版

本协议由各方于_____年___月___日在_____省___市___（区 / 县）签订。

甲　　方：_____　　　　乙　　方：_____
身份证号：_____　　　　身份证号：_____
电　　话：_____　　　　电　　话：_____
通信地址：_____　　　　通信地址：_____
联系邮箱：_____　　　　联系邮箱：_____

（以上任一方，以下单称"股东"，合称"协议各方"。）

甲、乙拟成立_____有限公司，双方承诺，双方均为可以独立进行活动的完全民事行为能力的人或依法设立并合法存续的独立民事主体，双方均具备所有必要的民事权利能力及民事行为能力，能以自身能力履行本合同的全部义务并承担民事责任。现双方经自愿、平等和充分协商，为就本协议下项目的有关事宜，依据《中华人民共和国公司法》《中华人民共和国合同法》等有关法律规定，达成如下协议，以资各方信守执行。

第一条　拟设立公司概况

公司名称为：_____有限公司（以下简称"公司"）注册资本为人民币（币种下同）：_____万元，经营范围为_____，公司的住所、法定代表人、经营期限等主体基本信息情况，以《公司章程》约定且经工商登记规定为准。

第二条　分工

1. 公司的实际控制人为_____（诠释：此处为公司的实际控制人，通常为最大股份的持有者或者是公司的实际决策人，所填写的姓名决定着公司日常经营和决策，等于公司的经营控制人）。

2. 甲、乙双方的持股比例为：甲方持有公司_____万元出资额，占注册资本_____%，乙方持有公司_____万元出资额，占注册资本_____%。

3. 甲、乙双方有权对对方的执行事务行为进行监督。

4. 股东以货币实缴出资的，应当在公司账户开立后15天内，将货币出资足额存入公司账户。认缴出资的，在本协议和公司章程中约定缴款时间和违约责任；负出资义务股东，如不按约定缴纳出资，除应当向公司足额缴纳外，还应当向已按期足额缴纳出资的股东承担同等金额的违约责任。

5. 因各种原因导致申请设立公司已不能体现股东原本意愿时，经全体股东一致同意，可停止申请设立公司，所耗费用由各股东按照拟定的出资比例分担。

6. 在公司设立过程中造成他人损害的，由设立后的公司承担相关损害赔偿责任，如遇公司未能成立，该损害赔偿责任由协议各股东按照出资比例分担。

第三条　股权结构及出资安排

（诠释：注意股权比例的三道防线，三分之二为绝对控制权，拥有修改公司章程、增加或者减少注册资本的决议，以及公司合并、分立、解散或者变更公司形式的权利；51% 控股权，股东会中的普通决议，如更换董事、修改投资计划、担保等，需要二分之一以上表决权通过，特殊决议，需三分之二以上表决权通过。类似事项按照《中华人民共和国公司法》相关规定执行）

甲方出资_____万元，全部以现金出资，占注册资本的_____%，乙方以其技能及劳力作价_____万元出资，占注册资本的_____%。

具体约定如下：

甲方在公司账户成立后的 15 天内，实缴出资_____万元，剩余_____万元作为认缴出资，认缴期限为_____。

乙方的技能及劳动力作价部分，由以下_____方式实缴到位。

A. 由甲方用现金代为缴纳

B. 由公司利润弥补

C. 从乙方工资中逐步扣除

如遇公司发展需要，可以召开股东大会，股东所持表决权过半数同意，可以更改股东认缴期限。

第四条　股权稀释

（1）如因引进新股东或进行股权激励需无偿转让股权的，则由股东按股权比例同比转让。

（2）如果因融资或有偿的股权激励，则按照增资扩股同比稀释。

第五条　股权激励管理约定

甲、乙双方一致同意，在公司成立后，根据公司运营情况和需求，另行起草并制定股权激励相关文件和制度。

第六条　股东权利与义务

1. 股东的权利

（1）有选举和被选举董事、监事权。

（2）查阅股东会议记录和财务会计报告权。

（3）依照法律、法规和公司章程规定享有分红权。

（4）优先认购公司新增的注册资本。

（5）公司终止后，依法取得公司的剩余财产。

2. 股东的义务

（1）缴纳所认缴的出资。

（2）依其所认缴的出资额承担公司的债务。

（3）办理公司注册登记后，不得抽逃出资。

（6）遵守《中华人民共和国公司法》和《公司章程》的规定。

（7）其他约定：_____。

第七条　表决权约定

（诠释：你知道马云在阿里巴巴持股仅 7%，却能控制着阿里巴巴的原因吗？

你知道华为全员持股，任正非只占股 1.4%，却牢牢地管控公司的原因吗？

你知道刘强东在京东持股仅 15.8%，却可以强势控制京东的原因吗？

为什么扎克伯格在 Facebook 持股不足 20%，却依然是 Facebook 的实际控制人呢？控制权生死攸关，关于决策权被夺走，让创业者遗憾终身的案例比比皆是，从雷士照明到大娘水饺，被自己的企业拒之门外，悲伤满屏。在创业时，如何避免丧失公司控制权？这就需要对公司的表决权进行约定。）

甲、乙双方一致同意，公司股东会表决事项中，甲方针对下列事项具有一票否决的权利，本条款将写入公司章程。

（1）审议批准公司对外投资或收购公司的方案及预算。

（2）聘任或者解聘公司财务人员，决定其报酬事项。

（3）公司增加或减少注册资本。

（4）公司的分立、合并、组织变更、解散和清算。

（5）《公司章程》的修改。

（6）对公司向其他企业投资、贷款或者提供担保的事项作出决议的。

（7）审议批准公司购买、出售重大资产事项的。

（8）其他：＿＿＿＿＿＿＿＿＿＿＿＿＿＿＿＿＿＿＿＿ 。

本协议未约定事项，按照《中华人民共和国公司法》的相关规定执行。

第八条　财务及盈亏承担

1.财务管理

（诠释：财务权是企业经营的生死命脉，建议派驻财务，管好法人章和财务章。）

公司应当按照有关法律法规和《公司章程》的规定，规范财务和会计制度。

2.利润分配方案

（诠释：此处要约定利润分配的比例、时间，利润分配的决策权。）

（1）公司利润和亏损，原则上由甲、乙双方按股权比例分享和承担。

（2）经甲、乙双方一致同意，公司利润分配顺序如下。

1）被没收的财务损失、支付各项税收的滞纳金和罚款。

2）弥补企业以前年度亏损。

3）提取法定盈余公积金。即按税后利润扣除前两项后的 10% 提取法定盈余公积金。盈余公积金已达注册资金的 50% 时可不再提取。

4）提取公积金。

5）向投资者分配利润。企业以前年度未分配的利润，可以并入本年度向投资者分配。分配顺序为：首先，支付优先股股利；接着按公司章程或股东会决议提取任意盈余公积金；最后支付普通股股利。

6）年终利润划拨一定比例作为发展基金，建议为：＿＿＿＿＿＿。

A.20%　　　　　　　　B.30%　　　　　　　C. 自定：＿＿＿＿＿

7）年终利润划拨一定比例作为杰出员工的奖励，建议为：＿＿＿＿＿。

A.10%　　　　　　　　B. 自定：＿＿＿＿＿

3. 财务公开

（1）财务公开透明：各方约定财务负责人将财务收支明细按（自然）年度告知股东，各股东对财务有任何异议，可书面或口头向财务提出，财务人员负责解释，直至提升至股东会。

（2）股东可将财务报表提交会计师事务所审计，如审计后存在财务问题，费用由公司承担。如审计后无问题，费用由发起审计股东承担。

第九条　股权的限售

除特别约定外，甲、乙双方股权限售期为四年。分以下几种方式解除限售：

（1）每年解除限售股权数量相同为总股数的四分之一。

（2）第一年解除限售股数为总股数的10%，第二年解除限售股数为总股数的20%，第三年解除限售股数为总股数的30%，第四年解除限售股数为总股数的40%。

（3）第二年解除限售股数为总股数的50%，第三年解除限售股数为总股数的25%，第四年解除限售股数为总股数的25%。

（4）第一年解除限售股数为总股数的25%，剩余的75%在三年之内每个月解锁1/48。

（5）四年期满一次性解除限售。

甲、乙双方同意，甲方股权按照方式_____解除限售，乙方所持有的股权自公司成立之日起按照_____方式解除限售。

限售期的股权，仍享有股东的分红权，但不能进行任何形式的股权处分行为，且未成熟股权受本协议股权回购条款的限制。

第十条　股东退出及价格约定

1. 股份转让

为保证项目的稳定，甲、乙双方一致同意：自本协议签订之日起四年内，乙方未经甲方同意，不得向本协议外任何人以转让、赠与、质押、信托或其他任何方式，对其所持有的公司股权进行处置或在其上设置第三人权利。如有发生，则视为其自愿以壹元 / 股的价格转让其所有股权给甲方。

（1）指定转让对象：若乙方在四年内需转让该公司的股权，乙方不得转让给除甲方以外的任何人。

（2）若拟将股份转让予第三方的，第三方的资金条件不得低于转让方，且应另行征得未转让方的同意。

（3）转让方违反上述约定转让股权的，转让无效，转让方应向未转让方支付违约金_____万元（股份初始投资额的 3 倍）。

2. 股东退出和价格约定

（诠释：合伙股东中途退出对公司合伙人来说是一个高概率事件，必须事前约定，尤其要约定好退出的回购价格。）

股东退出情形和退出方式见下表。

退出情形和方式

		退出情形	退出方式
限售期股权	违规性退出	（1）未经公司董事会（或股东会）批准，擅自出售、质押、信托或以其他任何方式处分其持有的股权的。 （2）严重失职，营私舞弊，侵占财产，给公司造成重大损害的。 （3）未经公司董事会（或股东会）批准，经营、与他人合营或为他人经营与公司业务相同或相似的业务的。 （4）被依法追究刑事责任的。 （5）合伙人存在其他严重损害公司利益和名誉的行为的。 （6）负有数额较大债务，到期未清偿且处于持续状态的。 （7）合伙人出现严重过失，如盗窃、欺诈或攻击行为或其他不法活动的	处于违规性退出的情况下，限售期股权以壹元 / 股的价格回购

退出情形		退出方式
	非违规性退出	除违规性行为之外的其他行为	处于违规性退出的情况下，限售期股权退还初始投资额
已解除限售期股权	正当退出	（1）公司没有正当理由解雇，指的是有正当理由之外的一切情况，如其他非因合伙人过错而终止劳动合同的。 （2）合伙人有正常理由离职，包括： 1）公司搬家超过 50 公里。 2）大幅度降低薪水，降低其合作时 30% 及以上比例的薪水，不包括统一降薪。 3）大幅度降低职位，降低超过两级及以上的职务。 4）合伙人因公丧失劳动能力的。 5）合伙人对象死亡、被宣告死亡或被宣告失踪的	处于正当退出的情况下，已解除限售期的股权以提出回购时标的股权对应的以下三种价格较高者为准： （1）其所持股权所对应的公司最近一次股权融资的估值的____折。 （2）截至回购时，被回购方实际出资额。 （3）公司最近一期净资产价格
	非正当退出	（1）公司有正当理由解雇，包括： 1）合伙人不能胜任所聘工作岗位或拒绝服从公司工作安排，经公司董事会（或股东会）批准取消其股东资格的。 2）经常性地玩忽职守或力不胜任。 3）行为与职责不符，给雇主的企业带来不利。 4）严重违反公司规章制度的。 5）根据公司《绩效管理办法》，考核年度内累计三次季度考核为岗位不合格或者连续两个季度考核为不合格的。 （2）合伙人没有正常理由离职。所有没有正当理由的离职即视为无正当理由离职	处于非正常退出的情况下，股权回购方有权利，但没义务回购，回购价格以提出回购时标的股权对应的以下两种价格较低者为准： （1）截至回购时，被回购方实际出资额。 （2）公司最近一期净资产价格

续表

		退出情形	退出方式
已解除限售期股权	奖励退出	合伙人一直在公司服务，并做出相应的贡献，达到下列约定条件也可以股份退出： （1）合伙人持有企业股权满4年以上的。 （2）合伙人对企业有重大贡献，被企业董事会（或股东会）书面认可的。 （3）合伙人达到法定或公司规定的退休年龄的	处于奖励退出的情况下，股权回购方有义务回购其股权，回购价格以提出回购时标的股权对应的以下三种价格较高者为准： （1）公司前一轮估值的＿＿折； （2）公司最近一期净资产价格； （3）截至回购时，被回购方实际出资额加同期银行定期利息
	违规性退出	（1）未经公司董事会（或股东会）批准，擅自出售、质押、信托或以其他任何方式处分其持有的股权的。 （2）严重失职，营私舞弊，侵占财产，给公司造成重大损害的。 （3）未经公司董事会（或股东会）批准，经营、与他人合营或为他人经营与公司业务相同或相似的业务的。 （4）被依法追究刑事责任的。 （5）合伙人存在其他严重损害公司利益和名誉的行为的。 （6）负有数额较大债务，到期未清偿且处于持续状态的。 （7）合伙人出现严重过失，如盗窃、欺诈或攻击行为或其他不法活动	处于违规性退出的情况下，将取消股东资格，股权由公司回购，回购价格以提出回购时标的股权对应以下＿＿＿＿＿＿为准： （1）退还本金（初始投资额）的50%。 （2）退还本金（初始投资额）的20%。 （3）未成熟标的股权均以壹元/股的价格回购

3. 回购及支付方式

由公司每次回购其股权总数额的＿＿%，分＿＿年逐年回购其持有的股权，合伙人有权根据每次回购时公司上一年度的净利润和其持有的股权数额享受红利分配。

A. 一次性　　　　　　　B. 2 年　　　　　　　C. 3 年

自退出之日起，回购行为发生，该方就该部分股权不再享有任何权利。

4. 违约责任

回购方可以以发出书面通知的方式行使回购权，被回购方须在收到通知后 30 个工作日内配合办理股权回购相关事项，甲方同意全力配合办理相关程序。若甲方拖延、拒绝办理，造成乙方经济损失的，应予赔偿＿＿＿＿＿＿＿万元。

5. 特殊事件

如果公司发生退出事件，则在退出事件发生之日起，在符合本协议其他规定的情况下，各方所有未成熟标的股权均立即成熟，预留股东激励股权尚未授予的部分按照各方之间的持股比例立即授予。

若发生下述事件，则各方有权根据其届时在公司中持有的股权比例享有相应收益分配权。在本协议中，"退出事件"是指：

（1）全体股东出售公司全部股权。

（2）公司出售其全部资产。

（3）公司因任意原因终止经营、解散或注销、被撤销等。

第十一条　配偶股权处分限制

（诠释：听过土豆条款吗？土豆条款是由土豆网的创始人王微的离婚股权分割案中演变而来。王微在土豆网占股 95%，这部分股份中，有 76% 涉及夫妻共同财产问题。其妻杨蕾提起诉讼主张其中的一半股份。上海徐汇区人民法院随后冻结了王微名下 3 家公司的股权，其中，包括上海全土豆网络科技有限公司的股份。至此，"土豆"的上市计划瞬间泡汤，"土豆"的第一次上市"试水"就此卡壳。

后王微虽与杨蕾于 2011 年 6 月达成庭外和解，但需要支付前妻杨蕾共 700 万美元的经济补偿，并且土豆网也因此错失了最佳上市时机。

与此类似的案例，还有 A 股天价离婚案。

2012 年，三一重工高级副总裁袁金华的前妻王海燕，便是凭借离婚后获得的三一重工股份，以 22 亿元的身价一度成为"新财富 500 富人榜"中的上榜女富豪。

2015 年 5 月，豪迈科技股东冯民堂与妻刘霞离婚，冯民堂将其所持 5379.75 万股分割给刘霞。以交割时期豪迈科技股价计算，刘霞获得的 5379.75 万股市值达到 14.13 亿元。

2016 年 1 月，电科院公告控股股东、实际控制人之一的胡醇，与妻子王萍离婚，胡醇付出了 3.68 亿元的分手费。）

合伙人夫妻之间如果没有做财产约定，那么股权依法属于夫妻共同财产。如果合伙人离婚，那么他所持有的股权将被视为夫妻共同财产进行分割，受到伤害的将是其他股东和投资人。为了避免土豆条款事件再次发生，建议约定特别条款，要求合伙人一致与现有或未来配偶约定股权为合伙人一方个人财产，或约定若离婚，配偶不主张任何权利或者仅主张分配股权对应的价款，不对股权进行分割。

除非各方一致书面另行同意，公司股权结构不因任何创始人股东婚姻状况的变化而受影响。各方同意：

（1）于本协议签署之日的未婚一方，在结婚时应约定所持有的股权为个人财产，约定的文件，应置备于公司。但有权自行决定与配偶共享股权带来的经济收益。

（2）于本协议签署之日已婚的一方，应自本协议签署之日起 15 日内与配偶签署如附件一所示的协议，确定其在公司持有的股权为其个人财产，但该方有权决定与配偶共享股权带来的经济收益，该协议应将一份原件交由公司留存。

（3）在退出事件发生之前，若任何一方违反本条第（1）款的规定，将其在公司持有的股权约定为夫妻共同财产，或未能依据本条第（2）款的规定与配偶达成协议的，如果该方与配偶离婚，且该方在公司持有的一半（或任何其他比例）的股权被认定为归配偶所有的，则该方应自离婚之日起 30 日内购买配偶的股权。若该方未能在上述期限内完成股权购买的，则该方应赔偿因此给其他方造成的任何损失。

第十二条 继承股权处分限制

公司自然人股东死亡，其合法继承人在本公司任职的，该继承人可根据《中华人民共和国公司法》和《中华人民共和国继承法》的相关规定百分之百继承股权，但该继承人需要与公司实际控制人签署协议，约定将所继承股权的表决权由公司的实际控制人代为行使。当继承人任职公司董事、监事、高级管理人员时，若继承人成为公司核心高管，表决权可以还原本人，其表决权由本人行使。

若继承人不在本公司任职，继承人只能继承股权的50%，另外50%由公司创始人团队收回，按照当年净资产价格计算，分期3年退出。回购股权由董事长代持，表决权由创始人团队收回并由董事长代为行使。董事长代持之股权作为虚拟股权交由公司持股委员会统一管理，纳入公司虚拟股股权激励计划，由在岗奋斗者出资认购。

公司董事会有权收回对于不在公司任职的继承人全部股权，按照当年当期净资产价格计算，分期3年退出。

自然人股东死亡后，其继承人有下列情况之一的，不能继承被继承人所持有的股权，由公司以合理的价格回购：

（1）不具有中华人民共和国国籍，也不具有在中国的长期居住权。

（2）无民事行为能力或者限制民事行为能力。

（3）因贪污、贿赂、侵占财产、挪用财产或者破坏社会主义市场经济秩序，被判处刑罚，执行期满未逾5年，或者因犯罪被剥夺政治权利，执行期满未逾5年。

（4）担任破产清算的公司、企业的董事或者厂长、总经理，对该公司、企业的破产负有个人责任的，自该公司、企业破产清算完结之日起未逾3年。

（5）担任因违法被吊销营业执照、责令关闭的公司、企业的法定代表人，或负有个人责任的，自该公司、企业被吊销营业执照之日起未逾3年。

（6）个人所负数额较大的债务到期未清偿。

（7）一份股权有两个以上继承人，必须分割股权的。

第十三条　一致行动人

［诠释：一致行动人就是指通过协议等方式各方承诺在某些事情上保持一致行动的自然人或法人（法人包括企业、社会组织等）］。

甲、乙双方签署《一致行动人协议》应包含下列条款：

（1）在涉及如下决议事项时，协议各方应做出相同的表决决定，协议各方意见不一致时，以甲方的意见为最终表决意见。

1）修改公司章程，增加或减少公司注册资本，变更公司组织形式或主营业务。

2）聘任或解聘公司财务负责人。

3）公司合并、分立、并购、重组、清算、解散、终止公司经营业务。

（2）在涉及如下决议事项时，协议各方应做出相同的表决决定，协议各方意见不一致时，以乙方的意见为最终表决意见。

1）公司发展规划、经营方案、投资计划。

2）公司财务预决算方案、盈亏分配和弥补方案。

3）董事会规模的扩大或缩小。

4）制定、批准或实施任何股权激励计划。

第十四条　保密

（1）各方在商谈本协议过程中已经或将要提供给另一方的包括但不限于技术、财务和商业等方面的任何信息，另一方应给予保密，不得向第三方披露。

（2）因法律法规的规定或应政府部门、司法机关、仲裁机构要求披露相关信息的，上述禁止不适用。但如在法律允许的情形下，被要求披露信息的一方应于采取任何披露行动前书面告知另一方。

第十五条　竞业限制

乙方在职期间及离职后两年内，不得以自营、合作、投资、被雇佣、为他人经营等任何方式，从事与公司相同或类似或有竞争关系的产品或服务的行为，且应另行签订《竞业禁止协议》。

如违反上述约定，所获得的利益无偿归公司所有，如仍持有公司股权的，应将其持有的股权以壹元／股的价格（或法律允许的最低价格）转让给其余股东。

第十六条　项目终止、公司清算（自行约定）

第十七条　拘束力（自行约定）

第十八条　违约责任（自行约定）

甲方：　　　　　　　　　　　　　　　乙方：

附件一：略。

第三节
如何扭亏 33 家企业——3.0 合力盈利

世界上最大的力量是心力，如果只有合资、合人，但是没有合力，一切皆是枉然。

如何让经营者发挥更大的价值？此时，我们要进行资金股＋人力股＋超额分红的 3.0 合力模式。

激活心力是在激励时设计阶梯，即超额累进分红制度。

例如，某公司的经营利润在 100 万元以下，总经理分红 10%；利润在 100 万~200 万元之间，总经理分红 20%；在 200 万~300 万元之间，总经理分红 30%，以此类推。最高分红可以到 90%，也就是公司利润做到 1000 万元，全部归总经理。这样设计，总经理就会拿出革命斗志，整个经营团队就会有非常强的热情，如果只是固定的 10%，则失去动力。

在多年前，广东就提出了清远经验，当时的领导人在广东省清远推动了超额分红制度，拯救了 30 多家亏损的国有企业。超额的背后，是激发人们更大的主观性和能动性。

我们有一个客户在咨询时，谈到一个核心话题是已经给他公司总经理 5% 的分红，但这家公司做来做去，还是没有利润。为什么呢？因为他的总经理觉得他干得再好，也只能拿 5%，而你们没有干，始终拿大头，这样就会带来心态的失衡。

这时的模式称为 123 模式。顾名思义，就是越来越高，越来越多的意思。那么通过 123，不断加强、加多的模式，让创业者承担责任，让身股股东（掌柜和伙计）焕发出更大的积极性。

动态阶梯式的分红设计，会使得整个组织弹性发生非常大的改变。这一节的关键词是增量分多少，台阶如何定。

改革改的是什么？从企业来说，改的是体制；从部门来说，改的是激励机制；从个人来说，改的是机制。

❯ 一、分存量还是分增量

分存量还是分增量？对应的设计就是分红股和超额分红股，称为经营合伙人。存量分红是指针对利润总额按一定比例进行分配；增量分红是指针对超出目标超额利润部分进行分配。我们建议老项目分增量，新项目分存量。关于分存量还是分增量，每个企业视实际情况而定。

分红比例如何确定？拿出多少的比例出来分红？一般存量分红可以拿出 10%~30%，增量分红可以拿出 30%~50%，甚至更高。

例如某家居店，上年度销售业绩为 500 万元，利润率为 20%，净利润为 100 万元。老板想针对店长、副店长、销售冠军进行身股激励。店面从净利润中提取 20% 作为风险准备金，店长、副店长、销售冠军上年度年薪收入分别为 15 万元、10 万元、10 万元，那么分多少股份给他们比较合适呢？

一般从激励力度的角度来看，刚开始实施股权激励，员工股权激励收益占其年薪的比例为 30% 左右比较合适，避免出现一夜造富或激励不足问题。

股份比例 = 年薪收入 ×30%/ 年度可分配净利润 =（15+10+10）×20%/100×（1 − 20%）=13.13%。也就是 3 位激励对象首次身股激励可以释放 13% 的分红比例。

身股分红总额可以基于销售额指标、利润指标、管理提升指标等指标确定，如果采用超额分红，有两种超额计算方式：全额累进和超额累进。

例如，某公司超额分红机制见表 6.11。

表 6.11　某公司超额分红机制

利润目标	X<1000 万元	1000 万元 $<X \leqslant 1200$ 万元	1200 万元 $<X \leqslant 1400$ 万元	1400 万元 $<X \leqslant 1600$ 万元
分红比例	0%	30%	40%	50%

公司当年实际完成 1500 万元利润。

采用全额累进计算：激励总额 =（1500 − 1000）×50%=250（万元）。

采用超额累进计算：激励总额 =（1200 − 1000）×30%+（1400 − 1200）×40%+（1500 − 1400）×50%=190（万元）。

二、增量的阶梯如何定设计

在超额分红当中，要考虑以下三个要点。

第一个要点，阶梯如何设计更加合理？如何来确定利润和业绩目标来进行超额，这需要有往期同比或者环比的数据来进行对照。要考虑经营实际情况，还要考虑责任人的相关能力和绩效。

第二个要点，分配的额度是多少？可以进行年薪占比的测算，能够达到和薪酬对等，甚至超出年薪的 150% 或 200%。

第三个要点，超额分红的阶梯设计为多少级？是超额累进还是全额累进，都是值得深度思考的话题。用全额累进，公司的成本会高一点，但员工的收益会高很多。

有一年，一家知名服装企业规定了一个利润指标，超出目标的利润将全部归属于整个运营团队和门店伙伴，结果到了这年的 10 月，公司就完成了超额目标，就意味着这一年的 11 月和 12 月所得的每一分钱的净利润都是属于全体员工的。那一年冬天，总部的职能部门都疯了，所有人都跑到一线去进行站店和巡店，推动销售业绩，这就是超额激励的作用。

【思考】在超额利润设计的过程当中，要考虑的一个关键问题：我们设计的目标增长的时候，通常需要考虑同比增长，还是环比增长？

A. 同比　　　　　　　　　　　　B. 环比

参考答案：A。

事实上，在进行超额业绩分红，调动全员的奋斗激情，通常采用同比增长。

同比指的是同比去年，环比是同比上月。大多数行业都会有淡季和旺季，比如我们做培训，每年 1 月和 2 月就是淡季，假如 3 月跟 2 月比采用环比增长，这个显然是不合适的。服装行业也有淡季和旺季，10 月可能是 9 月业绩的一倍，采用环比增长肯定不合适。因此，大多数企业在进行超额利润设计时，都会采取同比增长，也就是跟去年同月相比的增长。同比增长超出的利润就可以分配，属于增量分配！

在做增量分配的时候，你可以更加从容，更加淡定，因为锅里有了，碗里才会有，这是边际成本，大胆分，分出人心，分出灿烂华章。

案例 28　永辉超市"超级合伙人计划制"

为什么永辉超市能够成为中国超市第一名，一年有 500 多亿元的销售额。永辉超市实行的是"超级合伙人机制"，也就是每个季度会把超出目标利润的超额利润的 30% 拿出来分享。

永辉超市的董事长曾经说过："当一名一线员工每个月只有 2000 多元的收入时，他们可能刚刚温饱，根本就没有什么干劲，每天上班事实上就是当一天和尚撞一天钟，顾客从他们脸上很难看到笑容。当一天和尚撞一天钟的状态就是，码放果蔬时会出现往一边丢，往那边一砸的现象，反正卖多少都和我没有关系，受过撞击的果蔬通常几个小时后就变黑了，这样就无法吸引顾客购买。而实施超级合伙人制度后，这种现象得到了很大的改变，从店长到一线员工的积极性都被调动起来。"

永辉超市共有 7 万名员工，目前有 3 万名合伙人，成为合伙人是一件很骄傲的事情。每 6 个合伙人一个小组，小组组长叫"灯芯"，小组成员叫"火苗"。灯芯可以挑火苗，火苗可以挑灯芯。

➋ 一、永辉超市从 2013 年起推行"超级合伙人机制"

永辉超市的"超级合伙人机制"是从 2013 年开始在福建大区试点，刚开始推行时只在某些生鲜品类的销售岗位进行试点，这是因为销售岗位的业绩比较容易量化。2013 年取得了很好的效果。2014 年公司将"超级合伙人制度"推广到全国，覆盖了所有的超市岗位。

➋ 二、"超级合伙人机制"适用范围

永辉超市超级合伙人覆盖门店全体员工。

（1）店长、店助。

（2）四大运营部门人员。

（3）后勤部门人员。

（4）固定小时工（每月工作时间 ≥ 192 小时）。

三、"超级合伙人机制"的核心是增量利润分配

永辉超市以单个超市作为独立核算经营单元，公司每个季度会依据该超市历史数据制定季度目标，如实际业绩超过季度目标，全员可享受增量利润一定比例的分红，具体分红如下：

季度超额分红总额 =（季度实际利润 − 季度目标利润）× 分配比例 30%

季度超额分红总额设置封顶上限，如超过 30 万元，按 30 万元进行发放。

四、启动分红条件

各独立核算单元达成分红启动条件参与分红。门店分红启动条件：门店销售达成率 ≥ 100%，利润达成率 ≥ 100%。具体分红条件见表 6.12。

表 6.12　分红条件

类　别	分红条件
店长、店助、后勤人员	门店销售达成率 ≥ 100%，利润达成率 ≥ 100%
营运部经理、经理助理、部门公共人员	部门销售达成率 ≥ 95%，部门毛利达成率 ≥ 95%
营运部门各课组人员	课组销售达成率 ≥ 95%，课组毛利达成率 ≥ 95%

五、合伙人奖金内部分配

1. 按职级分配

各职级分红奖金见表 6.13。

表 6.13　各职级分红奖金

职　级	各职级分红奖金
店长、店助	季度超额分红总额 ×8%
经理级	季度超额分红总额 ×9%
课长级	季度超额分红总额 ×13%
员工级	季度超额分红总额 ×70%

2. 按部门毛利排名分配

按部门毛利排名分配奖金见表 6.14。

表 6.14　按部门毛利排名分配奖金

职　级	各职级奖金
店长、店助	店长级奖金包 × 出勤系数
经理级	经理级奖金包 ÷ 经理级总份数 × 分配系数 × 出勤系数
课长级	课长级奖金包 ÷ 课长级总份数 × 分配系数 × 出勤系数
员工级	员工级奖金包 ÷ 员工级总份数 × 分配系数 × 出勤系数

（1）分配系数。分配系数是超市内四大运营部门贡献系数，超市行业最核心的就是提高毛利润，因此，为促进各部门提高毛利润，分配系数按照各部门毛利率达成率排名确定。

如四大运营部门食品用品某季度毛利润达成率 101.0%，排名第一，分配系数 1.5，该部门所有员工分配系数均为 1.5。各部门的分配系数见表 6.15。

表 6.15　各部门的分配系数

部门毛利额达成率排名	分配系数
第 1 名	1.5
第 2 名	1.3
第 3 名	1.2
第 4 名	1.1
后勤部门	1.0

（2）总份数。总份数用于计算人均奖金，公式如下：

总份数 =∑ 各部门同一职级员工人数 × 该部门分配系数

注：未达到启动分红条件的部门各职级人数不计算在内。

（3）考勤系数。超市参与分红人员的出勤与季度超额奖金挂钩，如产生缺勤则按照实际出勤天数除以应出勤天数比例折算分红，公式如下：

季度考勤系数 =（应出勤天数 − 请假天数）÷ 应出勤天数

请假天数包括事假、病假、产假、工伤假等。

➲ 六、超级合伙人机制收益分配说明

例如，某超市第一季度达到启动分红条件，超额利润 33.33 万元，则季度超额分红总额 =33.33×30%=10（万元）。

（1）该超市各部门人数、销售达成情况见表 6.16。

表 6.16 各部门人数、销售达成情况

部门	店长级人数	经理级人数	课长级人数	员工级人数	销售达成率/%	利润达成率/%	毛利达成率/%	毛利达成率排名	分配系数	超额利润总额/万元	门店奖金包/万元
全店	1	10	24	136	100.1	106	/	/	/	33	10
生鲜	/	2	7	60	100.6	/	107.0	第 1 名	1.5	/	/
食品用品	/	2	7	15	101.0	/	103.0	第 2 名	1.3	/	/
服装	/	1	6	12	93.4	/	90.0	第 3 名	1.2	/	/
加工	/	1	/	1	91.5	/	87.0	第 4 名	1.1	/	/
后勤	/	4	4	48	/	/	/	/	1.0	/	/

（2）各职级奖金包见表 6.17。

表 6.17 各职级奖金包

职　级	门店奖金包 / 万元	分配比例 /%	奖金包 / 元
店长	10	8	8000
经理级	10	9	9000
课长级	10	13	13000
员工级	10	70	70000

（3）各部门、各职级总份数见表 6.18。

表 6.18　各部门各职级总份数

部门	店长级	经理级			课长级			员工级		
		人数	对应系数	总份数	人数	对应系数	总份数	人数	对应系数	总份数
店长办公室	1	/	/	/	/	/	/	/	/	/
生鲜部	/	2	1.5	3.0	5	1.5	7.5	43	1.5	64.5
食品用品部	/	2	1.3	2.6	4	1.3	5.2	11	1.3	14.3
后勤部门	/	3	1	3.0	4	1.0	4.0	48	1.0	48.0
合计	1	7	/	8.6	13	/	16.7	102	/	126.8

（4）各职级人均奖金见表 6.19。

表 6.19　各职级人均奖金

部门	店长	经理级	课长级	员工级
店长办公室	8000 元	/	/	/
生鲜部	/	9000÷8.6×1.5≈1570 元	13000÷16.7×1.5≈1168 元	70000÷126.8×1.5≈828 元
食品用品	/	9000÷8.6×1.3≈1360 元	13000÷16.7×1.3≈1012 元	70000÷126.8×1.3≈718 元
后勤部门	/	9000÷8.6×1≈1047 元	13000÷16.7×1≈778 元	70000÷126.8×1≈552 元

如果各职级人员在该季度内没有缺勤，则按上述人均奖金发放。如果有缺勤，则扣除缺勤部分后发放奖金。如食品用品部经理奖金 1360 元，季度请假天数 10 天，季度应出勤 65.25 天，则季度奖金 =1360×（65.25－10）÷65.25≈1152（元）。

案例 29　海底捞：如何通过股权裂变机制让人才涌现

海底捞是从四川简阳的一家火锅店做起，到登陆香港证券交易所，静态市盈率达到 60 倍以上，市值突破千亿港元的餐饮店。从 2015 年到 2019 年共 4 年时间，海底捞的业绩增加了约 5 倍。海底捞业绩如图 6.2 所示。

图 6.2　海底捞业绩一览表

▶ 一、背景

创建于 1994 年的海底捞，城市布局由四川三线城市简阳，到二线城市西安，再到首都北京，目前覆盖了全国大多数城市。

（1）从 1994 年创业开始，到发展了 10 多年后，海底捞创始人张勇发现，公司的管理方式难以满足公司大量开店和发展的需求，人才素质和结构也难以支撑公司的快速发展。公司开始逐步引入高端的人才，并且建章立制，逐步完善公司的各项职能机构。但外部空降人才也带来了水土不服和内部矛盾等问题，而内部晋升的人才水平又有限。

（2）海底捞需要解决三大问题：人的问题，首先要保证店长培养速度；组织能力的问题，组织能力要能支撑公司的快速扩张；文化传承的问题，随着企业的发展壮大，空降兵的不断引入，公司的文化要如何传承？

▶ 二、海底捞合伙机制原理

海底捞合伙人机制的核心：连接利益，锁住管理。其操作要点见表 6.20。

表 6.20 海底捞合伙机制操作要点

原 理	具 体 举 措	操 作 要 点
连接利益	师徒制	解决人的问题，保证店长的培养速度
	股权激励制度	（1）给高管实股。 （2）给优秀员工"员工奖励计划"配股。 （3）给 1 级以上普通员工分红（分店当月纯利润的 3.5% 作为分红池）
	供应商合作与管控制度	用股权合伙，打通供应链上下游，形成生态合伙
锁住管理	门店抱团	（1）家族：由 5~18 家师徒关系门店构成。 （2）家族内门店因分布在同一地区，共享信息、资源，具有共同解决当地问题的能力，有效实现一定程度的自我管理，提高当地管理的透明度和效率
	总部管控	总部对门店发展的关键环节进行管控：总部对门店发展的关键环节进行严格审批，包括门店考核、店长认证、开店审批

本案例主要分享的是师徒制，海底捞如何通过师徒制保证店长的培养速度。

➤ 三、师徒制：利他主义利润分享机制，解决人的培养问题

（1）海底捞的 ABC 级店长：海底捞内部将门店分为 A、B、C 三类，A 类门店店长有资格成为股权激励对象。海底捞门店评级标准见表 6.21。

表 6.21 门店评级标准

	评级标准	门店店长及员工的发展	新门店项目选择权
A 级门店	门店的最高评级	优先选择 A 级门店员工作为新店长候选人；新店长的师傅可以分享该新门店利润分成	店长可有限选择新门店项目，其徒弟在成为新店长方面有优先权
B 级门店	门店表现令人满意；但仍有改善空间	店长可能会就做出改善向总部教练寻求帮助和提升建议	店长选择权排在 A 级之后

续表

	评级标准	门店店长及员工的发展	新门店项目选择权
C级门店	表现存在问题的门店；发生食品安全事件的门店自动评为C级	（1）首次获得C级门店，鼓励店长接受教练为期6个月的管理培训以改善门店绩效。 （2）过去一年内曾被评为C级，再次获得C级评语，且店长已接受教练辅导，则可能会被革除其店长职位。 （3）过去一年最少一次被评为C级，店长可能会被革除经理职位	店长不能开设新门店

（2）A 级店长有资格当师父。师父自由选择徒弟组建自己的家族，人数限定在 5~12 人，公司不干涉人选，同时公司成立教练团设置资格考试，考核合格者为储备店长。海底捞师徒机制见表 6.22。

表 6.22　海底捞师徒制模式

门店级别	店　长	储　备　店　长
A 级	可成为师傅店长，享受徒弟门店利润的部分分红	优先选择新门店做店长
B 级	总部可能派教练沟通	A 级储备店长选完后，再选合适的人选到新门店当店长
C 级	接受 6 个月培训，不能新开门店	不能当店长

（3）海底捞给出两种薪酬方案供师傅店长选择，见表 6.23。

表 6.23　海底捞薪酬方案

选　择	具体内容
方案 A（A 选择）	获得自己门店利润的 2.8%
方案 B（B 选择）	获得自己门店利润的 0.4%
	获得徒弟餐厅利润的 3.1%
	获得徒孙餐厅利润的 1.5%

在激励师父的"教练行为"（带徒弟，人才输出）方面，徒弟店利润的 3.1% 自动计入师父的浮动工资。徒弟如果再带徒弟，徒孙店利润的 3.1% 自动计入自己师父的浮动工资，1.5% 自动计入自己师爷的浮动工资。这样，师父从自己的徒弟、徒孙所在的门店所得的浮动工资有可能远远大于自己的基本工资。海底捞门店师徒制的结构见图 6.3。

图 6.3　海底捞门店师徒制结构

◆ 四、师徒制带来的影响

在师徒制这种合伙激励的利益牵引下，每个员工都会向着老板希望的方向努力：

（1）每个员工都想成为店长。

（2）每个店长都会尽力将自己的店打造成 A 类店。

（3）每个店长都会引导徒弟再去培养自己的徒弟开店。

师徒合伙机制给予了店长向下发展徒弟及新开店的生产动力，驱动海底捞裂变式的扩张之路。新店开得越多，其徒弟及徒孙管理门店绩效越好，店长的利润提成也越高。孵化式门店合伙制如图 6.4 所示。

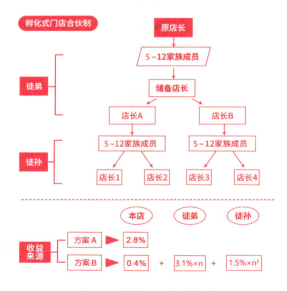

图 6.4　孵化式门店合伙制

别的企业很难模仿海底捞的师徒制，但是我们可以借鉴好的经验，导入门店合伙人机制最主要的目的是盈利提升，激活、裂变人才，拓展新门店。

第四节
西方伟大的发明——4.0 合梦盈利

合伙 3.0 模式是超额分红。那么合伙 4.0 的状态是怎样的呢？

在全球高速发展的今天，互联网公司是推动全球发展的最大的力量之一。在互联网公司中，最需要引入的合伙激励方式是期权。期权指的是未来的股权，被誉为西方经济学"最伟大的发明"，使公司的伙伴可以参与公司未来的收益分享，即明天的股权。

明天的股权显然要奋斗才能够获得。因此，在合伙 4.0 的盈利模型中，从合资、合人到超额分红，再加上期权的未来激励模式，把众人的梦想合并一处，称为 4.0 合梦盈利。

假如今天来了一个公司的高管，是公司的首席营销官 CMO，或者是首席技术官 CTO。如果让他马上投资成为公司的股东，他会说没钱，因为他不清楚你的公司究竟能不能活到下个月。如果你马上把他变成注册股东，股份又是送给他的，过两天他离职了，这时公司就会竹篮打水一场空。因此，期权作为一个最佳的处理方式，恰然出现。

你作为 CTO，可以享受公司明天的股权，但是有两个前提：第一个是你的绩效要合格；第二个是你工作的时间要达标，通常是奋斗三四年的时间。因此，我们提出一个"期权激励三部曲"，具体如下。

第一，授予。从进公司那天开始，你就拥有了期权的资格。在这个授予过程当中，通常会有一个"六定模型"：定价、定量、定人、定类、定时、定规。

六定模型在笔者的作品《股动人心：股权终极答疑手册（上下册）》中有详细的讲述，在此就不再赘述了。授予期权时，激励对象是不是真正的股东呢？不是。

第二，行权。 指工作了三四年后，就可以行权。在行权的过程当中，要注意一个非常重要的原则，行权要有标准和要求。通常在什么样的情况下才可以行权呢？有两个非常重要的标准，一个是时间，另一个是绩效。

期权适合高速增长中的企业以及有未来和前景的企业。如果一家企业一成不变，或日薄西山，显然是不适合采用期权激励。如果你的公司所在行业是热血沸腾的人工智能、AR、互联网等，那非常适合用期权的方式来激励。

行权时，要注意奋斗的时间，通常是 4 年，也可以自行约定。

行权方式有三种，第一种叫一次性成熟，必须要满 4 年才可以行权，如小米。第二种是每工作一年就可以享受对应的百分比，称为匀速成熟。例如，要奖励一个高管 10% 的股份，4 年匀速成熟的话，是每年 2.5% 的股份可以行权。第三种方式是加速行权，第一年 10%，第二年 20%，第三年 30%，第四年 40%，如亚马逊。

【思考】针对我们的核心高管，形成梦想共同体。如果要确定行权的成熟期，一次性成熟、匀速成熟、加速成熟，哪一种比较好？

A. 一次性成熟　　　　B. 匀速成熟　　　　C. 加速成熟

参考答案： C。

如果是一次性成熟，显然最有利的是公司，因为只有奋斗满四年，才能够拿到股权。但这样的话，就要求公司有极大的向心力。同时，一次性成熟对员工及时激励的作用有限。

匀速成熟激励速度比较快，但没有考虑到后期工作的艰难性。

在这里，我们认为最恰当的方式是加速成熟。假如有十个点股份，第一年一个点，第二年两个点，第三年三个点，第四年四个点，越到后期，工作难度和工作压力越大，获得的成果也越高。

第三，套现。当激励对象购买了我们的股权，行权之后，这个行权价格可以是当初约定的价格，也可以是上一轮估值的打折价等，总而言之，行权的价格一定远远低于公司的股价，他才会愿意行权。当他行权完成，并不是真正成为股东，他还需要卖出才能实现真正的收益。因此就进行套现。

当他卖掉自己的股份的时候，所赚取的差价交了 20% 的税收后，剩余的部分就是他真正的收益了。给了期权，未必代表他是真正的合伙人，他还需要从内心深处感受到他是合伙人，感受到他是一个真正意义上的合伙人。

Facebook 有一个壁画师，因为在 Facebook 画壁画变成了亿万富翁，他拿了 Facebook 一点期权。有一个为谷歌做按摩的按摩师，拿了谷歌一点期权，拥有了千万美金。谷歌公司早年到上海来寻与猎头公司谈合作时，不给现金给期权，很多猎头公司鼠目寸光，都要了现金，后悔得肠子都绿了。

杰克·韦尔奇先生非常赞赏期权这件事情，每年他都会大量地增发期权，他说："当我看到这份期权上的名单的时候，我非常欣慰，我知道这意味着很多人的生活得到了保障，这是孩子的学费，是家庭中的面包！他们将会因为拥有期权，而使生活得到更大程度的改善，获得更好的生活品质，这正是我们企业存在的意义和价值。"

站在相反的角度，沃伦·巴菲特就不赞赏颁发期权。他认为本身已经给了足够多的奖金，为什么还要给期权？

乔布斯先生在世时，他给核心团队、骨干员工发放的几乎都是期权，在乔布斯时代，几乎没有为苹果的员工分过红，给予的都是期权，这会让员工更加地专注，关注未来。

有一家世界级的人力资源咨询公司，在年终时会给员工两种选择，一种是公司的股票，另一种是期权。如果是股票就是100%，如果是期权就是1.2倍。当你愿意要期权的时候，代表着你对这家公司拥有更大的梦想和愿景，你愿意置身于企业宏大的梦想中，你已经和企业成为梦想共同体。

案例30　某互联网公司的期权激励协议

有一家互联网企业，准备予以总经理期权激励，显然要满足两个要求，第一是工作时间，第二是工作绩效，绩效考核合格且在3年之后，才可以行权。本协议不包括拥有股权之后的套现约定。

期权协议书

甲方：＿＿＿＿＿＿＿＿＿＿公司　　　　乙方：＿＿＿＿＿＿＿＿＿＿＿

法人代表：＿＿＿＿＿＿＿＿　　　　　　身份证号码：＿＿＿＿＿＿＿

公司地址：＿＿＿＿＿＿＿＿　　　　　　地址：＿＿＿＿＿＿＿＿＿＿＿

电话：＿＿＿＿＿＿＿＿＿＿　　　　　　电话：＿＿＿＿＿＿＿＿＿＿＿

为保护甲、乙双方的利益，本着自愿公平、平等互利、诚实守信的原则，甲方与乙方就股权的授予、收益核算、退出方法等有关事项达成如下协议：

第一条　释义

1.1　行权：指乙方在满足一定的条件后，通过支付行权价款购买甲方部分股权的行为。

1.2　行权日：指本协议中规定的，对满足行权条件的期权行权的日期。

1.3　行权价格：指乙方根据本协议约定行权需支付的单位价格。

1.4　可分配利润：公司净利润减去预留的发展基金后的部分。

第二条　期权激励方案

2.1　乙方是甲方聘请的总经理，乙方在任职期间，须满足本协议的相关约定后方可获授甲方期权_____股，占总股本的比例为_____%。

2.2　甲、乙双方一致同意，乙方达到甲方的要求后，以每股_____元的价格行权，行权安排及具体要求见下表。

行权安排及具体要求

时　间	行权条件	行权比例 /%	放弃行权
2019 年____月____日— 2019 年____月____日	（1）在公司任职； （2）2019 年公司业绩不低于____万元	5	超过行权期 30 日后，若乙方未提出行权申请，则视作自动放弃
2020 年____月____日— 2020 年____月____日	（1）在公司任职； （2）2019 年公司业绩不低于____万元	5	
总计行权比例			

2.3　乙方行权后，甲、乙双方一致同意，股权由甲方股东_____代为持有，乙方享受股东分红收益，表决权同时委托给代持股东行使。

2.4　乙方满足本协议约定的行权条件后，方可行权。

2.5　乙方全部行权后继续在公司服务满 3 年，乙方股权可在工商局进行注册变更，若期权全部行权后乙方继续服务未满 3 年离职，则已行权的期权按照行权价格由甲方回购。

第三条　甲方的权利和义务

3.1　甲方的权利：

3.1.1　甲方享有按照 2.2 条约定对乙方进行考核并根据考核结果决定乙方是否行权。

3.1.2　甲方有权根据我国税法的相关规定，代扣代缴乙方应缴纳的个人所得税及其他税费。

3.1.3　在乙方违反本协议约定时，甲方享受按本协议约定对乙方所持期权进行处理的权利。

3.2　甲方的义务：

3.2.1　甲方有按照本协议约定按时足额发放期权红利的义务。

3.2.2　在行权期内，甲方需按规定的时间和价格对乙方要求兑现的期权增值收益予以兑现。

3.2.3　在行权后，乙方继续服务满 3 年，甲方有义务协助乙方进行股权工商变更。

第四条　乙方的权利和义务

4.1　乙方的权利：

4.1.1　乙方享有按照本协议约定进行期权行权。

4.1.2　期权过锁定期后，乙方有权在规定时间内按规定程序要求甲方对其所持的满足兑现条件的期权予以兑现其增值收益。

4.1.3　按照本协议约定要求甲方进行股权工商变更。

4.2　乙方的义务：

4.2.1　乙方应恪尽职守，以确保本协议 2.2 条所列指标的达成。

4.2.2　乙方不得对其所持股权进行私自转让，也不得用于抵押或偿还债务。

4.2.3　乙方保证依法承担因股权激励计划产生的纳税义务。

第五条　离职或退股

5.1　自本协议签署之日起但未满 3 年或递交股权未全部行权，乙方离职或申请退股，则已行权的股权由甲方以行权价格回购，未行权的期权不予行权。

5.2　自本协议签署之日起满 3 年未满 5 年，乙方离职或递交退股申请，则已行权的股权以乙方行权价格加上 8% 的溢价回购，未行权的期权不予行权。

5.3　自本协议签署之日起 5 年以上，乙方离职或申请退股，已注册的股份按照注册股东之间的约定退出，未注册的股份，由甲方按照行权价格的 1.2 倍溢价回购。

5.4　若乙方离职或申请转股时，公司处于不盈利状态，则甲方按照乙方行权时的价格回购其所有股权，不予溢价。

5.5　乙方触发以下任一回购事件的，则甲方有权以每股壹元的价格或者法律规定的最低价格回购乙方已行权期权，未行权期权不予行权：

（1）连续两年目标达成率低于80%。

（2）因故意或重大过失行为，严重违反公司或其关联公司的规章制度、劳动合同或有其他严重不当行为，使公司或其关联公司遭受重大损失或者损害的。

（3）泄露公司或其关联公司的商业秘密的。

（4）违反公司或其关联公司关于反腐败及反商业贿赂的内部制度的。

（5）被授予人在其任职期间或者离职后具有不正当竞争行为，或在公共场合或通过其他公共渠道故意诋毁公司声誉，散布不利于公司的言论或有其他污蔑，诽谤公司的行为。

（6）被判处承担刑事责任的。

（7）违反本协议约定的其他义务的。

第六条　保密义务

6.1　甲、乙双方合作过程中，乙方承诺将严格保守甲方的一切商业机密，若因乙方泄露甲方商业机密为甲方带来损失的，甲方保留一切追索的权力。

6.2　因法律法规或应政府部门、司法机关、仲裁机构要求披露相关信息的，上述禁止不适用。但如在法律允许的情形下，被要求披露信息的一方应于采取任何披露行动前书面告知另一方。

第七条　甲方对于授予乙方的股份将恪守承诺，除非乙方有本协议涉及的约定，否则甲方不得中途取消或减少乙方的股份数额，也不得中途中止或终止与乙方的协议。

第八条　乙方保证遵守国家的法律，依法按规定程序享受股权收益，在签署的本协议中所提供的资料真实、有效，并对其承担全部法律责任。

第九条　甲、乙双方发生争议时，本协议已涉及的内容按约定解决，本协议未涉及的部分，按照相关法律和公平合理原则解决。

第十条 乙方违反本协议的有关约定、违反国家法律政策，甲方有权无须通知乙方而直接结算乙方的股权收益（收益打入乙方提供的永久银行账号中），未行权的股权不予行权，终止与乙方的协议而不须承担任何法律责任。乙方因此给甲方造成损失的，乙方应承担赔偿损失的责任。

第十一条 本协议书一式两份，双方各持一份，甲方持有的那份由公司统一保管。

第十二条 本协议书自双方签字盖章之日起生效。

甲方：＿＿＿＿＿＿＿＿公司　　　　　　乙方：＿＿＿＿＿＿＿＿

案例 31　轩日服饰——治理升级，如何通过内外合伙突破 5 亿元产值

在一次咨询中，我和一家高端女装品牌的董事长紧紧地相拥，一个热情的拥抱让我们彼此热泪盈眶。

没有人能够理解一个创业者的痛苦和艰辛，除非你切身去感受。在十几年前，周建中从事服装批发生意时，守着一个档口。传统生意日益衰落，经受着巨大的挑战，他在想该何去何从，因为必须要做大做强才能生存。因此，他找到了他的大姐和小弟，将 3 家的服装企业合并，从批发到贴牌，再到品牌。一路走来，浴火重生，立志向专业化、规范化的方向去发展。

姐弟同心，坦诚包容，打造了轩日时尚女装品牌。公司引入了职业经理人，门店数量渐增，但是创始人内心没有完全放开，经常忧心忡忡，担忧企业会不会付诸东流。百转千回中，豁然顿悟："当我们笑的时候，镜子中的自己就会笑；当我们哭的时候，镜中的自己就会哭。你所看到的一切，都是你内心的世界，都是我们内心的状态。"最重要的变革来自于我们的内心深处，格局提升了，自然境界也就提升了，智慧就无边无际。

在 2020 年的时候，这家企业通过另外一家服装品牌找到我们，希望我们在企业内部实施股权设计上提供咨询服务。做股权设计和股权激励的咨询，在内部打造共生型组织，这是我们的使命。我的主业是咨询，只有和企业同呼吸共命运，才能真正解决企业的实际问题。

公司做到一定程度，不仅仅是管理问题，更是治理问题。

合伙不是捆绑员工，而是成就员工；不是融资，而是成就员工的梦想。

早上五点半起床，赶六点半的高铁奔赴杭州，参加了轩日服饰 2020 年的合伙人授予大会。

当我走进会场，看到两旁的条幅非常感动，条幅上写着："全心奋斗，共同圆梦，让轩日人过上幸福的生活。"如此直白朴实的表达，恰恰说出了每一位员工的心声。

有一位店长合伙人，在接过鲜花的那一瞬间，她的表情如此惊讶、如此绽放。当一个企业能够真心地尊重员工、善待员工的时候，必将收获员工的心灵契约。

合伙人代表在分享时铿锵有力："我一定会全力以赴打造出更高的业绩，来回报公司的信任！把企业当作自己的家。"那一份感动，那一份触动会直击你的心灵，你会感觉到人与人之间需要一个连接，我们需要构建命运共同体、精神共同体，因为我们本来就是利益的共同体。

转眼，上一年的合伙人已经得到分红，又有 23 位合伙人加入，有 10 多位合伙人股权增持。轩日公司的治理结构不断得到优化。在礼炮声中、在欢呼声中、在鲜花中、在感人的音乐中，大家彼此相拥，开启全新的旅程。

轩日公司对内做激励，对外做激活；对内激励同仁，对外造福众生，开启无限游戏。轩日公司通过联盟合作法，成功成立江苏省第一分公司、四川省公司、重庆公司、江苏公司、浙江公司的战略合作项目。从过去的公司自己投钱开店到资金人力的全新融入，企业发生了重大的变革。再度签约了山东公司、南京公司、湖南公司、海南公司，各地高手大咖云集，如湖南公司掌门人本身就有上百家服装门店，可谓业界精英，在获悉轩日的合伙政策后，双方把酒言欢，形成战略性合作伙伴关系。轩日公司在2021年9月份新开门店超过50余家，真是气势如虹！

在现在这个时代里，第一要轻资产发展，重构资金成本。第二要和当地高手来合作，重构地理成本；和当地组织合作，降低组织成本。第三要上游提供货品，重构物理成本。

通过平台赋能，链接多方资源，建立杠杆资产，打造无边界组织，是这个时代的标准配置。在经济环境下行的当下，依然有无数的商业机会可以踊跃和澎湃，核心在于我们的心智模型！

当你的思维和心智达到一个全新高度的时候，你会看见不一样的天空，拥有不一样的局面，事业决定高度，高度决定成就。

孟子曰："人皆可以为尧舜！满街皆是圣人。"佛家说："人人可以成佛。"每个人的内心都装着真善美，关键是我们如何去激活，如何去唤醒，如何去共鸣。创立企业的目的是让这个世界更美，是让我们的心灵更美，仅此而已，别无其他。

第五节

可能是中国很厉害的企业——5.0 合心盈利

在5.0的系统中，我们要引入虚拟股的概念，要将中高管纳入投资的对象当中，让他们开始投资，因为只有掏钱才会掏心。虚拟股激励的代表，最为典型的就是华为公司。9万名员工成为公司股东，形成命运共同体，成为全世界欧美公司的灾难。5G时代更是领先世界，为中华民族扬眉吐气。

5.0，我们称为合心盈利，就是真正地把心交出来，一个人的投入在哪里，心就在哪里，结果就在哪里。

我们要明白设计虚拟股的七定原则。

❯ 一、虚拟股的七定原则

在 5.0 合心盈利的虚拟股建设中，我们提出激励七定法。

第一定是定向。

首先要明确激励目的是什么？是吸引人才，激励人才，还是留住人才？若是吸引人才，我们要设计股权的成长性；若是激励人才，我们要考虑绩效、级别等一些重要指标；若是为了留住人才，我们要考虑少量多频的激励周期，采取延迟支付，设计兑现期等。不一样的目的，所采取的具体方式是不一样的。

第二定是定价。

虚拟股常见的定价方式有三种：第一种是按照净投入定价，通常是以门店或者贸易公司为主；第二种是按照利润的倍数来定价，通常是利润的3~5 倍；第三种是按照企业实际估值打折后，让员工来进入，这种方式适合比较强势的企业。

第三定是定时。

激励的周期是多少？通常我们建议要设计 3~5 年的激励周期，不是一次性，而是少量、持续、多频。

第四定是定类。

确定使用什么股份类别，是虚拟股，分红股，还是超额分红？或是组合拳？

第五定是定量。

定量分为定总量和定个量。定总量是指激励总额度是多少，通常可以拿出总股份的 10%~20%；定个量是指每个人给多少。

第六定是定来源。

定来源也就是定股份的来源。虚拟股的来源通常有三种：大股东转让；股份同比稀释；原来期权池的预留。

定来源还需要注意你的利润中心在哪里。利润中心有三种：总部激励、局部激励（子公司、门店）、总部局部双激励。

【思考】华为公司和方太集团分别是什么激励呢？

A. 双激励　　　　　　　　B. 总部激励

参考答案：B、A。

第七定叫作定规。

定规也是最为重要的部分，在整个规则的设计中，会涉及七个方面的规则。

规则一　进入规则。进入要有标准，这是我们所说的七星标准（级别、工龄、绩效、岗位重要性、能力、价值观、纪律）。

规则二　退出规则。退出要有约定，在退出的约定中，通常来说要考虑以下三大情形。

（1）我们是一家什么样的公司？如果是互联网公司，退出的价格可能越来越高；如果是连锁门店，退出的价格则越来越低。如果是正常的公司状态，那么可以以本金退出，也可以考虑本金减分红退出。

（2）在退出的时候，公司是在赚钱还是在亏损？是估值融资还是正常经营？

（3）个人在离职的时候处于一种什么样的状态？

公司现在的情形、公司未来的情形以及个人退出的情形，我们称为"退出的三大情形"。

个人退出的情形相对复杂，简单说，会分为三个维度。不同的退出情形，退出的价格是不一样的。第一种是正常退出，例如离职且友好和平分手；第二种属于违规退出，例如到竞争对手公司任职，窃取公司机密，贪污腐败等；第三种是奖励退出，例如工作满 5 年，立下过汗马功劳。

退出时还需要考虑退出的时间周期和约定，通常要分为锁定期和兑现期。如 3 年内是锁定期，退出要以本金减去分红退出。例如投入本金 10 万元，在第二年退出，两年分红得了 6 万元，那么退出的时候就以 10 万元减 6 万元等于 4 万元退出。这样可以约定激励对象在一定的时间内不要轻易离职。兑现期指的是退出时，所支付的钱是一次性兑现还是分期兑现。通常来说是分期兑现，可以分 3 年来行权兑现。

规则三　分红规则。分红有以下三个原则。

（1）分得快。要能够及时激励，如连锁业、服务业，建议是月度或季度快速分钱。

（2）分得够。我们分的钱能不能够达到激励的效果，分红收益要达到年薪的一定标准。

（3）分得久。如分两期支付分红，每年的 5 月 20 日和 10 月 1 日，甚至有分 3 年支付，532（50%、30%、20%）模式都是可以设计的，我们称为延迟支付，主要起到留人的作用。

规则四　动态规则。动态分红、动态绩效、动态退出等，要做成一个动态的机制。

规则五　约束规则。我们要对合伙人有要求，这涉及竞业限制违规，职务侵占、贪污腐败等各方面的约束要求。如果违规，股份如何处理？分红怎么办？这些要求提前说清楚。当然每家公司各不相同，有的约束甚至涉及做人的操守，这都是可以提的，没有绝对标准答案。

规则六　权利规则。合伙人的权利要进行说明，是否有分红权？是否有转让权？是否有表决权？是否有增值权？都要说清楚，当然虚拟股只有两个权利，通常是分红权和增值权。

规则七　成熟规则。股份将来有没有机会转为注册股？什么时间转？什么阶段转？未来有什么样的股份增值的计划？都要说清楚。

虚拟股的本质是使合伙人成为公司股东的一个状态，他只是没有注册，但是他已经可以享受股东对应的分红和相应的权利了。

因此，我们要让他从内心深处拥有这份自豪感，这就从我们前面说到的三感，即仪式感、成就感和身份感，上升到一个更高的感觉——自豪感，他的收入结构从过去的分红性收入转变为投资性收入。

回顾下 5.0 的设计，有非常重要的两大知识点，分别是七定步骤和七大规则的设计。

在虚拟股的设计中，最重要的是让所有人都要把心交进来，以股东为荣。人在一起叫团伙，心在一起叫团队。

案例 32　××公司如何通过合伙人体系培养公司传承人

❯ 一、背景

千年寺庙长存，百年企业难有。而中国的百年企业更是少之又少，屈指可数。随着中国经济的逐渐复苏与稳定，很多二三十年前开始创业的老板，已经把关注的重点从企业发展转到企业传承上了。目前年轻人崇尚个体独立，绝大部分的年轻人都不愿意回家继承父业，而愿意以自己的方式出去闯荡。企业的传承问题变得更加严峻，只能从企业的内部优秀人才中慢慢培养和筛选出适合的，或者有可能成为企业的传承人的人选。

本案例的重点是通过合伙人机制培养企业传承人。

❯ 二、企业情况概述

某公司创业至今已经 20 多年，创始人已经接近退休的年纪，因为自己的儿女没有想要接班的计划，因此，只有从企业的内部人员寻找传承人。

设定本方案有两个目的：第一个目的是公司可持续发展，激励对公司经营起关键作用的核心人才，由打工者转变为合伙人，拉动公司持续、稳定的增长；第二个目的是培养接班人，为合伙人走向接班人方向奠定走势，从合伙人中诞生出公司的未来接班人。基于以上两个目的，我们设计了由基层员工到传承人的四级合伙体系。

⊘ 三、具体方案

1. 合伙人成长路径

合伙人成长路径见表 6.24。

表 6.24　合伙人成长路径

级　别	进阶路径	特　征	激励目的
一级	经营合伙人	享受公司业绩增量分红	锁定住公司核心人才； 开始合伙人文化培养
二级	事业合伙人	享受集团利润分红； 事业合伙人合伙期 5 年	向市场要效益，往增量 要分配； 激励核心人才由打工者 变为合伙人
三级	联合创始人	享受集团利润分红； 联合创始人合伙期永久（退休、 违规违法、意外除外）	必须是公司经营者； 为未来传承建立梯队班子
四级 （传承人）	传承接班人	必须具备战略思维； 必须是经营者（带团队，并持久 性打胜仗）； 全面（业务、财务、人事、财税 技术、行业洞察）经营公司； 成为联合创始人 10 年内综合绩 效优秀	实现百年企业的梦想； 维护企业长青，培养下 一任接班人

可以推测，一个优秀的员工从一级经营合伙人走到四级传承接班人，需要 16~20 年，经过公司多年的培养与打磨，加上自我的成长，以及创始人文化与精神的熏陶，那么这个人非常有可能传承这家公司。

在成为公司的传承人之后，除了负责公司的经营管理外，他还有一项非常重要的使命就是培养下一任公司的接班人，当然这个第二任接班人并不一定是他上任之后才开始培养，可能是一起培养，只不过大家所处的级别不同。

2. 退出规则

因为合伙方案是以培养接班人为导向的，所以退出规则较为严格，下面列举一部分。

事业合伙人退出规则见表 6.25。

表 6.25　事业合伙人退出规则

退出类型	退出情形	退出价格
级别调整	因合伙人个人能力原因，导致岗位调整引发的级别下降（因公司培养人引发的轮岗除外）	公司按照级别之间的股数差额，回购股份。共创期内，按照"本金×70%−累计分红"回购；共创期满，按照实际投入本金回购。共创期为 3 年
合伙期内绩效退出	个人业绩目标累计 3 年未达成	全额退还实投本金，并享有当年度至退休前的分红。如果公司亏损，按亏损退出条款执行

联合创始人退出规则（部分）见表 6.26。

表 6.26　联合创始人退出规则（部分）

退出类型	退出情形	退出价格
绩效调整	（1）公司业绩连续 5 年未增长或累计 8 年未增长；（2）5 年未为公司培养 2~3 个合格的主管会计或营销主管；10 年未为公司培养 3~5 个合格的主管会计或营销主管。每隔 5 年至少增加 2 个	降为事业合伙人，按照事业合伙人退出规则执行

四、奖励退出

本方案中除了正常退出的条件较为严格，还设定了高关怀政策即"奖励退出"的退出规则。

1. 退出情形

（1）从成为联合创始人之日起，一直和公司合伙到公司约定的退休年龄或法定退休年龄。

（2）在公司服务超过 30 年。

满足以上其中一种条件，即可向公司申请"奖励退出"，公司审核合伙人，如果合伙人符合本方案中约定的"合伙人基本标准"，以及评估过往贡献（业绩、人才培养），可批准奖励退出。

2. 退出方式

（1）公司盈利时，公司按照该合伙人退出前 3 年的月度平均工资，作为发放标准，每年 12 月一次性发放 1 个月工资标准，期限为 15 年；如果当年度公司亏损，则当年度此项内容取消。

（2）公司保留合伙人最后股份份额的 10% 的分红权（个人分红比例不超过公司可分配净利润的 2%），分红期限为 15 年。如果当年公司亏损，则合伙人当年无分红，且不承担当年亏损。

（3）合伙人如产生个人业绩，则按照公司当年度业绩提成标准发放。

（4）符合奖励退出的合伙人，需遵守以下竞业条款。如发生以下行为之一，自发现之日起取消上面（1）~（3）项发放的金额。

1）以投资、参股、合作、委托经营或以其他方式从事与该公司相同、相近或有竞争情形的相关业务。

2）直接或是间接受聘从事其他公司或组织与该公司相同、相近或有竞争情形的相关业务。

3）不能劝诱公司内部员工离职或加入其他企业。

4）不能触发合伙人"违规退出情形"。

（5）如发生意外，则款项退还给直系亲属。

案例33　万科跟投机制，如何激发项目最大潜力

一、背景

万科的合伙制度改革，主要是针对公司国营背景下股权高度分散，为巩固经营层的控制权，同时更好地管理市值，防止恶意收购，强化经营管理团队与股东之间共同进退的关系，为股东创造更大的价值。

❯ 二、万科三层合伙制

根据高、中、基层员工，万科设计了三层合伙机制，如表 6.27 所示。

表 6.27　万科的三层合伙机制

一层	项目合伙人：项目跟投机制
二层	事业合伙人：股票机制
三层	事件合伙：跨部门任务合伙

万科的三层合伙机制，主要基于以下四个显著的目的。

第一，设计不同层级的合伙人制度，巩固经营层的控制权。

第二，留住人，通过合伙机制留住优秀人才。

第三，吸引人，通过合伙机制吸引更多优秀的人才加入。

第四，成就人，通过合伙机制在万科创立第四个 10 年之后，可以培养出 200 个亿万富翁。

❯ 三、万科第一层合伙制——项目跟投机制

1. 万科合伙机制中的第一层为项目合伙人：项目跟投机制

项目跟投机制的合伙主体、参加人员、投资金额见表 6.28。

表 6.28　项目跟投机制

层 级		定 义	合伙性质
一层	项目合伙人：项目跟投机制	（1）合伙主体：针对所有新项目（旧城改造及部分特殊项目除外）进行跟投。 （2）必须跟投人员：原则上要求项目所在一线公司管理层和该项目管理人员，必须跟随公司一起投资。 （3）自愿参与人员：其他员工。 （4）限制参与人员：公司董事、监事、高级管理人员。 （5）投资份额：员工初始跟投份额不超过项目峰值的5%。在 2015 年，万科公司优化制度之后，项目跟投份额不能超过资金峰值的8%，在 2017 年调整为项目跟投份额可以达到峰值的10%	短期股权激励，持有项目股份

2. 项目跟投的具体操作

万科在集团内建立内部项目通报平台，任何一个地方公司若有新的可跟投项目，在集团内网展示项目情况，启动认购程序，员工可选择自愿跟投或不跟投，跟投者交钱至负责人处。跟投的具体操作为：系统公示、认购、交钱、等待收益分配。

3. 实施项目跟投的效果

实行项目跟投制度后，员工变身合伙人带来的改变是显而易见的。

（1）经营团队努力去拿更好的投资项目。

（2）决策效率更高。以前因为项目团队未成为合伙人，提交给到万科总部审核的项目未必是优质项目，总部审核需要大量时间和精力。现在项目团队成为合伙人，投钱进入，提交给到万科总部的项目自然是经过层层考虑筛选出来的，总部审核的效率就会很高。

（3）项目周期缩短。从拿地到开盘的平均时间大大缩短，效率大幅提高。

4. 文件：《万科企业股份有限公司跟投制度》（2018 年 1 月修订）

万科企业股份有限公司跟投制度

（2018 年 1 月修订）

为进一步加强万科企业股份有限公司（以下简称万科或公司）合伙人共识、共创、共担、共享意识，促进合伙人为股东和社会创造更大价值，特制定《万科企业股份有限公司跟投制度》。

（1）**跟投范围及跟投权益比例上限。**万科新获取的住宅开发销售类项目均列入跟投范围。跟投人员合计投入资金不超过项目资金峰值的 10%。跟投人员直接或间接持有的项目权益比例合计不超过 10%，对于万科股权比例低于 50% 的住宅开发销售类项目，跟投人员直接或间接持有的项目权益比例还需不超过万科在该项目所持权益比例的 20%。单一跟投人员直接或间接持有的项目权益比例不超过 1%。

旧改、一级土地整理、海外房地产开发等其他项目，以及其他业务，可参照上述原则安排跟投，但不做强制要求。

（2）跟投人员。项目所在业务单元核心管理人员、城市公司管理层、项目管理人员为项目必须跟投人员。必须跟投人员名单由各单位分别确定。除公司董事、监事、高级管理人员以外的其他员工可自愿跟投。

（3）跟投资金。跟投人员应及时、足额支付跟投资金，并保证跟投资金来源合法，跟投人员不得在跟投过程中侵犯公司利益。跟投资金应在公司资金投入后20个工作日内到账。遇特殊情况，跟投资金到账时间也不得晚于公司资金到账后40个工作日。如跟投资金实际到账时间晚于公司资金到账，跟投人员应额外支付权益溢价款，金额为按照公司平均融资成本计算的期间收益。公司不对跟投人员提供借款、担保或者任何融资便利。

（4）特殊劣后机制。住宅开发销售类项目的跟投人员需以自己的跟投收益对万科劣后，具体分配安排如下。

项目内部收益率（IRR）≤ 10%：项目收益优先向万科分配，直至万科达到项目IRR为10%时对应的收益水平，再向跟投人员分配项目收益。

10% < 项目IRR ≤ 25%：跟投人员与万科按出资比例分配项目收益。

25% < 项目IRR：在项目IRR超过25%后的项目收益范围内，由跟投人员按其全部出资比例的1.2倍分享。

（5）资金分配。综合评估项目或业务现金流情况及未来资金需求，在保证项目正常开发、经营的前提下，可以考虑分配资金。向跟投人员分配资金的时间不早于向公司分配资金的时间。

（6）跟投方式。跟投人员可以采取不违反法律法规要求的方式直接或间接参与跟投，如以员工集合基金等方式进行

5. 文件：《万科某A项目的项目跟投制度》

万科某A项目投资总额为10亿元，采取公司制方式运作。A项目由两名股东构成，分别是万科控股51%，B公司（注：通常为万科的外部合作伙伴）

控股 49%。

万科拿出其中的 13% 作为所在公司的跟投比例，资金总额为 1.3 亿元；其中深圳盈达投资基金管理有限公司（注：万科的合伙人持股平台）投资比例为 8%（即 8000 万元），项目合伙人为 5%（即 5000 万元）。具体操作流程如下。

（1）参投范围与持股比例规定。根据合伙人的类别，设定跟投的上限与下限，例如区域总经理跟投上限为 500 万元、下限为 50 万元。合伙人只有出资才会对自己的行为负责，最终成为"老板"。

区域公司的合伙人属于强制跟投，但公司的员工或区域内不是本项目的其他同事，包括集团的同事均属于自愿跟投。

万科区域公司的参投范围见下表。

万科区域公司的参投范围

等级	类别	具体人员	跟投性质	跟投下限 / 万元	跟投上限 / 万元	跟投总额 / 万元	跟投比例 /%
A	总经理	××	强制跟投	50	500	1697.5	35
	首席合伙人	管理层、项目负责人、营销总监等	强制跟投	20	70		
	资深合伙人	剩余 M 序列	强制跟投	5	45		
	项目合伙人	项目相关人员	强制跟投	2	10		
B	公司员工	剩余公司员工	自愿跟投	1	7.5	1455	30
C	区域合伙人	区域本部强制跟投人员及区域级合伙人	强制跟投	以区域细则为准		242.5	5
	区域内其他同事	区域本部及区域内其他一线公司同事	自愿跟投	1	10	485	10
D	集团内其他单位员工	按照跟投规则	自愿跟投	1	10	970	20

（2）成立合伙企业。

1）根据万科区域公司的参投范围的规定，万科××城市公司的总经理甲(GP)投入500万元，副总经理乙（GP）投入70万元，员工代表丙（LP）投入5万元，共同成立"合伙企业1（有限合伙）"，并与本区域公司跟投的其他员工（共4425万元）签订《代持协议》，其他员工委托该合伙企业进行投资。此时，合伙企业1(有限公司)投资资金总计5000万元。

2）深圳盈达投资基金管理有限公司（GP）投资8000万元，与"合伙企业1（有限合伙）"（LP）跟投的5000万元，发起成立"合伙企业2（有限合伙）"，持有A项目的13%。

3）A项目是以公司制来运作，因为房地产开发企业拿地及招投标等工作需要一定的资质，而这些是合伙企业不具备的，合作企业在本案例中仅是一个事业合伙人的持股平台。

基于此，A项目的股东由"有限合伙企业2"、万科××城市公司（区域公司）和B公司三方构成，持股比例分别为13%、38%、49%，如图6.5所示。

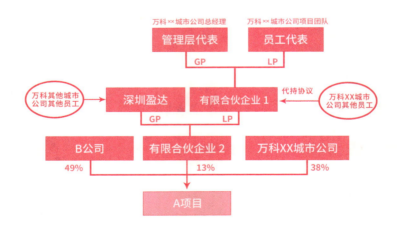

图 6.5　万科 A 项目股东

（3）注销合伙企业。1.5年后A项目结束，项目公司实现了项目资金回笼，按照房地产行业平均净利润率15%匡算，净利润为1.5亿元。因此，有限合伙企业 2 占股比例为 13%，分红为 1950 万元，其中万科 ×× 城市公司的总经理甲分红为 1950×500÷5000=195（万元），投资回报率为 195÷500×100%=39%

合伙人分红后，缴纳完个人所得税，全体合伙人签署清算报告，包括债权债务清理完毕报告和税款工资已缴清报告，然后到税务部开具完税证明，合伙企业就可以向工商部门申请注销。

万科 ×× 城市公司占股比例为 38%，分红所得为 5000×38%=5700（万元）。按照税法的规定需要缴纳 25% 的企业所得税，如果分配到自然人股东还需要缴纳 20% 的个人所得税。B 公司类同。

❯ 四、万科第二层合伙制——股票机制

1. 万科合伙机制中的第二层为事业合伙人：股票机制

股票机制的合伙主体、操作方式、合伙人员等见表 6.29。

表 6.29　股票机制

层　级		定　义	合伙性质
二层	事业合伙人：股票机制	1）合伙主体：万科通过盈安有限合伙公司作为合伙平台，通过证券公司的集合资产管理计划，买入万科 A 股的股票。 2）操作方式：万科内部符合条件的各级雇员，以"自愿"方式成为盈安合伙的合伙人，将资金委托于盈安合伙打理，并由盈安代为购买万科 A 股的股票，从而完成"事业合伙人计划"。具体细节参考下文"金鹏计划"。 3）合伙人员：公司高级管理人员，中层管理人员，由总裁提名的业务骨干和突出贡献人员。 4）兑现规定：在完成兑付的时限到达之前，合伙人如果从万科离职，将无法获得合伙人计划中的权益	长期股权激励，持有公司股份

2. 购买股票的资金来源

购买股票的资金来源见表 6.30。

表 6.30　资金来源

层　级	资金额度
高管	有下限要求，投入资金不得低于一定数额，以确保高管和股东利益的捆绑
非高管	有上限要求，投入资金不得高于一定数额，以降低股价波动给员工带来的风险

从 2013 年开始，万科根据级别及对应比例原则，对万科对应层级的职员的年终奖金进行了扣除留存。

3. 金鹏计划

金鹏计划是为执行万科事业合伙人制度，对盈安合伙资金进行委托而成立的资管计划，利用 EP 奖金并引入投资杠杆通过二级市场投资万科 A 股票，而盈安合伙的法定代表人为万科党委书记丁福源。金鹏计划结构示意图如图 6.6 所示。

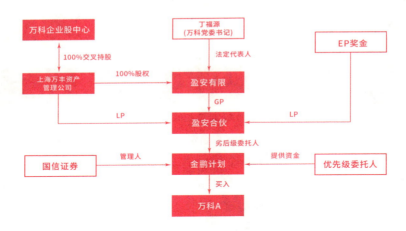

图 6.6　金鹏计划结构示意图

盈安合伙在 2014 年 5 月第一次购买万科股票时，价格为 8.38 元 / 股；到 2015 年 1 月再次购买万科股票时价格已为 13.26 元 / 股。

4. 实施事业合伙的效果

管理层身份转变，自己出资购买公司股票，还要引入杠杆扩大风险和收益，承受投资风险。

❯ 五、万科第三层合伙制——跨部门任务合伙

万科合伙机制中的第三层为事件合伙：跨部门任务合伙。公司大了就容易出现大公司病，当责任权利划分不清的时候，万科成立了事件合伙人，根据事件临时组织事件合伙人参与工作任务。以前都是职位高的人担任组长，现在可以推选最有发言权的人来做组长。

❯ 六、跟投机制面临的挑战

在房价猛涨的时代，跟投机制能最大程度调动员工积极性。但当市场进入调整和下行周期，"成就共享"就变成"风险共担"，开发业务跟投制度的困难逐渐显露，房企员工跟投意愿下降，大势无人能挡。

"全国前 50 强房企，接近 30 家设置了跟投机制，都出现跟不动的现象，"2019 年 6 月，万科总裁兼首席执行官祝九胜透露，"由于'劣后机制'，公司分红会先分给股东再分给员工。另外，约 60% 员工拿到分红后会继续跟投，所以员工到手的现金并不多。"

自 2021 年下半年开始，房地产回归"房住不炒""三道红线"等，房企内部员工的投资意愿都面临着更大的挑战。

案例 34　百果园股权激励，实现千家连锁

中国被誉为水果"疯子"的企业家余惠勇，他做出了一个百亿价值的水果企业——百果园。

百果园成立于 2001 年，目前在全国 90 多个城市中有 5000 多家门店，是集水果采购、种植、采后保鲜、物流仓储、营销拓展、门店零售等为一体的水果全产业链企业，是中国水果连锁企业的开创者。

百果园从最早期的直营，到直营店承包出去变加盟，再收回加盟，后又变为合资，形成了类直营的模式，不断地探索和迭代。

类直营之前的加盟市场是批发的概念，加盟商做门店，所以运营形象管理

一片混乱，经常串货，最后导致消费疲软，业绩崩溃。而类直营是让加盟商变成一个财务投资者，门店的投入由加盟商负责，门店的实际运营由品牌商负责，包括店员的聘用、管理等，这意味着品牌商必须有强大的能力来赋能。

百果园的类直营连锁合伙模式拥有四大创新。

❯ 一、类直营合伙模式，从为公司干到为自己干

公司片区管理者持有片区股份的 17%，而店长占门店股权的 80%，大区加盟商占单个门店股权的 3%。门店选址由大区加盟商负责，法人为大区加盟商，随后大区加盟商将门店经营权转给店长。百果园收取利润的 30% 作为运营费用，利润的 70% 按门店的股权结构进行分配，这样做的好处是：作为员工，店长成为了投资者，既解决了人才的问题，又解决了资金的问题；同时公司出资，轻资产运作，更有利于发展做大。门店的股权结构见表 6.31。

表 6.31　门店的股权结构

门店合伙人	职责	出资 /%	股份 /%	分红 /%
大区加盟商	（1）门店法人。 （2）将经营权授予店长管理。 （3）大区加盟商，投资负责区域的所有门店。 （4）负责门店选址	3	3	70
片区管理者	（1）公司片区门店管理。 （2）负责片区门店财务投资人	17	17	
店长	（1）门店经营负责人，100% 对业绩、利润、人才培养、经营结果负责。 （2）同时为门店投资人	80	80	
百果园公司	（1）不出资不占股，输出管理，提供连锁门店标准化管理体系，包括品牌运营、物流供货、人员培训等。 （2）不收取加盟费、无商品差价供货	0	0	30
合　计		100	100	100

如某门店需投资 100 万元开店，店长出资 80 万元占股 80%，片区管理者出资 17 万元占股 17%，大区加盟商出资 3 万元占股 3%，总部不出资不占股。门店经营由店长全权负责。

如当年该门店盈利 100 万元，百果园公司分得 30% 利润，剩余 70% 利润由店长、片区管理者、大区加盟商按股份比例分配。具体分配见表 6.32。

表 6.32　具体分配金额

门店合伙人	持股比例 /%	利润分配比例 /%	分红金额 / 万元
大区加盟商	3		70×3%=2.1
片区管理者	17	70	70×17%=11.9
店长	80		70×80%=56
百果园公司	0	30	100×30%=30
合计	100	100	100

二、门店风险兜底政策，规避风险快速盈利

很多连锁企业，新开门店都有一定的市场培育期，为了让门店快速盈利，提高门店盈利水平，公司给予门店一系列政策支持，确保合伙人通过自身努力，能快速创造并分享利润。

1. 不收取特许加盟费，只有门店利润 30% 的分成

百果园公司不收取门店特许加盟费，因为公司总部输出品牌运营和管理体系，并帮助门店运营和管理，所以收取门店利润 30%。

2. 不依靠产品差价收益，百果园从门店获得的利润占百果园总利润的 80%

很多传统加盟模式会有多重盈利来源，其中很重要的就是供应链盈利，供应链公司集中采购，发挥规模优势，原材料加一定差价向连锁门店供货。而百果园打破了传统连锁行业盈利模式，无差价向门店供货，提高门店盈利能力。

3. 门店如果亏损，由百果园来承担，3 年后如果依然亏损，评估是否需要闭店

门店如果出现亏损，由百果园公司承担亏损，门店店长和其他合伙人无须承担门店亏损，这样就解决了门店投资员工的后顾之忧，不会影响员工投资本金。

门店经营 3 年依然亏损，公司会对门店进行评估，做出是否闭店的决定。

4. 设定分红基数，每年对基数进行评定

除了有门店亏损兜底机制，公司还设置了门店保底分红机制。即门店无论盈亏，门店最低按 6400 元分红基数进行保底，若实际分红高于最低分红基数，则按照实际分红进行发放。该保底分红由公司每年根据门店实际情况进行调整和评估。

如某门店某年亏损 1 万元，这 1 万元由百果园公司承担，同时启动保底分红机制，最低分红金额为 6400 元。

🔴 三、人才培养裂变机制，加速门店裂变发展

连锁企业的发展来自门店复制和裂变的速度，而门店裂变背后是店长和团队的裂变。如海底捞在上市之前开店速度并不快，张勇认为开一家店需要先培养出店长。如果在店长没有准备好的情况下，开店越多亏损越多。开店放大的不是经营利润，而是经营成本和经营风险。

【思考】那百果园的店长人才又是如何培养出来的呢？

A. 外聘后统一培训　　　　　　　　B. 内部培养

参考答案：B。

百果园的经营思路是内部培养，每家门店每一年都要为公司输出一名新店长。一般而言，成为店长的周期是一年，那么全国有 5000 多家门店，每家门店培养一个店长，一年就可以达到一万家门店的状态。

一名普通员工加入百果园，如果考核优秀，一年就可以晋升为店长，店长拥有投资店面的资格成为合伙人。店长还可以往片区管理者、大区经销商晋升。

百果园的人才培养、人才考核、人才晋升机制，为百果园开店可以源源不断输送人才。

❷ 四、高补偿退出机制，鼓励人才开疆拓土

连锁企业要发展，就要持续开新店。能力强的店长拥有丰富的门店管理经验，开新店更容易成功。但这些店长又拥有老店的股份和高额收益。

【思考】假如店长不愿意去开新店怎么办呢？谁都愿意待在优秀的门店，去新店生死未卜。此时的方案有：

　　A. 保留原店的股份　　　　　B. 对原店的股份进行一次性高收益的买断

参考答案：B。如果保留原店的股份，那么新店长的收益就无法保证，因为蛋糕就这么大。针对这种情况百果园做了一个重要的决定：给钱给到位，即根据原门店的经营价值一次性给予 3 倍的补偿。例如，这家店一年分红 10 万元，就一次性给 30 万元，让她去到新店去推动新的市场，这种退出机制相当于门店拓展的加速器，让更优秀的员工拿到了 3 倍的收益，创造了新的市场。

百果园自 2001 年成立，到 2008 年以加盟模式为主，但因管理松散，连锁亏损 7 年，开店缓慢。2008 年开始进行模式变革，加盟店变为自主直营店，同时让店长成为门店投资主。公司扭亏为盈，开店速度加快，2020 年门店突破 4600 家，未来计划在全国拥有 10000 家门店，成为全国最大的水果零售品牌，市值可达 100 亿元。百果园的快速发展，类直营合伙人模式功不可没，该模式之所以成功得益于以下三点。

（1）让员工变成创业者，不是为企业打工，而是为自己干。

（2）让店长不仅干好自己店，还能产出人才，公司快速开店。

（3）公司成为平台化组织，创业者可以依托公司平台进行创业，内部孵化生长，生生不息。

第六节
大师的修炼——6.0 合法盈利

6.0 设计的战法是一个很高的级别和状态，融合之前所有的股权设计方式，即股权激励组合拳，大师风范，蔚为大成。

究竟是拳法厉害还是脚法厉害呢？其实，组合拳最厉害。

例如，我们去激励一个总经理，如果只给他分红，那么他会变成经营者吗？答案是有可能。但是他对未来会缺少长期的眼光，因此我们会给他期权，让他看到未来。但是如果只给他期权，他没有投钱以及没有享受现在，依然会存在动力不足的现象。这时，我们可以给他期股，让他也投钱。

针对这个总经理，在 6.0 的设计中，我们要思考的是如何进行复合式的激励，我们要考虑用期权解决未来的问题，用分红解决现在的问题。

一个是解决经营者的问题，一个是解决梦想者的问题。让他既关心企业现在的利益，又关心企业长久的利益。

因此，在 6.0 的战法中，我们要考虑不同时间、不同目的，激励对象新老不同、公司新老行业不一样、部门核算方式不一样。

一、时间三要素法

第一个模型，称为"时间三要素法"模型。

首先要明确激励目的。分红是现在，期股是中期，期权是未来。要在这三个时间点上去做文章，深度思考。

分红中还涉及两个维度：一个是分红，另一个是超额分红。

因此，如果仅仅是分红那么还没有解决目标的问题，超额分红在目标感、效率、成果导向上，会有更大的推动作用。

➋ 二、激励对象新老不同法

第二个模型，在激励对象上，要思考"新老不同法"。

同样是总经理，在激励方式时，也会遇到不一样的设计。例如，一个成熟的老总经理，他已经跟着公司奋斗了 3 年，是一个信得过的、有业绩的人，那么这个时候，可用的是超额分红 + 期股 + 期权的方式。

如果是一个刚刚上任的总经理，你还不太清楚他的能力、绩效是否达标。在这种情况下，更多是采用分红 + 期权。对新上任的部经理，用期股是不现实的，而且对方也不太可能会认同期股。最佳的方式是用分红 + 期权解决现在和未来的问题。通常期权可以采取 3 年等待期后一次性成熟的期权。

我们提出的股权激励组合拳模型就是要将现在、中期、长期综合考虑。针对新任的总经理，显然考虑的是现在的问题，适当地考虑未来。针对老总经理，要考虑中期以及长远的问题，同时还有增量的问题，因此，建议采取超额分红 + 虚拟股 + 期权激励。通常我们的建议是，如果这家企业有上市的可能性，再做期权的转换，否则，拥有期权并没有太多的意义。

➋ 三、公司新老行业法

第三个重要的模型，称为"公司新老行业法"模型。

如果针对的是中层干部就相对简单，主要是以虚拟股 + 超额分红来作为激励导向。

这时候还要看公司的类型，如果是新型公司或互联网公司的中高层，通常是虚拟股＋期权，因为互联网公司的增长速度很快，期权的激励价值就会凸显。如果是传统企业的中高层，主要是分红股＋虚拟股。

➲ 四、部门变量法

第四个模型，称为"部门变量法"模型。

观察这个部门的财务核算状态，如果这个部门是可以独立核算、独立运营的，比如车间主任、门店，建议老项目分增量，新项目分存量。也就是说，如果是一个老项目的负责人，一定要采用超额分红进行激励，分增量；如果是一个新项目的负责人，建议采用分红来进行激励，分存量。

例如，我们曾做过一个创业合伙的股权设计。创始人准备做一个新的短视频项目，要激励几个人，分别是总经理、项目负责人、客服负责人等，这几个人以新伙伴为主，入职时间比较短，这时，我们在进行股权设计时，对这几位激励对象就采取激励组合拳的方式。

【思考】在上面这个激励案例中，通常使用什么样的组合激励比较好呢？

A. 期股＋期权

B. 分红股＋注册股

C. 分红股＋期权

参考答案：A 或 C。

短视频是一个新型行业，还是一个传统行业呢？显然是新行业。是老伙伴还是新伙伴呢？这是思考的两个原点。

新型行业就要用期权，新伙伴建议先用期股或者分红股。

A 和 C 都可以考虑，关键看激励对象有没有钱来投资？有钱投资就是A，没钱投资就是 C。

如果简单地使用期权，就会存在一个问题，由于激励对象是新任总经理，整个激励周期会比较长，大家的心不定，没有股东的感觉。如果只是给分红，现在经营上的盈利还不是太高。如果用期股，也可以让大家投一点原始注册资金进入，问题是没有正式的注册。如果用注册股份，现在又为时尚早，因为无法确定被激励对象能够为公司服务多久。因此，最好的选择是期股＋期权的方式，或用分红股激励到激励对象。期股解决大家投钱投心的问题，这就是我们说的 6.0 合心模式，同时加上期权 5.0 合体问题，再加上合梦 4.0 模式。

激励组合拳是所有股权激励设计中最复杂的一个点，也是在针对股权激励、顶层架构设计中的一个高级别纬度！

核心原理就是要理解"时间三要素法""激励对象新老不同法""公司新老行业法"和"部门变量法"。这几个变量涉及了不同的激励方式。

在激励的过程中，还需要考虑企业的发展阶段。公司在创业阶段，通常是期权＋分红的方式，在成长期可以是虚拟股＋期权＋分红的方式。

把前面几种模式结合起来，就会建立起一个立体化的激励方案，对于激励对象来说，既有钱分，又有钱投，还有未来，这才是一举多得。

案例 35　杭州某服饰有限公司动态股权激励方案

❯ 一、目的

（1）为激发全体员工为实现公司使命、愿景而共同奋斗，吸引和保留人才，提高员工的归属感和凝聚力，确立有公司特色的员工中长期激励机制。

（2）为了建立企业与员工共同的合作与发展目标，通过全员参与实现企业可持续发展的利润，体现企业经营利润共同分享的理念，实现企业与员工共赢的局面。

（3）为了使员工清晰了解企业股权激励的组成及规定，表彰员工在企业所付出劳动的同时，着重表彰肯为企业付出，在工作岗位上有出色业绩、进步很大的员工。

（4）为实现公司战略目标，实现员工主人翁精神，让核心骨干和公司共创、共享、共担及共成，继而实现共赢，依据《中华人民共和国公司法》《中华人民共和国证券法》《中华人民共和国合同法》等法律法规，特制定本方案。

二、原则

（1）遵循公平、公开、公正的原则。

（2）遵循突出团队贡献和个人贡献相结合的原则。

（3）遵循岗位特性和岗位价值区分对待的原则。

（4）业绩导向原则：设定业绩目标、决定优先事项并贯彻实施。

（5）战略导向原则：本方案在企业战略的指导下进行，和企业的发展战略一致。

（6）利益共享原则：将个人利益与企业利益结合起来，促使员工注重企业的长期利益。

三、职责

（1）公司董事长核准公司出让 2017 - 2019 年度公司净利润的 30% 作为员工身股和期股的总额，且通过 3 年的行权过渡期，顺利由身股全部转化为期股，具体指导思想为：2017 年度，身股占 2/3，期股占 1/3；2018 年度，身股占 1/3，期股占 2/3；2019 年度，全面转换为期股。

（2）总经理办公室草拟、审议公司 2017 - 2019 年度（中期）股权激励及分配方案，递交公司董事长批准实施。

（3）总经理办公室会同部门负责人确定各业务部门及职能部门人员的股权配额。

（4）总经理办公室确定各个部门负责人与员工的分配权重的指导意见。

（5）财务部负责编制及审议月度收支损益表，递交总经理办公室核准。

（6）因公司组织架构的调整及人员的变动，其身股与虚拟股比例及权重由总经理办公室会同调整部门负责人共同确定。

➲ 四、员工持股计划

1. 定规

（1）本计划于 2017 年 4 月 1 日起实施，终止时间为 2019 年 3 月 31 日。

（2）由董事长会同总经理办公室决定：本次 ESOP（员工持股计划）的实施、终止、结束；参与 ESOP 的员工；可购入股份数量。

（3）董事长会同总经理办公室有权根据实际情况，每年对员工持股计划细节进行修改。

（4）本次 ESOP 出售给员工的股份为非现实股份，仅在公司内部登记，作为每个年度分红的依据，并不进行工商登记变更。

（5）由公司财务部登记备案参与 ESOP 员工购入公司股份数，员工可以查询自己的股份数。

2. 定人：参与员工及基本权利义务

（1）可参与本次 ESOP 的员工：参见本案涉及的适用范围及董事长会同总经理办公室邀请的员工成为公司股东。

（2）员工在取得公司股份后，在持有期间可按规定获得公司每年分红。但并不因持有公司股份而享有对公司的管理权，无表决权、无继承权、无财务知情权。

（3）参与本次 ESOP 的员工应尽勤勉义务、廉洁奉公，以公司的利益最大化为一切行为原则，不得有损害公司利益的行为、不得在外兼职、不得投资竞争性产业，否则公司将按员工购买成本的 50% 回购其所持全部股份，员工投资其他产业需向公司报备。

（4）ESOP 实行保密制，凡参与本计划的员工不可告诉任何人本人已拥有股份数量，也不可相互讨论、打听他人情况。

3. 定价：股份的购买

（1）由总经理办公室邀请，可参与本次员工持股计划的员工，在本方案给予的限额之内，自由选择是否购买及购买数量。

（2）公司估值 2000 万股，员工在配额内购买的股份，享受买一送一政策。

（3）为计算方便，公司股价定为人民币 1 元 / 股。当净资产发生变化时，以送股、分红或缩股等方式进行相应调整，使每股价格维持在人民币 1 元 / 股。

4. 定量：股份分红

（1）每年的分红比例，由公司总经办根据公司当年净现金流及未来发展规划决定，原则上的每年利润的 30% 用于发放现金红利。

（2）若某会计年度亏损，或因次年发展需要决定不分红，则可不分红。

（3）年终分红依据，为员工当年 5 月 30 日之前已购入的股份。

（4）员工获得的股票股利，当年登记入其名下，次年可参加分红。

5. 定变：股份转让、回售

（1）员工不可将股份转让给非本公司人员，可将其名下之股份转让给本公司的员工，但需经过总经办授权同意。

（2）员工已经购入公司股份，当参与本计划的员工辞职或被公司辞退时，股份必须全部回售给公司，价格以每股人民币 1 元计算，公司将分 3 年，每年底付款一次，将员工的购股款退给员工。

（3）参与本计划的员工达到《中华人民共和国劳动法》规定退休年龄而退休的，其购入的公司股份，包括已登记、未登记部分均可回售给公司，价格以每股人民币 1 元计算；公司将分 3 年，每年年底付款一次，将员工的购股款退给员工。

（4）当员工参加 ESOP 计划满 10 年的，可自由离职，但保留其在公司的股份，其权利不变。

（5）对于 50 岁以上但未达到退休年龄已丧失劳动能力者，其退股细节由董事长会同总经办商议决定。

（6）当公司公开上市时，参与员工持股计划的员工，可根据已购入的股份，作为公司的原始股东参加公开上市。

❯ 五、股权激励方案

1.定义

（1）公司：指杭州 × × 有限公司。

（2）身股：就是基于一种身份而享有的参与收益分配的权利。"身"是身份，"股"是分享的比例。就本公司而言是指企业在一个核算周期内实现财务账面净利润，结合员工的工作业绩综合考核情况，向员工按照一定比例发放的一次性现金分红或物质奖励。

（3）期股：是目前非上市公司普遍采用的一种虚拟股股权激励方式，不做工商变更，员工享有分红权、增值权，但不享有投票权、表决权，授予时由公司与激励对象签署《股权授予协议书》，同时由公司向激励对象签发《虚拟股股权证书》，具有法律效力。

（4）激励股：指激励对象依照本方案获得的公司虚拟股期股。

2.激励对象的确定原则

为使股权激励能够产生预期效果，公司应该严格把控激励对象的入选资格，评选标准如下。

（1）人力资本价值。股权激励不同于工资和短期激励，它旨在为支撑公司的战略规划而设，故本次股权激励计划旨在激励对公司有杰出贡献的核心高管人员及价值观与公司一致且具有发展潜力的优秀员工。

（2）历史贡献。股权激励是着远于未来的，但在授予期股时也应当适度考虑员工的历史贡献。

（3）激励规模和激励效果。股权激励不仅是一种激励手段，同时还是一种共识治理工具。为防止过度稀释控股权，激励人员不宜过多。

3. 激励对象范围

根据股权激励的总体规划原则，结合公司现有的组织架构及规划组织架构，激励对象范围包括总经理、副总经理；总监、部门经理；同时满足下列条件的优秀员工。

（1）2017年4月以前入职的员工，并在公司工作满两年。

（2）在职期间的平均年度综合考评成绩为优秀或对公司有特殊贡献的员工。

（3）技术序列职级在P4级以上的员工，详见"岗位职级等级表"（表6.33）

（4）经董事会一致同意授予加入的优秀员工。

4. 激励对象的确定程序

（1）根据获授激励股的基本条件和公司激励对象范围，总经理负责拟定副总经理、总监及部门经理的初选名单，总监（部门经理）负责推荐优秀员工候选人。

（2）召开总经理办公会（总经理主持，副总经理、财务经理、行政部等各部门负责人参会），审议初选名单，提出复核意见。

（3）将总经理办公会复核的激励人员名单报董事会审批，确定最终激励人选，并编入激励对象名册。

5. 股权激励方式

根据公司目前所处的发展阶段及财务状况，拟采用期股激励方式，要点如下。

（1）根据公司激励股总体规划，确定当期授予激励对象的期股数量。

（2）激励对象必须出资认购获授的期股，但为了体现激励性，采用象征性出资方式，出资额仅为当期公司股价的50%（付款期限为1个月），逾期未认购的期股视为自动放弃。

（3）期股自认购之日起开始享受分红。

（4）期股设锁定期 3 年，锁定期满后，激励对象可在窗口期内申请将所持期股按公司当期股价予以兑现（即向公司出售期股，出售后期股灭失），但每年兑现数量不得高于其所持该批次期股总量的 1/3。

6. 激励股的分配原则

期股的分配主要考虑激励对象的岗位重要性及个人的历史贡献，即根据岗位等级拟定岗位系数确定。

（1）岗位职级等级表。公司的岗位职级分为 M 序列和 P 序列，秉承"以岗定级、以级定薪、人岗匹配、易岗易薪"的原则，如表 6.33 所示。

表 6.33　岗位职级等级表

管理序列	职　级	技术序列	职　级
M6	总经理	P6	首席技术官
M5	总监	P5	高级工程师
M4	经理	P4	工程师
M3	主管	P3	技术员
P2	高级专员		
P1	职员 / 操作工		

根据公司现有的组织架构，对各岗位人员予以定级，人岗匹配定位表见表 6.34。

表 6.34　人岗匹配定位表

序列	总经办	设计部	生产部	销售部	电商部	物流部	行政部	财务部
M6	××							
M5		××	××	××				
M4							××	××
M3/P3		××	××			××		
P2		××		××、××	××			××

序列	总经办	设计部	生产部	销售部	电商部	物流部	行政部	财务部
P1		××		××		××	××、××	
合计	1人	4人	2人	4人	1人	2人	3人	2人

考虑到公司薪资结构和发展阶段，故暂定对每个序列人员分成10级，每一级对应的系数为0.1，该考核在每个结算周期结束后，每年4月进行一次评估。

（2）激励股的考核办法。为实现股权激励收益与公司战略目标完成情况高度一致，在激励期内，每年对公司和个人进行一次考核。

1）公司层面：只有当公司达到当年预定的业绩指标时（净利润≥200万元），方能启动公司当年的期股分红计划及期股兑现计划。若公司未实现该净利润或兑现总额超过该值，则当年全部激励股均不得参与分红与兑现。

2）个人层面：激励对象个人考核成绩为合格，才具有参与当年分红的资格。若个人考核不合格，则对其所持激励股做如下处理。

● 期股当年不得参与分红，其股份名下的当年公司利润按比例稀释给全体股东分享。

● 期股当年不得申请兑现。

● 若激励对象连续两年考核均不合格，期股由公司按激励对象的原始购股价回购。

7. 激励股的调整

激励对象因晋升、降职及调动带来的职务调整，其股权也做相应的增授、减少或回购，原则上在当期不做调整，在下一个周期予以调整。增减原则为先使用获授期股总额预留部分，预留不足的，做同比例稀释。

六、规则及退出机制

与本书其他案例类似，请参考。

七、2017—2019 年由身股转化期股计划

公司从 2015 年推行分红制以来，初见成效，尽管存在一些问题，但大的方向和价值评估体系不存在问题，任何一家企业都可以采用身股持股方式。但该方式不可持续，久而久之就变成了企业的一种福利。

基于这种情况，并充分考虑员工的可接受程度，在公司范围内通过 3 年时间，以员工自愿的方式，由身股全面转化期股，继而再通过 3 年的锁定期，转化为最终的注册股。

（1）公司估值：2000 万元（根据公司这三年平均净利润的 3~5 倍计算）。

（2）公司 2017—2019 年每年出让公司总股份的 30%（即 600 万股，按 1 元 / 股计，买一送一）。

（3）分配后的剩余部分，作为预留股份。因组织架构发生重大变化需要增加岗位且满足激励对象各项条件，先使用预留股。预留股不足时，全员同比例稀释。

（4）2017—2019 年度，员工只有对期股行权，才能享受公司授予的身股。鉴于公司在本自然年度刚实施分批行权期股，对于 2016 年度享受公司身股分红的，必须购买公司期股，且同意在 2016 年度的分红中支付。对于不享受 2016 年度分红的员工，原则上需要在第一批行权期内出资购买，确因经济条件原因的，可以暂行虚拟持股，但需在 2018 年度分红中予以出资购买持有，如在 2018 年度分红中尚未行权的，则取消当期分红及剩余两期的行权权利。期股配额见表 6.35，各岗位员工不可超额出资购买。

（5）过渡期全员持股，旨在尊重及珍惜大家选择公司平台，希望实现

共赢局面。

表 6.35　2017—2019 年身股与期股分配表　　　　　单位：元

姓名	部门	岗位	2017 年		2018 年		2019 年	
			身股	期股	身股	期股	身股	期股
××	总经办	总经理	1000000	500000	500000	1000000	0	1500000
××	设计部	总监	400000	200000	200000	400000	0	600000
××	生产部	总监	400000	200000	200000	400000	0	600000
××	销售部	总监	400000	200000	200000	400000	0	600000
××	行政部	经理	260000	1400000	140000	260000	0	400000
××	财务部	经理	260000	1400000	140000	260000	0	400000
××	设计部	设计师	110000	50000	50000	110000	0	160000
××	生产部	技术主管	110000	50000	50000	110000	0	160000
××	物流部	物流主管	110000	50000	50000	110000	0	160000
××	设计部	设计师	70000	30000	30000	70000	0	100000
××	销售部	客户经理	70000	30000	30000	70000	0	100000
××	销售部	客户经理	70000	30000	30000	70000	0	100000
××	电商部	运营主管	70000	30000	30000	70000	0	100000
××	财务部	会计	70000	30000	30000	70000	0	100000
××	设计部	设计师	25000	15000	15000	25000	0	40000
××	行政部	行政	25000	15000	15000	25000	0	40000
××	销售部	AD	25000	15000	15000	25000	0	40000
××	物流部	专员	25000	15000	15000	25000	0	40000
××	行政部	驾驶员	25000	15000	15000	25000	0	40000
	预留期股							720000

八、2017—2019 年财务核算办法

（1）核算周期：每一自然年度的 4 月 1 日到次年度的 3 月 31 日。

（2）财务部门递交月度收支损益表模板，递交总经理办公室确认并实施。

（3）每月的 28 日，财务部递交上一个月的收支损益表于总经理，总

经理就损益情况做出分析，通过会议等形式告知全体部门负责人及员工。

（4）公司年度分红提取，需满足公司在本核算周期内，公司账面实现净利润，具体如下。

1）公司净利润 = 年度总收入 - 年度总支出。

2）度总收入 = 当年新品的实际销售总收入 + 以往年度的库存商品销售收入。

3）年度总支出 = 当年已销售的新品实际支出成本 + 当年度新品库存的投入成本，以往年度的应收款与应付款不纳入本结算周期的利润损益。

4）在公司实现净利润的情况下，公司提取利润的 70% 作为下一年度的运作资金，剩余 30% 的利润纳入公司员工分红。

5）为促进公司利润良性增长，公司部分项目将逐步推行项目独立核算和指标体系，以确保本核算周期内利润最大化。

▶ 九、激励股的授予程序

（1）激励对象在限额内确定认购额度，并按规定的付款方式缴付资金，财务开具收款收据。

（2）财务部将激励对象持有激励股的情况登记在激励对象名册上。

（3）财务部建立健全《激励对象名册》，作为统一管理激励股的依据与书面凭证。《激励对象名册》应该载明下列事项。

1）激励对象姓名、职务、身份证号码、住所等信息。

2）激励对象获授激励股的形式、数量及持股平台名称。

3）激励对象的出资金额、出资方式。

4）激励对象所持激励股的变动情况。

▶ 十、附件

（1）《员工持股授予协议》，略。

（2）《激励股个人考评表》，略。

（3）《行权通知》，略。

（4）《虚拟股股权证书》，略。

案例36　美的集团多期多层次组合股权激励计划

美的集团是一家以电器为主多元化发展的科技集团，1968年成立于佛山顺德，旗下约有200家子公司。2013年9月18日美的集团在深圳证券交易所上市。2019年全年营业收入2782亿元，居中国家电行业第一位。2020年11月13日美的集团总市值高达6657.72亿元。美的集团股权激励基本信息见表6.36。

表6.36　美的集团股权激励基本信息

公司名称	美的集团股份有限公司（SZ.000333）
挂牌市场	深圳证券交易所
上市时间	2013年9月18日
股权激励模式	（1）合伙人持股计划 （2）限制性股票计划 （3）股票期权计划
股权激励批次	（1）自2014年起实施**八期**期权激励计划 （2）自2015年起实施**七期**合伙人持股计划 （3）自2017年起实施**五期**限制性股票计划
具体实施情况	（1）美的集团：第一期股票期权激励计划（2014年） （2）美的集团：第一期合伙人持股计划（2015年） （3）美的集团：第二期股票期权激励计划（2015年） （4）美的集团：第二期合伙人持股计划（2016年） （5）美的集团：第三期股票期权激励计划（2016年） （6）美的集团：第四期股票期权激励计划（2017年） （7）美的集团：第三期合伙人持股计划（2017年） （8）美的集团：第一期限制性股票计划（2017年） （9）美的集团：第五期股票期权激励计划（2018年） （10）美的集团：第四期合伙人持股计划（2018年）

续表

公司名称	美的集团股份有限公司（SZ.000333）
具体实施情况	（11）美的集团：第二期限制性股票计划（2018 年） （12）美的集团：第六期股票期权激励计划（2019 年） （13）美的集团：第五期合伙人持股计划（2019 年） （14）美的集团：第三期限制性股票计划（2019 年） （15）美的集团：第七期股票期权激励计划（2020 年） （16）美的集团：第六期合伙人持股计划（2020 年） （17）美的集团：第四期限制性股票计划（2020 年） （18）美的集团：第八期股票期权激励计划（2021 年） （19）美的集团：第五期限制性股票计划（2021 年） （20）美的集团：第七期合伙人持股计划（2021 年）

美的集团自 2013 年 9 月上市以来，至今已实施**八期**期权激励计划、实施**七期**合伙人持股计划、实施**五期**限制性股票计划，不同激励方式针对的激励对象不同，构建了三个激励层次，通过股权组合拳激发公司核心管理层和股权积极性，打造真正利益共同体、事业共同体、命运共同体。

（1）合伙人持股计划：核心是业绩股票，主要针对总裁、副总裁、事业部或者经营单位总经理及其他高管等核心团队，以及把控公司战略和经营决策的岗位或对各事业板块目标起决定性作用的岗位，通过分享公司业绩增长收益，深度绑定高管团队。

（2）限制性股票：主要针对经营单位高层管理人员、总部高管，董事会认为对公司经营业绩和未来发展有直接影响的其他管理人员等中层管理人员，战略执行层同时对公司业绩有直接影响的岗位，用于激发各中层管理者和经营单元管理人员关注经营单位和目标，从而支撑整体集团目标的完成，高风险高收益。

（3）股票期权制度：主要针对核心骨干员工，如研发、制造、品质和其他业务骨干，高附加值、难以代替、价值链岗位。期权相比限制性股票收益会低一些，同时风险也低，适合抗风险能力一般的基层业务骨干。通过股票期权制度可以极大地吸引、激活、保留基层业务骨干。将个人利益与公司利益方向统一。

❷ 一、合伙人持股计划（以 2015 年第一期为例）

（1）本持股计划委托第三方管理。受托方必须符合法律法规对资产管理资质的要求，为本持股计划设立专门的资产管理计划，以法律法规允许的途径购买和持有美的集团股票。

（2）激励对象：本持股计划参加对象为对公司整体业绩和中长期发展具有重要作用的公司核心管理人员，首期参加人数为 31 人，包括本公司总裁、副总裁共 8 人（含兼任事业部总经理人员 2 人），事业部及经营单位总经理 13 人及其他对公司经营与业绩有重要影响的核心责任人员共 10 人。

（3）资金来源：本持股计划的资金来源为公司计提的持股计划专项基金、持有人自有资金以及员工持股计划通过融资方式自筹的资金（如有）（后两种资金统称为"其他资金"）。其他资金和公司计提的持股计划专项基金的比例最高不超过 1：1。员工持股计划通过融资方式自筹的资金，持有人将按每期归属的标的股票权益额度和比例，承担其相应的融资本金归还以及在融资期限内的融资成本（包括但不限于融资利息等）。

持股计划专项基金依据各期计划上一年度经审计合并报表净利润的一定比例计提，首期持股计划计提的持股计划专项基金为 1.15 亿元，约占公司 2014 年度经审计的合并报表净利润的 1%。

（4）持股计划的存续期：非经持股计划管理委员会决定终止并报董事会审议通过，本持股计划将永续存在，并每年滚动推出。首期持股计划存续期为自股东大会审议通过之日起 6 年，其余各期持股计划的存续期为自董事会审议通过美的集团股份有限公司核心管理团队持股计划（草案）之日起 6 年，存续期满后，当期持股计划即告终止，也可由持股计划管理委员会提请董事会审议通过后延长。后续各期持股计划的实施授权董事会审议。

（5）本持股计划的锁定期：每期持股计划所购买的公司股票自美的集团披露完成标的股票购买的公告之日起设立不少于 12 个月的锁定期，锁定期内不得进行交易。各期持股计划项下公司业绩考核指标达成之后，根据上一年度公司、事业部与经营单位业绩目标的达成情况及考核结果确定各持有人对应的标的股票额度，并将该对应的标的股票额度分 3 期归属至持有人，每期归属间隔 12 个月。持有人每期归属可享受 1/3 标的股票权益，每期归属给持有人的标的股票权益的锁定期为 24 个月，自该期标的股票权益归属至持有人名下之日起算。

（6）公司业绩考核指标：本持股计划下各期持股计划设置公司业绩考核指标，首期持股计划项下的公司业绩考核指标包括：① 2015 年度归属于母公司所有者的净利润增长率较 2014 年度不低于 15%；② 2015 年度加权平均净资产收益率不低于 20%。以后各期持股计划的公司业绩考核指标将在该期持股计划中具体明确。

若该期持股计划下的公司业绩考核指标达成，则持有人方可以享有该期持股计划项下按照上述规则归属到其名下的标的股票权益；若该期持股计划项下的公司业绩考核指标未达成，则该期持股计划项下标的股票权益均全部归属于公司享有，所有持有人不再享受该期持股计划项下的标的股票权益。

首期持股计划涉及的主要事项的预计时间安排见表 6.37（若实际时间有调整，则以实际时间为准）。

表 6.37　首期持股计划涉及的主要事项的预计时间安排

预计时间	主　要　事　项	备　注
2015 年 3 月 27 日	董事会审议持股计划	—
2015 年 4 月 21 日	股东大会审议持股计划	—
2015 年 4 月 – 2015 年 10 月	持股计划购入标的股票	持股计划在 6 个月内完成标的股票购买

续表

预计时间	主 要 事 项	备 注
2016 年 4 月	根据公司、事业部与经营单位业绩目标的达成情况及考核结果，确定持有人对应的标的股票额度，并确定持股计划第一个归属期中 1/3 标的股票权益的归属情况	若公司业绩考核指标未达成，则首期持股计划项下的标的股票权益均归公司享有
2017 年 4 月	确定持股计划第二个归属期中 1/3 标的股票权益的归属情况	—
2018 年 4 月	确定持股计划第三个归属期中 1/3 标的股票权益的归属情况	—
	第一个归属期归属的 1/3 标的股票权益锁定期届满，可予以出售	—
2019 年 4 月	第二个归属期归属的 1/3 标的股票权益锁定期届满，可予以出售	—
2020 年 4 月	第三个归属期归属的 1/3 标的股票权益锁定期届满，可予以出售	—

（7）本持股计划符合中国证监会发布的《关于上市公司实施员工持股计划试点的指导意见》等监管规定中对于公司及个人持股总数的要求：标的股票总数累计不超过公司股本总额的 10%，任一持有人持有的持股计划份额所对应的标的股票数量不超过公司股本总额的 1%。标的股票总数不包括持有人在公司首次公开发行股票上市前获得的股份、通过二级市场自行购买的股份及通过股权激励获得的股份。

➤ 二、限制性股票激励计划（以 2019 年为例）

（1）激励对象：本计划授予的激励对象总人数为 520 人，为对经营单位和部门承担主要管理责任的中高层管理人员及董事会认为对公司经营业绩和未来发展有直接影响的其他管理人员和业务骨干。

（2）股票数量：本计划所采用的激励形式为限制性股票，其股票来源为美的集团回购专用证券账户回购的股票。本次计划拟授予的限制性股票数量为 3418 万股，对应的标的股票数量 3418 万股，占美的集团已发行股本总额的 0.49%。

（3）行权价格：本计划授予的限制性股票的价格为 26.01 元 / 股。

该授予价格不得低于股票面额，且原则上不得低于下列价格的较高者。

1）本计划草案摘要公布前一个交易日的公司股票交易均价的 50%，即 26.01 元 / 股。

2）本计划草案摘要公布前 20 个交易日内的公司股票交易均价的 50%，即 25.01 元 / 股。

3）本计划草案摘要公布前 60 个交易日内的公司股票交易均价的 50%，即 25.86 元 / 股。

4）有效期：本计划有效期为自限制性股票授予之日起至激励对象获授的限制性股票全部解除限售或回购注销之日止，最长不超过 48 个月。

5）解除限售期：本计划授予的限制性股票自本期激励计划授予日起满 12 个月后，在未来 36 个月内分 3 次解锁。解除限售期内，公司为满足解除限售条件的激励对象办理解除限售事宜，未满足解除限售条件的激励对象持有的限制性股票由公司回购注销。

6）授予限制性股票解锁安排见表 6.38。

表 6.38　限制性股票解锁安排

解除限售期安排	解除限售时间	解除限售数量占获授限制性股票数量比例 /%
第一次解除限售期	自授予日起 12 个月后的首个交易日起至授予日起 24 个月内的最后一个交易日当日止	20
第二次解除限售期	自授予日起 24 个月后的首个交易日起至授予日起 36 个月内的最后一个交易日当日止	30
第三次解除限售期	自授予日起 36 个月后的首个交易日起至授予日起 48 个月内的最后一个交易日当日止	50

7）解锁条件：激励对象在同时达成公司层面业绩考核、所在经营单位层面业绩考核及个人层面绩效考核的前提下，可按本计划约定的比例进行解锁。

本计划在解锁期的 3 个会计年度中，分年度进行绩效考核，每个会计年度考核一次，以达到绩效考核目标作为激励对象行权条件之一。

本计划授予的限制性股票各年度绩效考核目标见表 6.39。

表 6.39　各年度绩效考核目标

解除限售期	业绩考核指标
第一次解除限售期	2020 年度的净利润不低于前两个会计年度的平均水平
第二次解除限售期	2021 年度的净利润不低于前两个会计年度的平均水平
第三次解除限售期	2022 年度的净利润不低于前两个会计年度的平均水平

除上述财务指标外，激励对象行权额度还需看各个行权期前一年度个人绩效考核结果和若所在经营单位层面前两个年度业绩考核结果见表 6.40。

表 6.40　个人考核与所在经营单位考核

激励对象个人绩效考核结果	所在经营单位层面	可解除限售比例
B 级及以上	前一个年度业绩考核为"优秀"	当年度限制性股票 100%
B 级及以上	前一个年度业绩考核为"合格"	当年度限制性股票 80%
B 级及以上	前一个年度业绩考核为"一般"	当年度限制性股票 65%

除上述财务指标外，激励对象只有在各个解除限售期的前一个年度个人绩效考核结果在 B 级及以上，所在经营单位层面前一个年度业绩考核为"优秀"的，激励对象对应考核当年计划解除限售的限制性股票均可解除限售。

若所在经营单位层面前一个年度业绩考核为"合格"的，激励对象对应考核当年计划解除限售的限制性股票中的 80% 可以解除限售，考核当年计划解除限售的限制性股票中的 20% 不得解除限售，由公司回购注销。

若所在经营单位层面前一个年度业绩考核为"一般"的，激励对象对应考核当年计划解除限售的限制性股票中的 65% 可以解除限售，考核当年计划解除限售的限制性股票中的 35% 不得解除限售，由公司回购注销；若所在经营单位层面前一个年度业绩考核为"较差"的，激励对象对应考核当年计划解除限售的限制性股票均不得解除限售，由公司回购注销。

● 三、股票期权激励计划（以 2021 年第八期为例）

（1）激励对象。

本激励计划授予的激励对象共计 1901 人，对象范围侧重于研发、制造、品质等科技人员及相关中高层管理人员，与公司"科技领先、用户直达、数智驱动、全球突破"的战略主轴相一致，将有利于推动公司持续稳定的业绩增长与公司战略的实现。

（2）股票数量。

1）股票来源：公司将通过向激励对象定向发行股票作为本计划股票来源。

2）授予股票期权的数量：本次激励计划拟授予激励对象的股票期权数量为 8248 万股，对应的标的股票数量为 8248 万股，占美的集团已发行股本总额的 1.17%。

3）行权价格：本激励计划授予的股票期权行权价格为 82.98 元 / 股。

该行权价格为下列价格的较高者。

1）本计划草案摘要公布前 1 个交易日的公司股票交易均价 82.98 元 / 股。

2）本计划草案摘要公布前 20 个交易日内的公司股票交易均价 81.90 元 / 股。

3）本激励计划的有效期为 5 年，自股票期权授予之日起计算。

4）在股票期权授予日后 24 个月为等待期，等待期满后为行权期。股票期权自授予日起满 24 个月后（即等待期后），激励对象应在未来 36 个月内分 3 期行权。

授予的股票期权行权期及各期行权时间安排见表 6.41。

表 6.41　授予的股票期权行权期及行权时间安排

阶段名称	时　间　安　排	行权比例 /%
第一个行权期	自授予日起 24 个月后的首个交易日起至授予日起 36 个月的最后一个交易日止	30
第二个行权期	自授予日起 36 个月后的首个交易日起至授予日起 48 个月的最后一个交易日止	30
第三个行权期	自授予日起 48 个月后的首个交易日起至授予日起 60 个月的最后一个交易日止	40

⑤ 行权条件：本激励计划在行权期的 3 个会计年度中，分年度进行绩效考核，每个会计年度考核一次，以达到绩效考核目标作为激励对象行权条件之一。

授予的股票期权各年度绩效考核目标见表 6.42。

表 6.42　授予的股票期权的各年度考核目标

阶段名称	业绩考核指标
第一个行权期	2021 及 2022 年度的净利润不低于前两个会计年度平均水平的 110%
第二个行权期	2023 年度的净利润不低于前两个会计年度平均水平的 110%
第三个行权期	2024 年度的净利润不低于前两个会计年度平均水平的 110%

除上述财务指标外，激励对象行权额度还需看各个行权期前一年度个人绩效考核结果和所在经营单位层面前两个年度业绩考核结果见表 6.43。

表 6.43　个人绩效考核和所在经营单位绩效考核

激励对象个人绩效考核结果	所在经营单位层面	行权比例
B 级及以上	前两个年度业绩考核为"优秀"的	当年度股票期权 100%
B 级及以上	前两个年度业绩考核为"合格"的	当年度股票期权 80%
B 级及以上	前两个年度业绩考核为"一般"的	当年度股票期权 65%

各个行权期前一年度个人绩效考核结果在 B 级及以上，所在经营单位层面前两个年度业绩考核为"优秀"的，可全额参与当年度股票期权的行权。

若所在经营单位层面前两个年度业绩考核为"合格"的，则当年度股票期权可行权额度的 80% 可行权，当年度股票期权可行权额度的 20% 不可行权，由公司注销。

若所在经营单位层面前两个年度业绩考核为"一般"的，则当年度股票期权可行权额度的 65% 可行权，当年度股票期权可行权额度的 35% 不可行权，由公司注销；若所在经营单位层面前两个年度业绩考核为"较差"的，激励对象当年度股票期权的可行权额度不可行权，由公司注销。

● 四、以上三期股权激励计划比较

以上三期股权激励计划的比较见表 6.44。

表 6.44　三期股权激励计划的比较

类　别	合伙人持股计划	限制性股票激励计划	股票期权激励计划
激励对象	公司总裁、副总裁 、事业部及经营单位总经理以及其他对公司经营与业绩有重要影响的核心责任人	对经营单位和部门承担主要管理责任的中、高层管理人员	研发、制造、品质等科技人员及相关中、高层管理人员
激励人数	31 人	520 人	1901 人
股份来源	公司提供，二级市场购买	回购专用证券账户回购的股票	定向增发
股份数量	1.15 亿元，约占公司 2014 年度经审计的合并报表净利润的 1%	3418 万股	8248 万股
占总股本比	/	0.49%	1.17%
行权价格	/	股票价格为 26.01 元 / 股下列价格的较高者：（1）草案公布前 1 个交易日的公司股票交易均价的 50%，即 26.01 元 / 股（2）草案公布前 20 个交易日内的公司股票交易均价的 50%，即 25.01 元 / 股	行权价格为 82.98 元 / 股下列价格的较高者：（1）草案公布前 1 个交易日的公司股票交易均价 82.98 元 / 股

续表

类　别	合伙人持股计划	限制性股票激励计划	股票期权激励计划
行权价格	/	（3）草案公布前60个交易日内的公司股票交易均价的50%，即25.86元/股	（2）草案公布前20个交易日内的公司股票交易均价81.90元/股
分期行权	分三期归属股票权益，每期1/3	等待期1年，3年解除限售期，解除限售比例2∶3∶5	等待期2年，3年行权期，行权比例3∶3∶4
行权条件	（1）年度归属母公司净利润增长率（2）年度加权平均净资产收益率	（1）年度净利润是不低于前两个会计年度平均水平一定比例（2）所在经营单元层面业绩考核结果（3）个人绩效考核结果	（1）年度净利润是不低于前两个会计年度平均水平一定比例（2）所在经营单元层面业绩考核结果（3）个人绩效考核结果

第七节
上下游如何股权激励——7.0 合盟盈利

7.0 系统是合盟。合盟的意思是不要背对大海，要善于发现资源，和一切组织形成联盟，尤其是要和你的上下游、你的同行、你的经销商在多个维度形成战略联盟。和上下游的关键词是从契约到盟约，从过去的买卖关系、博弈关系、谈判关系变成战略联盟的关系，共成伟业。

❯ 一、不要背对大海

有一本海滨旅游手册，首页上印着一句经典的警告："永远不要背对大海。"

因为，当你背对大海的时候，可能会有突然而至的巨浪把你卷走。对于领导人更是如此，当你无视外部世界的变化，只顾欣赏自己的内部组织时，就像在海边背对着大海一样，不知汹涌的潮水何时袭来。

最好的创新思想来源于组织之外，有时来自客户；有时来自供应商；有时来自业务合作拍档；有时来自投资人。当你敞开大门，创意和信息才会自由地进入你的组织，观察力和洞察力是孪生兄弟，没有观察力，就不会有洞察力。

创新需要你从你的总部大厦中跳出来，需要建立关系网络，需要社交，需要挑战现在的标准化流程。

本质上，创新有三个重要的方法。

第一，从那个让你沮丧或者激怒你的人的角度来考虑，想想那个人会教会你什么。

第二，倾听别人说什么，学习而不是改变他们的观点。

第三，寻找你通常不与之交谈的人，听取超出你舒适区的人的意见。

挑战现状，你必须掌握主动从外部寻找创新方法来猎寻改进的机会，这意味着：

（1）必须每天都做一些使你比昨天更好的事情，在自己的舒适区和技能之外寻求直接的体验。

（2）不停地问什么是最新的，什么是下一步，什么是更好的。

（3）应对挑战和最困难的任务，寻找目的和意义。

（4）提出问题，勇敢地寻求建议。

（5）乐于冒险。

关键的问题来了，你面朝大海了吗？

❷ 二、如何合伙联盟上下游

中国最大的房地产销售公司是易居中国。2018 年，易居企业集团登陆香港证券交易所。在它的股权架构中，看到了上游开发商——碧桂园的身影。易居中国是国内最大的一手房代理机构，核心竞争力是销售团队的规模和素质。

作为销售公司的关键问题是能不能从开发商拿到代理销售权，尤其是优质楼盘的代理销售权。

易居经过慎重思考和规划，决定把所有的客户（开发商）变成股东。

2006年8月引入万科、恒大、融创等13家房企入股。

2017年又引入碧桂园等房企股东。至此，几大房地产公司持有15%的易居股份，易居所有股东里面囊括了国内26家百强房企。

2018年易居中国销售额达到60亿，同比增长28%。

这样做的好处有以下四个方面。

第一，强关系。谁给的资源，谁就产生销售；谁改变了关系，谁就改变了结果。

第二，稳定团队。销售公司高度依赖团队的稳定性，如果团队有人走，很容易把客户带走。现在客户是股东，谁走了都没用。

第三，关联交易。对其他企业来说，关联交易越多，越要警惕。但是对于房地产公司来说，相反，关联交易越多，订单的稳定性越高。

第四，变相入股。本来开发商的销售费用也是要给的，现在变成了入股的钱，你我共鸣。

比如，说中国最大的内衣上市公司——都市丽人，把上游工厂变成了合伙人，把下游无数的内衣小店，变成了战略联盟，最终成就了中国内衣第一股，在全国拥有3000多家门店。

在我们的咨询案例中，有经销矿泉水的企业把下游的小店变成合伙人，有生产厂家做装饰材料的老板把下游的经销商变成合伙人。有自己是工厂，但因为订单多来不及做，直接和同行工厂进行战略联盟的案例。有汽车业直接把同行汽配厂变成战略联盟的案例。

➤ 三、如何设计加盟连锁店

我们曾为一家餐饮品牌连锁做过一个外部合伙方案设计，感触良多。

如果我们有一个好品牌，如何开始加盟无限游戏呢？

现在市面上有很多快招公司，完全以加盟收割为目的，只收加盟费，不管加盟商的死活，40% 的收入用于推广网络宣传。如果你网络搜索奶茶，搜索出来的正是奶茶加盟这样的快招公司，对这样的公司，我们进行谴责。

正确的加盟模型应有以下五种。

第一种模型是托管。用我们的人、我们的系统去经营，对方只出钱，出好的口岸和码头，我们管钱、管人，这种模型是可以快速复制的，是可以开发票的，属于轻资产运作。

第二种模型是内创，优秀的人才可以出去创业。罗莱家纺有一个最厉害的团队，在扬州一年有 5 亿元的销售额，这个团队的领头人就是一个曾经的老员工，出去创业成为了经销商。因此，你的合作伙伴，如果是你的老员工，能流淌着你企业的血液，这是相当厉害的。

第三种模型是特许。你用我的牌子，你做得怎么样，那就看你的本事了。用管理系统来进行输出，如酒店业的汉庭、万豪、洲际，餐饮业的绝味，地产业的万科、碧桂园等。采取系统输出的方式盈利，和二三线城市的地产公司形成战略联盟，你出钱出地，我出人出管理，大家彼此共赢。想方设法去成就你的竞争对手，实现"吃软饭，赚硬钱"。

第四种模型是融合，向社会融资金融人才，我们可以兜底风险，保证收益，又有多方面的人才可以进入，这属于融合的模型。中国有 34 个省级行政区，333 个地级市，2000 多个县城，4 万多个乡镇，如果在每个省、每个市、每个县城都寻找战略合伙人，应用管理体系的输出，也会产生巨大的市场盈利空间。

第五种模型是联营，对方原本有店，只是处境艰难。我们如何为他赋能呢？如何让他愿意挂我们的牌子，共成事业呢？

假如你要去做连锁店的扩张，不宜追求极致的匠心，在味千拉面，服务员也可以煮面条，骨汤是还原包，并不是现熬的。因此，如果要做连锁，要在匠心、价格、品质三个维度上获得平衡，而不是追求完美。

在创业中，如果你的店开在景区，比如开在南京的夫子庙，这是拉动公司的品牌形象；如果你的店开在购物中心，这是为了创造效益，创造价值；如果你的店开在社区，是为了终端，让你的员工有创业可能。不同的门店对你的连锁内部支撑具有不一样的效果。

把局布好，把图画好，构建你的未来，这是一个奇妙的无限游戏。因此，如果你知道你的竞争对手，你就输了。你只有知道你的合伙人是谁，你才可以赢。要站在更广阔的视角去看，能给消费者创造什么样的体验。

❷ 四、如何激活经销商

我们曾为一家上市公司做经销商股权激励，特别挑选了多位经销商做代表访谈，在访谈的过程中，深感经销商的困惑与痛苦。

经销商想和上游厂家成为一体，能有独家的合作支持，希望厂家能将其视为战略合作伙伴，长久合作，共享 IPO 荣耀，而不仅仅是销售产品。

经销商的能量超乎你的想象，一是业绩好，有的经销商业绩已经达到 2 亿元，超过了总部的经营业绩；二是服务好，经销商可以在当地进行售后服务，减少总部的运营成本；三是资源好，经销商多年人脉经营，可以在当地快速开拓市场。

如果要让经销商投资入股的话，通常会有以下三个要求。

第一，创始人和股权结构是合理的，具有决策权，这样才能保证激励是持续有效，经营是持续增长。

第二，经销商的股权在进入之后，能够有明确的数据支撑，比如分红、IPO 的规划，以及投资受益，同时还需要考虑如何合理地退出？

第三，一个好的经销系统是公司整体运营的结果，需要公司体系化支持。

一个好的经销系统不是依靠某一个业务高手，而是公司打造的一个体系，打仗要靠团队，靠体系，不是靠个人，核心在于体系建设。

经销商股权激励，有以下三个操作要点。

（1）可以参考欧普照明、欧派厨具上市公司等激励政策。前车之鉴，照着葫芦好画瓢。

（2）最佳的股权激励方式是给限制性股票还是期权，给多久，给多少？对经销商要有明确的业绩要求和标准，测试出激励股数，梳理七定原则的最佳实践。

（3）在规则上下工夫，进入规则、退出规则、分红规则、兑现规则、转让规则、约束规则等，都要写得一清二楚。

在这个多赢的时代，你赢我也赢，才能够创造无限奇迹！

❯ 五、如何做经销商激励

最近我们做了三个经销商的股权激励咨询案，感触良多。

经销商在中国是一个非常特殊的群体，传统的观念认为经销商会被取缔，中间环节会取消，厂家直供给消费者，才是未来的大势所趋。

事实上，经销商有其价值，地区人脉、地区团队、地区服务，都需要靠经销商去完成。比如消费品需要经销商完成地区物流，地区大仓的建设。大件工业品则需要经销商完成地区的维修和售后服务。所以经销商依然有其非常坚固的价值和意义。

同时，从经销商角度来看，存在以下三个问题。

第一个问题，经销商始终在为别人做嫁衣，在卖别人的产品，如果业绩不达标，随时可能被取消销售资格。

第二个问题，由于不是独家经销，常常会出现多家销售、多家抢标的现象，利润微薄，非常艰辛。

第三个问题，没有未来，看不到前途，做得再好，依然只是做别人的品牌。出路在哪里呢？

为了解决这些问题，股权激励要注意以下三个设计方向。

第一，要通过股份改变经销商的身份，使其变成主人翁，变成老板，从过去的经销权变成所有权。

第二，设定长期股权业绩激励计划，多劳不是多得收入，而是多得股份，让大家拥有长期主义，长期眼光，绝不短视。

第三，树立愿景规划，从分红股变成期股，再变成注册股，进入公司的总部持股平台，共享公司未来资本市场的大蛋糕，共创 IPO 的大收益大愿景，这才是我们的无限游戏。

经销商联盟的方法，叫作"三重分红法"。经销商入股时，可以采取三重分红法，让经销商觉得大有可为。

第一重：固定分红。

第二重：销售分红。

第三重：超额销售分红。

经销商入股的方法可以解决以下三大问题。

第一，忠诚度的问题，卖谁家的货。

第二，一条心的问题。

第三，应收账款的问题。

在这个共生共好的时代，首先要把你的渠道进行深度链接，渠道就是军队，有了军队，就可以攻城略地。这个时代拼的不是产品，而是渠道。中国有太多的好产品，但是没有渠道。"渠道为王"的本质，就是和渠道形成命运共同体。

【思考】在 7.0 合盟的过程里面，企业究竟往何处去是成为物种，还是成为生态？

A. 物种　　　　　　　　　　　　　　　B. 生态

参考答案：B。

结盟的最高境界，称为生态盈利法。把自己的公司变成生态，你可以在我这个平台上获得你想要的任何资源。

比如海尔提供孵化资金，提供创客的机会；比如爱彼迎提供了一个大的共享系统，你可以上传你家里多余的房子；如哈啰、青桔，可以共享彼此的单车资源。这些已经不是一个系统和版图的概念，而是一个无限生态的概念。在这个无限生态中，可以链接无限的资源，我们称为"链接大于拥有"。开放性，开启生态系统、开启社交系统、开启共享系统。

物种一定会消亡，只有生态才可以生生不息。企业一定会灭亡，只有城市才可以永生。我们是链接还是拥有呢？答案是链接大于拥有，通过投资去拥有资源非常艰难。

共享大于分享，链接大于拥有，物种演化为生态。这就是盟约时代的来临，这就是我们所说的 7.0 合盟盈利。

案例 37　WST 建材用股权激活经销商，实现利益共同体

该公司的创始人专注于机械制造至今已经 28 年，在 2016 年公司成为新三板上市公司后，他还有两年就六旬，却依然充满激情和活力，令我无限感慨。人的一生，就是求道、叩道的一生。

吴依萍是如何打造联盟合伙人，链接无限游戏呢？

第一步，把握新的行业，直接将公司估值为一亿元，然后找相关行业第一名的人才，使其成为公司的资金股东。这样做有三大好处：一是公司轻装上阵，低风险创业；二是找到资金团支持；三是建立顾问团和智囊团。

第二步，把上游矿石企业转化成自己的股东，如矿石企业一年供货 500 万元，除以 1 亿元的估值，就是 5% 的股份。这样做有三大好处：一

是短期降低现金成本；二是形成战略伙伴，盟约关系；三是长期利益，相互捆绑，成为上市公司。

第三步，把高技术人才变成员工股东。

在合盟盈利的逻辑里面，如果你是厂家，针对下游经销商，我们首先推荐的是"反向持股法"，让经销商持有你公司的股份。以公司来做估值，让经销商来投资入股。

操作方法见附录的案例解析。

第七章

动态股权落地成功的三大

会议

一个企业要打造共生体，要进行体制的变革，至少要解决以下五个问题。

第一个问题是领导想不想。一个领导人，必须内心有想法，想要与时俱进，想要由小到大，想要由弱到强，想要实施和推动机制的变革，而不是小富即安、裹足不前。这个想不想，来自领导人自身的格局，来自领导人的学习力，来自这个领导人对时代的敏感度，来自领导人对未来大战略、大梦想的渴望度。

第二个问题是方案准不准。在这个方案中要解决定价的问题，要解决定选人的问题，要解决定规的问题。价格如何制定会更加合理，员工才会有意愿？如何选择激励的对象？是绩效还是能力，是级别还是工龄，是潜力还是岗位重要性？必须要有一套系统的判断方法。人力资源是我们的专业，选对人才能激活人。如何定规则？进入规则，退出规则，约束规则，动态规则，权利规则，分红规则等，没有规矩，不成方圆，没有规则，无以服众。制定一个准确、合情合理、唤醒激活的方案尤为重要。

第三个问题是员工愿不愿。员工对于新生事物的本能是抗拒，人们习惯于拒绝改变，明明知道抽烟不好还是要抽，明明知道喝酒不好还是要喝，真正能够与时代俱进的屈指可数，少之又少。如何解决员工信任的问题，即使你给到员工一个合理的投资价格，员工愿意投吗？这时候该怎么办？是做思想工作，还是做激励大会宣导，还是树立标杆？对此，要有一套系统性的解决方案。如果员工想投，没有钱怎么办？是借款，还是银行融资，或是小额低息贷款？老板出面担保吗？如何解决最为合适？当一个对企业忠诚的老员工坐在你面前说他想投但是他没有钱，这时候需要一套系统的解决方案。

第四个问题是感觉爽不爽。在整个实施的过程中，让员工的内心焕发成就感，获得身份感和荣誉感，是激励的核心。不是说给了一纸证书，员工就有感觉。因此，股权激励大会的举行尤为重要。协议如何签才可以体现神圣？证书如何颁发才可以凸显成就？为什么我们会和董事长紧紧相拥？因为我们彼此的内心燃烧了一种力量，一种成就伟大企业的渴望，一种在寒夜中破局重生的勇气和决心。

第五个问题是绩效变不变。后续经营的改善，业绩的突破，目标的实现，才是一切激励之后的结果。因此，真正通过激励使企业的绩效破局重生，使企业的风貌涅槃改变，才是这个企业的核心，下一步如何开经营分析会，如何唤醒合伙人的工作能力，赋能更是我们激励的原则和方向。因此，匠合公司提出的股权激励模型是 TFC，即目标（target）、感觉（feeling）、改变（change）三要素。

本章针对第四、第五个问题，探讨合伙人方案没效果的原因，员工依然故我，没有合伙人的感觉。

我们提出一个词，叫作"后合伙时代"，合伙方案仅仅是第一步而已。就像电影中，男女主人公经历千辛万苦，终于结了婚，这时电影就圆满闭幕了。小时候，我一直以为这就是美好幸福的开始，以为结婚就万事大吉。经历了半辈子，学习了许多心理学的课，读了多少本书，看尽了多少人世沧桑，才明白，如果不懂得经营好婚姻，结婚只是麻烦的开始……

同理，在后合伙时代中，后面的步骤和流程尤为重要，笔者给出三味解药，分别如下：

其一是开好授予大会。让合伙人拥有自豪感，成为主人翁。

其二是开好经营分析会。让合伙人拥有身份感，成为经营者。

其三是开好分红表彰大会。让合伙人拥有成就感，成为奋斗者标杆。

走心的授予大会——合伙人够不够自豪

如何开"合伙人授予大会？"

当我们做好合伙方案之后，无论是分红股、虚拟股，或是期权，这时，要进行一个非常神圣的环节，就是举行"合伙人授予大会"。很多企业以为发点证书、弄点音乐、整点感动，就是合伙人授予大会，其实，都错了。

为什么要举办合伙人授予大会呢？ 好比说，夫妻结婚，领证不是最重要的，最紧要是举办婚礼，昭告天下，我们真的结婚了，这就是仪式感的力量。古往今来，仪式能给内心带来虔诚和庄严。

在举办合伙人授予大会时，很多企业非常草率，非常简单，走过场，不走心。发两个廉价的奖杯，讲几句简单的话，以为这就是合伙人授予仪式。极其苍白无力，何谈撼动内心，方式上东施效颦，效果上南辕北辙。

那么究竟如何召开合伙人授予大会呢？我们有三个非常重要的模型。

一、第一个模型是"三场动心法"

该模型核心的问题就是"场"。丘吉尔说："人造场，场造人！"。场域的打造非常重要。人有三个脑，第一个是思维脑；第二个是身体脑；第三个就是场域脑。它们共同营造一个神奇的道场。道场让我们身心大美，道场让我们激情四射，道场让我们全心投入。

场的至高境界是动心。只有动其心，才能够动其行，必须由心而发。心外无物，心即天下，从心开始。万法由心而生，万法由心而灭。如果说经营分析会，需要动脑，那么在授予大会时，先学动心。

动心，务必要营造一个场域，从视觉场、听觉场、感觉场、这三个场来进行锻造。

【思考】请问在这三个场当中，哪一个场的营造最重要？

A. 视觉场　　　　B. 听觉场　　　　C. 感觉场

参考答案：C。

听觉场，我们可以做感人音乐、集体宣誓、优秀合伙人的发言、感人肺腑的故事等。

人们不喜欢听道理，喜欢听故事，故事是改变一个人内心信念和价值观的最好载体。迪士尼的研究是一个故事的影响力是道理影响力的 22 倍。

此时此刻，在进行授予合伙大会的时候，你是否能讲出好故事呢？

故事分三种：第一种是创始人本身的故事；第二种是企业未来愿景的故事；第三种是我们彼此之间共有的动心故事。

听觉、视觉、感觉，是相互融合的。但这里面最重要的是感觉，是从心里面发出来的共鸣共振！

感觉场的核心，要运用仪式、司歌和流程来触动内心。

不是随便找来的音乐，而是真正属于你自己公司的歌曲，体现你公司文化精髓的歌曲。

公司一定要有一首歌，是司歌。比如华为有大合唱，匠合的司歌是《今天》等。

因此，针对我们的感觉场，触动人心的司歌尤为重要。我们的咨询客户 ABC 童装在举办公司新的启动会的时候，大家齐声高唱：力晟加油！泪光闪动！王多总裁特别请我为他的公司写了一首司歌，在此与君分享。该司歌是以"武汉加油"为原型来写的。

力晟·加油

力晟人很阳光

每一颗心都温暖

责任共担，幸福共享

心中有梦想

力晟人的胸膛

面对无数的挑战

为爱前行，为梦远航

勇敢往肩扛

加油，力晟！

一定要坚强

每一件童装

是真爱在绽放

加油，力晟！

你从来铿锵，沐浴风霜

终会见阳光

力晟人的胸膛

面对无数的挑战

为爱前行，为梦远航

勇敢往肩扛

加油，力晟！

一定要坚强

每一件童装

是真爱在绽放

加油，力晟！

你从来铿锵

沐浴风霜，终会见阳光

加油，力晟！

一定要坚强

每一件童装

是真爱在绽放

加油，力晟！

你从来铿锵

沐浴风霜，终会见阳光！

在视觉场方面，要有各种荣誉，让他能够看得见；要有条幅、有标语和口号，且一定要有合伙人的相应证书；要有宣誓、舞蹈，最重要的是要有优秀合伙人的大幅照片，铺天盖地的易拉宝。要记住，员工才是主角，他们才是英雄。天下什么最美？当然自己的照片最美！

这都是视觉场的营造。

道场做得好不好，要看今天大家有没有开心地笑，脸上肌肉有没有笑得酸痛。情绪的最高境界就是自由的流淌，当一个人能够在职场工作中，感受到极致的激情，同时又能够感受到心灵的共鸣和震颤，这才是好的道场。

合伙人授予大会之所以非常成功，在于用三场动心法，营造出了一个非常好的场。让现场的合伙人深深感受到作为合伙人的自豪感，真正成为公司的主人，为公司干就是为自己干。

❯ 二、第二个模型是"三言明理法"

用场来动心，用语言来明事理。

人类文明的进步来自于语言的穿透力、语言的本质，不是口才，而是我们对事物透彻地理解。哪三言呢？

第一个是董事长（创始人）发言。

第二个是总经理（项目负责人）发言。

第三个是优秀合伙人代表发言。

1. 董事长（创始人）发言

董事长（创始人）发言要从三个层面来分享。

第一，从体制层面来分享。

古往今来，变法为本。一个国家、一个组织、一个民族，体制没有变革，一切都不会变！

合伙机制是公司的未来，合伙制度是公司的体制变革，合伙机制是公司的薪酬变革，是我们激励机制的根本。

第二，从文化和价值观层面来分享。

我们的使命、我们的意义以及我们彼此存在的价值是什么？最近，我正在阅读《人类群星闪耀时》，书里有一句话被无数著作引用，这就是"人生最美好的事情，莫过于在壮年的时候，发现了他人生的使命"，就像匠合的使命"聚焦合伙咨询，陪伴中国企业持久增长"。我们提出"后合伙时代"这个概念，合伙不是目的，绩效才是目的，改变才是目的。当想到我们的使命时，我们就会充满动力，我们就会群情激昂！

共享的文化，共创、共生的未来！呼应前文，这时要分享自己的故事，要分享我们同人的故事，塑造公司的价值观。

第三，从公司未来的愿景层面分享。

谈到公司未来的价值和战略，要让大家看到希望，看到自己未来的梦想。任正非会说："阳台来晒钱，通信行业三分天下，华为占一分。"马云会说："成为50亿美金市值的公司。"稻盛和夫会说："成为世界第一名。"乔布斯会说："改变世界。"那么你要说的是什么呢？

2. 总经理（项目负责人）发言

董事长（创始人）的发言是宏观，眼光万里长。总经理（项目负责人）的发言就要务实，心思如织。总经理的发言，要针对合伙项目本身，一定要诠释以下三大要点。

第一，责任。合伙人，这不仅是一份权利，是一份担当，更是一份守护，还是全体员工的标杆。

第二，标准。本次合伙人进入的标准是什么？六维标准法，非常清晰。是工龄还是级别，是绩效还是纪律，都要说得很清楚，让大家有奋斗的方向。如此，公司人才的标准才会跃然纸上。

第三，动态。我们的合伙人政策是动态的，现在的合伙人并不会一直是合伙人，我们优胜劣汰，要与时俱进，要生于忧患。同时还要宣导，合伙人这只是第一批，还会有第二批、第三批甚至第四批，大家皆有希望。我们做的是激励，不是奖励，未来是属于大家的。

3. 优秀合伙人代表发言

从群众中来，到群众中去，必须要有群众代表，这样的话才能够接地气，才能引发大家的共鸣。

优秀合伙人代表在发言的时候，要注意讲以下三点。

第一，感谢。要说到自己的幸运和幸福，能在这家有爱有梦的企业去奋斗，非常感谢，感谢是宇宙中最大的力量。在《水知道答案》这本书中提到：感谢的力量，是爱之力量的两倍。

第二，责任。谈到自己的责任，将如何去做？行动是最好的表白。

第三，回应。发言要回应公司的两个核心要求，一是价值观，另一个是绩效的要求，表达出将会在公司的文化和价值观上，做出怎样的表率，将会在绩效上做出怎样的结果。

三大发言人，各有三大要点，也就是有九大要点。语言有着惊人的力量，推动了文明的进步，营造出一个真正的高能量道场。

【思考】优秀合伙人代表应该说清楚哪三点？

A.感谢　　　　B.自豪　　　　C.责任　　　　D.行动的承诺

参考答案：A、C、D。

❯ 第三个模型是"三大升华法"

想要开好合伙人大会，授予大会要有第三个模型"三大升华法"。要站在月球看地球，要做三个方向的升华。

人，不能忍受没有意义的生活！我们在做合伙人授予时，一定要点透这件事背后的无限意义，透过现象看本质，从做事的角度，升华到战略、哲学、人才的高度！

第一，体制变革的升华。

把合伙人授予大会上升到一个企业变革的高度。

所做的不仅仅是颁发合伙人证书，给合伙人稍微多分点钱，而是进行企业体制的变革，大家形成了一个命运共同体、价值共生体。这个变革机制本身的价值才是最大，才是根本，有着极其深远的意义。因此，我们所有人的身份将发生彻底的变化，不是打工者，而是企业的主人翁。在创始人发言的时候，一定要把这个点讲通透，力透纸背。

第二，企业文化的升华。

一定要通过这场会议，去进行公司价值观和企业标杆的引导，为什么这个合伙人他能当选？一定是因为他的价值观，艰苦奋斗，以客户为本，吻合公司的价值体系。要引导他做出生命中的选择，引导员工的心智模型，融入公司的价值体系。

为什么浑水公司能做空中国概念股？有 7 家退市，90% 股票大跌，瑞幸咖啡下跌了 50 亿美元市值。但是浑水在新东方上栽了跟头，因为俞敏洪的正直、坦荡的胸襟。创始人的价值观，公司的价值观，将决定这家公司能够活多久。

长沙朝花惜拾公司策划了股权授予大会。朝花惜拾是新潮时尚女装服饰品牌，以色彩的强烈对比为核心竞争力，在竞争激烈的服装市场中杀出了一条血路，尤其是红绿的撞色搭配，极具视觉冲击力，使得顾客有了全新的体验和感受。朝花惜拾的使命是：百变定制体验，全新绽放喜悦。顾客会穿上一个她前所未有的色彩，感受一种前所未有的生活状态。员工的使命是：知识改变命运，美丽改变人生！很多导购员过去很腼腆，甚至很自卑，但来到这里，因为学习和成长，感受了全新的自信和梦想的人生。

在这次的合伙人股权授予大会中，采取的是分红股和超额分红制度。许多"90后"甚至"00后"的女孩子，都穿着漂亮的衣服来到了授予大会，会场氛围非常好，一度将我点燃，尤其是合伙人发言的时候，那份自信，那份从容，那份改变的力量油然而生，更让我为之感动。

创业的目的正是为大家创造美好的人生，心想事成的人生。

当闭幕音乐响起那首我们期待的歌《相信我们一起创造奇迹》的时候，大家彼此相拥，泪光涟涟。

第三，人才管理的升华。

合伙人的选择，恰恰是公司人才管理水准的一次提升，体现了公司的人才哲学和人才管理的能力。公司需要什么样的人？鼓励什么样的人？倡导什么样的人？

通常，公司在做合伙人选择的时候会有个价值体系。我们称为六维价值体系，哪六维呢？

匠合公司建议从六个维度来考评合伙人。

第一个维度：价值观。

他是否和公司志同道合，比如奋斗者为本、客户价值、团队协作、激情、正能量、正念等。匠合公司提倡的是为爱奋斗、通力合作、客户价值，如果违背了这三个点中任何一个点，显然不能成为合伙人。

第二个维度：绩效。

结果导向、绩效评价，有结果的奋斗者，能打胜仗，有产能。

第三个维度：工龄。

忠诚度、坚韧不拔，和公司同呼吸共命运，有长远眼光。北岛有一首诗，叫作《时间的玫瑰》。为什么巴菲特炒股不需要 K 线图呢？因为他看的是这家公司内在的价值。茅台、腾讯、阿里巴巴、美的等，买这些公司的股票不用看 K 线图，时间长了，股票一定大涨。有的公司今天涨，明天就跌，有什么意义呢？因为公司本质是个烂苹果。就算今天股票大涨，也不能买。因此，我们要鼓励时间的玫瑰。

第四个维度：能力胜任。

任职资格，该合伙人能否胜任，能否吻合公司的能力标准，做到人岗匹配？

第五个维度：潜力。

学习力、自我精进、不断成长、不断轮岗、接受挑战、灵活度、与时俱进等关键词。

第六个维度：纪律性。

遵守公司的纪律。康德说："自由不是随心所欲，而是自我主宰。"因此，能够做到守时，信守公司的工作标准，能及时，甚至提前完成工作，对工作有主动化的建议，成为纪律方面的表率。如联想公司，迟到一分钟就站一分钟，纪律文化能否坚守，决定了这个团队能够打硬仗。

2020 年 12 月，我们到宁波为匠合商学院朝良学长做股权合伙人授予大会的宣导，朝良学长的高特瑞公司锐意进取，在汽配行业全线下滑的状态下，业绩逆势上扬。这来自创始人的精进和执着，来自创始人找到了一群志同道合的年轻人，"90 后"的生产厂长，副总齐聚一堂，令人心生羡慕。

在合伙人授予大会中，员工的分享让我们感同身受、泪光闪动。人性渴望伟大，员工渴望成就。我们把公司变成平台，才会有无数的个体崛起、强大。年轻的生产厂长的发言令人印象深刻，领导人的格局、领导人的心胸打动了他。企业家和合伙人们击赞相庆时，那份其乐融融、彼此心灵的链接，使我们形成心灵的契约。

合伙人落地，首先，必须来自领导人的格局和心胸，心没有打开，一切皆是枉然；其次，必须来自领导人的声誉和口碑，让团队值得信任；最后，要有一群值得激励的人，一群值得合作的高手。因此，领导人最重要的职责就是"找人，建机制"！

要想开好合伙人授予大会必须从机制、文化、人才的角度来阐述合伙人的意义。

【思考】在做合伙人入围选择时，不需要考虑以下哪个维度？

A. 价值观　　　　　　　　B. 经验　　　　　　　　C. 绩效

参考答案：B。

这里面不吻合的是经验，因为经验要通过绩效来显现，过去成功的经验可能是今天失败的理由。

总结一下合伙人授予三大升华法的核心。

第一，上升到战略和机制变革的角度，体制决定一切。

第二，上升到文化、价值观的角度，文化生生不息。

第三，上升到人才选拔的高度，人才蔚为壮观。

原来，我们不是在做合伙人，而是在做公司机制的变革，做公司文化的推陈出新，做公司人才的百花齐放，这才是我们的"授予合伙人大会"真正的内核。

这才是合伙人授予大会，这也是我们做了 10 多年的咨询汇聚的心血结晶。大多数咨询公司在做好合伙方案后，就以为万事大吉了，他们不知道，这只是雪山草地，等待我们的还有漫漫征程。

现在我们说清楚了后合伙时代的第一步《合伙人授予大会》，你学到了吗？

三场动心、三言明理、三大升华，你做到了吗？

案例 38　合伙人股权授予大会实操流程表

表 7.1 为 ×× 公司股权授予大会实操流程表，其目的是授予合伙人股份制身份，激励其士气、明确其身份、调节其状态，赋予其神圣的尊严。

表 7.1　×× 公司股权授予大会流程

序　号	主　题	内　容	关键人	备　注
1	主持人开场	主持人开场（开场舞、游戏或公司大型会议固定开场内容）	主持人	
2	主持人串词	引出 2021 年合伙人授予大会（强调股权的稀缺性、珍惜性、成长性、进入合伙人人员的过往贡献、今日合伙人会议）	主持人	
3	匠合老师致辞	（1）外部角度：见证历史性时刻，强调合伙人过去的价值、贡献，强调合伙人是中流砥柱，身份发生改变，成为命运共同体。（2）宣导合伙人的目的、意义和价值。（3）合伙人动态化，作出成果，才能持久成为公司合伙人。强调这只是第一批合伙人，还有第二批、第三批、第四批……	匠合老师	PPT
4	签约和授予	（1）合伙人两两一组签约，授予证书。（2）董事长送鲜花，合影留念。（3）合伙人一起签约和授牌	董事长、合伙人	颁奖音乐、壮志在我胸、拍照（手持合伙人证书）
5	合伙人代表发言环节	邀请优秀合伙人代表发言，发言的要点是提到：（1）感谢公司。（2）责任。要谈到自己的责任，将如何做？行动是最好的表白。（3）回应。回应公司的两个核心要求，一是价值观，另一个是绩效的要求	合伙人代表	（1）可以为合伙人代表制作 PPT。（2）可以有两三名合伙人

续表

序号	主题	内容	关键人	备注
6	合伙人家属互动环节	保密	提前约合伙人家属	
7	合伙人宣誓	全体合伙人宣誓，誓言：我自愿成为公司合伙人，誓与公司共精进、共成长、共创辉煌、共攀高峰，我将用我的行动来践行我的承诺，我将以我的斗志来履行我的使命，我深知公司荣耀系我辉煌、我深知荣辱相托！责任所系，我深知我身上的重担和我的幸福永远成正比，为了我们共同的美好的生活，为了我们共建幸福成功的家园而奋斗	全体合伙人	（1）确定领誓人，为合伙人代表。（2）做一张PPT
8	董事长致辞	（1）从体制层面来分享。古往今来，变法为本。一个国家、一个组织、一个民族，体制没有变革，一切都不会变。（2）合伙机制是公司的未来，合伙制度是公司的体制变革，合伙机制是公司的薪酬变革，是我们激励机制的根本。（3）从文化和价值观层面分享。分享我们的使命，我们的意义，我们彼此存在的价值	董事长	做两或三张PPT
9	结束收尾	结尾音乐，主持人发言收尾，强调奋斗才是最重要的	主持人（公司方）	结尾音乐：结尾PPT
10	合伙传承	让合伙人给其他伙伴送上鲜花，送上祝福		
11	合影留念	所有伙伴	主持人	摄像机、音乐
12	无主题空巴			

第二节
抓数字的经营分析会——合伙人会不会改善

如何开好经营分析会呢？

经营分析会是一个企业的经营基石。7–11 便利店每个月都要召开经营分析会，把全国的上万位 FC 经营顾问聚集一处。

在京瓷，有空巴的落地，通过经营分析会进行深度改善。合伙不是目的，培养经营者才是目的。

一个冬日的早晨，我五点起床，六点半高铁，为一家准上市公司做了一个合伙人落地的空巴活动。

该公司在 2021 年做了股改之后，很多人花了真金白银，成为了公司的合伙人和股东，但是非常遗憾的是，合伙人在心态上、内心世界上、身份角色上，并没有完全意识到他就是企业的主人翁，是企业的合伙人。

因此，合伙人设计的落地，其实有两个落地：第一个是方案落地，第二个是心态落地。

于是，我们做了一个深度的空巴，类似于经营分析会，做一个心与心的沟通。

首先，我们提出了一个口号："相携互助，人人都是经营者、人人都是主人翁。"

其次，我们提出了"三个转变"，即角色转变、身份转变、思维方式转变。

如果思维方式没有发生转变，一切的行为和能力都不会发生转变，因为思维方式是决定一切事情的根本，内在的思维发生变化，其他才会转变。

如果身份不转变，价值观就不会转变。如果角色不转变，工作意愿就不会转变。

再次，我们提炼和浓缩了《合伙人的行为标准》。

我们应该如何做呢？

（1）我们要在业绩、成本、单位时间等方向上，持续地改善和精进。

（2）我们要认知到企业是我们自己的，未来是靠我们自己创造的。

（3）我们要敢于和损害公司利益的行为去斗争。

（4）我们要主动协作，创造绩效。

（5）我们要先公后私。

（6）我们要意识到我们是这艘船的主人，我们要努力地去划桨，而不是划倒桨。

（7）我们要持续不断地培养人才，成为团队的伯乐，激发团队的积极性。

在经历了一天的乡间徒步挑战赛之后，大家喝着啤酒，吃着小吃，在欢声笑语中，不断升华自己的思维，分析公司的财务数据，逐渐在心中找到了合伙人的感觉。

最后，我们提出要永远学习，追求卓越的精神。

人心有时可能是世界上最靠不住的事物，但是人心一旦连接起来，也可能会成为世界上最具力量的长城。

合伙人的方案只是表象，合伙人内心的转变，企业的工作作风，团队的文化，才是一个企业真正的灵魂！经营分析会是合伙人思想落地的重要支柱。

在经营分析会中，有一种非常特别的方式，称为裸心会。

那一天，我们匠合召开了历史上的第一场裸心会。

裸心会和空巴有点像，都要喝点酒，都要寻找共同的氛围和主题。它有一个特色就是不开灯，而是点蜡烛，这是一个很特别的感觉。分享的过程中，好几位伙伴一边说着自己的心里话，一边流下了眼泪，大家心门渐开，心灵融化。

裸心会的目的是敞开自己，一个人只有被别人了解，被别人聆听，才能够让更多的人去信任你，才能获得更多人的支持。正如"哈利视窗"所说：每个人都有自己的盲点，每个人都有自己的隐私，我们只有放大自己的公开象限，才可以让我们彼此连接，更加融洽与和美。

开裸心会的步骤如下。

第一步确定主题。比如我们的主题是：在你生命中对你影响最大的人是谁，他带给你怎样的价值观，让你最感动的一个故事是什么？当你分享这样的一个话题时，人们就理解了你对生命的价值观，对生命的认知。

第二步是开展团队活动。通过一个小活动破冰，化解紧张的气氛，让大家进入状态。

第三步是营造氛围。裸心会一定要有轻酒，有香薰蜡烛，灯光转暗，舒缓音乐之下，让大家找到愿意倾诉之感。

第四步是倾听观察。去留意我们语言的线索，去倾听大家的感受，他因何而喜悦？为何而悲伤？理解我们彼此真正的需要。

第五步是流程主线。流程主线就是昨天、今天和明天。了解一个人的昨天，理解一个人的今天，助力一个人的明天，这就是我们开裸心会的目的。我们要知道他的心灵扳机是什么，他的心锚是什么，他的渴望是什么，我们彼此托起，相互成就。

然而经营分析会究竟如何开？企业家一头雾水，很多企业走形式、走过场。

现在和你分享"经营分析会的三驾马车"。

❯ 一、第一驾马车：数据化

经营分析会，开出的第一驾马车是"数据化"，它是马车上的仪表盘。经营不要谈感觉，必须要以数字逻辑为基础。

稻盛和夫说："数据就好比飞机驾驶舱仪表盘。"飞机的驾驶舱仪表上，如果不能正确地、即时地显现出目前飞机所处高度、速度、航向等，飞机就无法安全到达目的地。如果经营数据不能及时反馈经营现状，在经营决策时就无法作出正确地判断。

数据化的核心，是一定要抓到关键数据，注意是"关键数据"。

什么是关键数据？有三把宝剑可用。

第一把是成本之剑。

你公司里最大的成本是什么？这就是你最要关注的数据。

如果你是门店连锁行业，你的租金很高，一年要付 1 亿元的租金，那么你要看平效，即每平方米的效率如何。

如果你是劳动密集型企业，你的人很多，或者是人力型企业。那一定要看人效，即人均效率如何。

第二把是行业特质之剑。

如果是服装行业，你要提取客流、客单价、连带率、成交率、会员卡消费占比、顾客回头率等关键指标。如果是餐饮行业，客户满意度、员工积极性尤为重要。如果是互联网行业，引流、活跃、留存、推荐尤为重要！

第三把是部门和岗位的职责之剑。

各个部门的关键指标数据不一样。财务部的关键指标数据是现金流，经营利润等；采购部的关键指标数据就是供应品质、交期、成本等，人资部的关键指标数据就是人力成本、关键人才到岗比率。

运用三剑找到关键数据后，如何呈现这些数据呢？ 这就要运用"三色呈现法"。

关键指标要用红、黄、绿三种颜色来呈现。红色代表警戒线，出现严重问题，低于安全值；黄色代表有问题，需要改善，在安全值和优秀值之间；绿色代表达到了优秀值。当我们用颜色来表示时，数据结果的呈现变得一目了然。

安全值就像血压和血脂一样，有一个安全线。

请问您的安全指标是什么？

例如，在制造业中，1 年人均 100 万元的产值是一个不错的指标，可标为黄色。如果做到 1 年人均 200 万元的产值，则标为绿色，说明这家企业是一个非常高效的组织，100 个人 1 年能够产生 2 亿元的产值。因此，一定要非常明确效率的标准是什么。

在我担任人力资源总裁时，如果员工工资占比 12% 以上，这将是一个非常可怕的数值，为红色；如果控制在 10% 以内，为绿色；10%~12% 之间，则为黄色。因此，当你看到公司涌现的数据指标时，你的安全值是什么，你的优秀值是多少，要非常清楚。

❯ 二、第二驾马车：找到"机会"

如何开出第二驾马车，基于仪表盘和数据，要找到"机会"，要发现我们的策略。我们该如何去改善呢？这时会出现两个模型。

第一个模型是绩效改进六要素模型。

绩效改进六要素模型会从六个要素来改进思考。

要素一，如何改进"信息"。例如，岗位说明书、工作方法、工作手册等都是信息。无印良品就是应用工作手册让企业起死回生。在阿里巴巴，强调像玻璃瓶一样透明的经营，信息的透明才能够赋能。

要素二，如何改革"政策"。例如，成本节约有没有成本节约奖？经营有没有"合伙人分红"相关规定？营销团队有没有"营销基本法"？通过政策法规来进行改善。

要素三，如何改善"工具"。工欲善其事，必先利其器。我们的设备、硬件、软件如何进行改善呢？一个好的工具会让效率大幅度倍增，例如，你的营销团队有没有配备"展业工具夹"，有没有配备产品展示的 ipad？

第四个、第五个、第六个要素很简单，分别是如何改善人的态度、知识、能力，前面三个要素统称为环境要素，后面三个要素归纳为人的要素。通过环境和人来进行改善，是这个模型的思考原点。

第二个模型是"绩效改进 4W 模型"。

4W 模型指的是：一是要了解世界发生什么变化。例如，美国疫情加剧，外贸订单立刻下降。二是要了解行业发生什么变化。如果你是做服装行业，体育和休闲类服装的需求在急剧上升，这时你应该做何安排？三是思考企业和部门可以发生什么变化。四是思考个人可以发生哪些变化。

这就是经营分析会的第二驾马车——找到"机会"，即改善的方向。

三、第三驾马车：行动之车

找到绩效改进机会后，立马要做的就是制定关键行动计划。任何目标，如果没有落实到计划和行动上，那是没有任何意义的。

【思考】关键行动计划中，原则上开会的人员，每个人要领走几项计划呢？

A. 一项　　　　　　　　B. 两项　　　　　　　　C. 三项

参考答案：A。

因为人的精力是有限的，每个人领走一项，计划并做出成效，汇总起来的改变就非常大。

亚马逊畅销书排行榜的第一名是一本书名叫《一次只做一件事》的书，每个人只领走一项计划、只做一件事、做好一件事，就是重心中的重心。

有的时候，我们布置了很多事情，看起来很美好，但是很难追踪、很难落地。但如果是一件事，就比较容易追踪实施的效果。

每个人的关键行动计划如下。

（1）做一件事。

（2）要有这件事情进行的时间节点，清楚这件事达成的结果或目标是什么。

（3）要知道责任人和检查人是谁。

（4）要有成果验收和回馈。

只做一件事，在一个月之后要做出回馈。

在这个过程中，要有 PDCA 的思考和总结。P 就是计划、D 就是行动、C 就是检查、A 就是再次行动。因此，要对前一个月的工作进行总结，提出改善方案，要进行 PDCA 的循环，持续精进。

我们应该做到经营要表格化，工作要手册化，沟通要流程化。

总结经营分析会的三驾马车：第一驾马车是马车上的仪表盘，呈现关键"数据"。第二驾马车，发现数据的问题，找到改善的方向；第三驾马车，如何开得更好？实施改善"计划"。

案例 39　合伙人经营分析会实操流程表

合伙人经营分析会实操流程表见表 7.2。

表 7.2　合伙人经营分析会实操流程表

时　间	会　议　内　容	要　点
2 分钟	主持人开场	①本次会议的流程。 ②数据汇报，汇报内容（每项数据背后发生的行为，哪些做得好的，哪些是可以改善的，最后总结三个下一阶段改善的地方）	（1）财务部数据统计、重要指标与总经理汇报、确认经营分会重点（关键数据和异常数据）、重点分析内容发送经营者。
10 分钟	上月复盘	上一次经营分析会行为改善结果追踪	
15 分钟	本月数据呈现	财务讲解如何分析经营数据，如何看财务报表（报表纸质打印，会议结束后回收，不允许拿手机，不允许拍照，在发放财务报表前签署保密协议）	（2）主持人由内部人员轮流做（第一场会议时就定好每次召开的固定时间和主持人排序）。
30～50 分钟	本月数据分析	各部门负责人公布本部门共识的关键数据，并进行数据分析，汇报内容如下： （1）本部门数据； （2）数据背后的行为（做得好的地方，原因；做得不好的地方，原因）； （3）总结改进措施； （4）创始人（或上级）对于汇报做反馈（评判提到的改进措施是否合理，分析内容是否全面，是否有遗漏）	（3）各部门负责人提前准备各部门上月/季度工作总结，熟悉经营分析会流程。

续表

时 间	会 议 内 容		要 点
每部门 5～10 分钟	部门数据 汇报	参考汇报内容，制定改善措施	（4）要有会议记 录人。 （5）确定会后改进 措施的追踪和检查 的人
20分钟	制定下一阶段 行动计划和下 月/季度目标	确定事项，完成节点，负责人，追踪 节点	

复盘表见表 7.3。

表 7.3 复盘表

指 标	负责人	分析原因	改善措施	达成的结果	是否完成
毛利额					
毛利率					
连带率					
可控费用率					
客单价					
人才产出					

注：讨论确定关键指标有哪些，同类型店铺可以相互对比，也可以和上月比较，和
去年同期比较。

关键数据呈现表见表 7.4。

表 7.4 键数据呈现

经营数据	同期对比	环 比	同类型店铺平均值	经营红绿灯

续表

关键指标的计算方式：

◎ 毛利率：见财务报表

◎ 毛利率 = 毛利额 / 销售额

◎ 连带率 = 销售总件数 / 销售小票数量

◎ 可控费用率 = 门店可控费用 / 销售额

◎ 客单价 = 销售额 / 顾客数

行动计划汇总表见表 7.5。

表 7.5　行动计划汇总表

指　标	负责人	分析原因	改善措施	达成的结果	是否完成（下一次经营分析会）

年度目标任务进度表见表 7.6。

表 7.6　年度目标任务进度表（累计数据）

月份	4月	5月	6月	7月	8月	9月	10月	11月	12月	1月	2月	3月
利润目标												
实际完成进度												
差额数据												
业绩目标												

续表

月份	4月	5月	6月	7月	8月	9月	10月	11月	12月	1月	2月	3月
实际完成进度												
差额数据												

第三节

兑现承诺的分红表彰会——合伙人有没有被激活

大多数咨询公司，包括律所，在做股权设计时，都侧重于方案。这个方向完全错了，不是说方案没有用，方案只是第一步。进行股权设计，要从人性层面、行为层面、绩效和薪酬层面做深度思考。

股权设计、合伙人落地，必须带来三个"感"，否则只是虚无。

一位诺贝尔奖得主的研究结果表明："人，不是理性的，而是感性的，感性大于理性！"在企业经营的时候，"感"尤为重要。

我们的逻辑就是用三个"会"来促动三个感。

第一个"感"是自豪感，授予大会带来自豪感。

通过合伙人证书的颁发，在洋溢的音乐声中，豪迈的"壮志在我胸"，温馨的"相亲相爱"，他的内心会洋溢出一种激情和感动，这就是生命的升华。触动人心之时，升起一种与企业同呼吸共命运的自豪感。共振源自共鸣，共鸣才可以共创。

世界上有三种工作状态，即从业、怠工和敬业。只有20%的人处于敬业状态。当我们举办合伙人授予仪式的时候，其目的就是让他处于一种敬业状态，这才是我们的追求，也是所有企业用工的至高追求。

人在前进时，有两个动机，一个是"外在动机"，一个是"内在动机"。

外在动机的核心是金钱、荣誉、奖励。外在动机的价值看似很大，却会让你断断续续，因为一旦你实现外在的物质丰盛后，你就失去了前行的动力。

当我们观察一个真正的伟人时，他一定是有强烈的内在动机在支撑。

比如，达·芬奇被誉为是外星来客，因为他是一个雕塑家、画家、艺术家、建筑家……

达·芬奇是怎么做到的呢？本质是达·芬奇对事物强烈的好奇心。

在他晚年的笔记上还写着："明天一定要弄清楚啄木鸟的舌头是怎样的。"晚年，他依然每天带着蒙娜丽莎的画，画了十几年，每年在不断地优化。

内在动机并不只是简单的好奇心，内在动机有以下三个关键词。

第一个关键词是专精。比如我们去学美术，或者去写作文，一定要渴望更高的艺术表现，就像金庸先生说："写小说没有诀窍，就像爬楼梯一样，每天要写四五个小时。"

当你在一个领域持续的刻意练习时，你渴望更高的艺术表现，就会获得更高的艺术成就。

第二个关键词是意义感。你必须觉得你的生命是有价值的，能够造化众生的，能够造福天下的。就像一个妈妈之于孩子，一个企业家之于顾客，他一定要对自己的生命充满着存在感和价值感！

当一个人意识到他可以改变世界的时候，他的内在动力就会真正地被焕发，被唤醒。

第三个关键词是自主。无论他是去创业或者去工作，必须是心甘情愿的，他绝对不是被逼的，不是领导要求的，而是他发自内心的渴望。

问题来了，当我们的授予大会结束之后、股权证书颁发之后，是不是他就真的能够产生持续不断的行为和绩效呢？实际上这还只是第一步，我们要触动第二个"感"。

第二个"感"是身份感。

如何进行身份感的打造？需要召开经营分析会，通过经营分析会，触发他的身份感。

第三个"感"是成就感。

在召开经营分析会后，要用分红表彰大会触动他的第三个感——成就感，因为真正的成就不是授予，而是价值呈现，此时此刻，我们要兑现承诺，拿出真金白银，端出牛肉。

【思考】当我们去激励团队，进行分红表彰会时，是激励台上的人，还是激励台下的人？

A.台上的人　　　　　　　B.台下的人　　　　　　　C.两者皆是

参考答案：C。

有一次我去参加一个外资保险公司的表彰会，那场会议他们花了500万元人民币，非常奢华，非常惊爆。我就问："这些人都已经拿到了该得的奖金，为何还要花这么多钱去奖励呢？"这家公司的老总的回答意味深长，他说："育良，我不是做给台上人看的，我是做给台下人看的。"这句话让我如梦初醒。开分红表彰大会，不是要鼓励台上的人，而是唤醒台下的人，让无数人看到这个组织有希望、有梦想、有未来、有无限可能性！

分红大会，不仅是激活台上人的成就感，更是激活台下人的希望感。让 1/10 台上的人感受到成就感，收到真金白银，还让 9/10 台下的人看到无限的希望。

碧桂园在第一年实施同心圆计划的时候，有一个项目总经理分红分了 2000 多万元，当发奖的那一瞬间，台下爆发了雷鸣般的掌声，虽然 2/3 的项目经理没拿到分红，但是他们坐在台下的此时此刻，他们拥有无限的憧憬和无限的可能性。

这个世界上与爱齐名的力量就是希望。研究发现，一个小老鼠在昏暗的水桶里面只能坚持 30 秒。如果在这个水桶上面有一束光，这个小老鼠可以坚持 4 分钟，这就是希望的力量。

如果在会议中能赋予神圣感，那么更是无比美妙。

我的老东家每次开会前，都会有升国旗奏国歌的仪式。国旗护卫手高举国旗、齐走正步、全体起立、静默肃立、齐唱国歌。当你看着五星红旗在飞扬，国歌在你心中盘旋时，那就是神圣感！

如果你参加过炎黄祭祀大典，王阳明诞辰 547 周年、岳武穆诞辰 916 周年、鉴真东渡成功 1265 年，那么你的内心就会强产生一种神圣感。一个人崇敬什么，就会成为什么！

我曾去王阳明在贵阳的纪念馆和其当年修炼的山洞，至今让我难以忘怀。当你行走戈壁玄奘的路上，在敦煌或在苍凉的大漠上，那一种穿越之美，让你永生难忘。

稻盛和夫已经皈依，乔布斯亦是修学禅宗，任正非最喜欢的是天文学，仰望星空。一个创业者的精神高度，就是他事业的高度！

分红表彰大会务要营造一个神奇的场域，场域的核心是视觉场，场域构建有三大支柱法，是哪三大支柱呢？

第一个是丰富的物质支柱，要有现金、奖品、礼物和电器。

为什么要用现金呢？只有真金白银，才能够产生轰动性效果。千万不要拿个小红包，人家也不知道拿多少钱，这种效果非常弱。因此，必须要看到钱，才会产生触动。

如果在表彰的时候发的现金太多，没有办法一次性取出来，可以用领取现金的奖牌代替，例如，发 2 万元，可用一个印有 20000 元的巨大奖牌代替 2 万元现金。

第二个是丰盛的理念支柱，无处不在的标语、理念和口号等。

你表彰的并不仅仅是绩效，更是价值观的彰显，以客户为本、奋斗者的价值观有没有对应的奖励？尤其要对合伙好的团队进行表彰，要做到"胜则举杯相庆，败则拼死相救"。在匠合，我们提倡的是"凤凰精神"，浴火重生、凤凰涅槃！没有熔炉，岂有顿悟！

在价值观方面，通常有三个方面必须要倡导，第一个是客户为本；第二个是奋斗者；第三个是团队合作。当然还有很多方面，如强调忠诚度的工龄奖励，强调学习力的学习型组织奖，创新力的建议革新奖等，都是我们可以奖励的方向。

总而言之，你强调什么，你就要奖励什么！

第三个是荣誉的精神支柱，要有奖牌、奖杯、徽章等。

这些东西看起来不值钱，但是金光闪闪，可以终身拥有，20 年前，我的老东家奖励我一个貌似水晶的奖杯，我其实知道这是有机玻璃的，然辗转搬家十余次，至今保留。今天为止，我读大学时获得的乒乓球冠军证书尚在家中，辛弃疾有一句诗"醉里挑灯看剑，梦回吹角连营"，在经历了无数的岁月之后，当你重温生命中那段金戈铁马的奋斗时光时，奖牌奖杯是最好的纪念。

我从中欧毕业时，最感动的是大家排队去拨学位帽上麦穗的一瞬间，把你帽子上的麦穗从左边轻轻地一拨，就意味着你正式毕业了，这件事情毫无物质意义，却有着无限的精神意蕴。

当从华商书院毕业的时候，穿上国学之华服，迎接毕业之瞬间，将我们的学士帽扔向空中时，那一瞬间，是如此地欢快、欢畅、欢乐。

在《怒海潜将》影片中，男主人公历经劫难，始终坚持，最终，他用两个字回答了人生为何如此坚守，那就是"荣誉"！

在华为公司，有一个部门叫荣誉部，啥事不干，专门发荣誉。

在奖励的时候，千万不能搞错我们激励的对象，我们总以为，就是要奖励绩效好、业绩高的合伙人。奖励有结果的奋斗者，但这只是第一步。还有三大类激励对象，绝对要重视。

匠合咨询提出三元激励对象法，哪三元呢？

第一从爱出发，要激励他的家人。

因为，家人是他最大的后勤保障，是他最大的支持者。2019 年 5 月 10 日，我们带着一群企业家去参访阿里巴巴，我惊讶地发现，当天有许多老人和孩子在园区，原来这一天是阿里巴巴的阿里日。每年的 5 月 10 日，阿里巴巴都要把所有员工的父母亲人请到阿里巴巴来，由 HR 大政委进行政策的宣讲，讲解企业文化，未来愿景。家人会给他最大的动力，给他无比的信心。

因此在年度表彰的时候，是否可以请来他的父母，请来他的爱人？在此时此刻，一定无比动情，温馨感人。这样的表彰，于他内心深处，是刻骨铭心的。这已经不是绩效，这是爱，爱是人世间最美的语言。

第二从传承出发，奖励领导人，奖励老师。

我们切莫只奖励当事人，却忘记奖励伯乐。殊不知，孙膑、庞涓、毛遂的师傅都是鬼谷子。古往今来，高人皆有名师。你要奖励老师，这样才会体现出传承之精神。

在所有的 KPI 绩效目标中，除了业绩和财务目标，最重要的目标就是人才培养的指标。例如，要奖励那个培养最多店长的区经理，他才是我们值得大书特书的人，因为只有有了人才，我们才有未来！

笔者一直主讲一门课程，叫"传承领导力"，这门课程一直在不断地升级和优化，因为我们在工作的过程中，深感领导人的价值和出神入化之处。世界上敬业的员工，81% 的原因是来自他的直接领导人，他的直接领导人对他的反馈、表扬、鼓励、肯定、关心，是为根本。

第三从群众出发，在每一个岗位上呼唤英雄，百花齐放。

有的公司，只有一个部门老得奖，就是销售部，这显然是视觉窄化。千万不要只奖励高层，或者只奖励销售部门。

最好的驾驶员，最好的财务，最好的采购，最好的客服，统统都需要奖励。

这个世界是百花齐放的，一花独放不是春。各个岗位，从高层到中层到基层，各个方面的奖励都要去建设。奖励非常重要，奖励给谁尤为重要。

这就是我们分红表彰大会的深度逻辑，"一应三感，三柱三对象"。让我们以学证道，知行合一。

【思考】在激励大会中，是激励员工本人，还是要激励他的家人呢？哪一个效果更好？

A. 本人　　　　　　　　　　　　B. 家人

参考答案：AB。

多年前，我听到了一句话："会议状态，就是工作状态。"这句话让我豁然开朗。会议开的欢声笑语、泪流满面、触动人心，那么我相信我们的工作一定势如破竹！

我们的团队在学习一本书《让工作快乐起来》，这本书是关于稻盛和夫拯救日航的一本书，书中反复强调："工作，不会是轻松的，但一定是快乐的！"工作一定是内在的喜悦，这种内在的喜悦不可言喻，因此，我们所有一切的会议，一切场域的营造，最终只有一个目的，就是让我们在工作中感受到幸福，感受心灵激荡之美！

案例 40　合伙人分红大会实操流程表

××公司 2021 年度分红兑现大会会议流程表见表 7.7。

表 7.7　××公司 2021 年度分红兑现大会会议流程表

序号	时间	时长/分	会议内容		关键人	备注
			主题	内容		
	会议时间：×月×日 12:00				**参会人：××**	
1	会议开始前 30 分钟		签到	①10:00，签到完毕，每位与会人员签到时领取一张号码牌。②在参会人员陆续进场时，循环播放暖场 PPT 和暖场音乐		暖场 PPT 和暖场视频详见物资准备清单：①提前布置场地，悬挂横幅，摆放签约台，零食桌。②开场前会议负责人需提前测试音响、话筒、投屏。③会议前 30 分钟，轮播公司介绍视频，暖场 PPT

续表

序号	时间	时长/分	会议内容 主题	会议内容 内容	关键人	备注
2	10:00－10:10	10	主持人开场	热场：歌曲或舞蹈或游戏（待跟主持人确定）		主持人上场，播放上场音乐，站定关后停止播放音乐 提前对接好主持人舞蹈或歌曲所需音乐
3	10:10－10:20	10	发放合伙人分红	①发放顺序为：金额从低到高。 ②创始人发放分红，董事长献上鲜花，一起合影留念。 ③发放分红的时候，主持人旁白领奖者的感人故事		播放分红音乐 提前准备好现金 故事：真实、体现价值观、细节、感动
4	10:20－10:26	1	主持人串词	主持稿		
		5	合伙人授予仪式	①创始人给合伙人颁发证书。 ②合影留念。 ③协议		播放授予音乐
		1	主持人串词	主持稿		
5	10:26－10:37	10	合伙人代表致辞发言	①选一两位合伙人代表致辞。 ②每人 3～5 分钟。 ③发言内容：以感恩、实现目标中遇到的困难、本年度的行动计划为提纲，要求：心里话，朴实接地气，且有激励性		播放合伙人代表致辞的背景音乐

会议时间：×月×日 12:00　　参会人：××

续表

序号	时间	时长/分	主题	会议内容 内容	关键人	备注
			会议时间：× 月 × 日 12:00		参会人：× ×	
		1	主持人串词	主持稿		
6	10:37–10:58	20	董事长发言	①对于几位合伙人的肯定和认可。 ②公司今年的目标及实现路径。 ③公司的发展离不开团队，公司的收益与团队共享。 ④计划甄选一部分优秀的人才，纳入股权激励计划中，人人皆有机会成为公司的股东，成为公司的主人翁。 ⑤引出公司的新制度，超额业绩奖励		董事长上场时播放上场音乐，发言时播放背景感动音乐
7	10:58–11:28	30	超额业绩方案宣讲	宣讲 PPT		
		1	主持人串词	主持稿		
8	11:28–11:39	10	抽奖＋会议结束	①根据签到领取的号码牌，将对应的号码球装入抽奖箱中，主持人邀请创始人随机抽取 5 个号码，抽过的号码球不再放入号码箱中。 ②会议结束，主持人邀请参会人员合影留念		共唱司歌

附　录

经销商期股激励方案

除非另有说明，以下简称在本激励计划中作如下释义。

_____公司：指_____有限公司。

期股：指目前非上市公司普遍采用的一种股权激励方式，前期不做工商变更，享有分红权、增值权，但不享有投票权、表决权。授予时由公司与合伙人签署《股权授予协议书》，同时由公司向合伙人签发《期股证书》，具有法律效力。公司在上市之初，合伙人将有机会将所持有期股转为注册股份。

激励股：指合伙人依照本激励计划获得的_____公司期股。

合伙人：指满足本激励计划所列条件而获授激励股的_____公司重要经销商。

董事会：指_____公司董事会（由薪酬与考核委员会具体负责股权激励事宜）。

授予日：指向合伙人授予激励股的日期。

窗口期：指董事会确定的每年集中办理激励股相关事项（授予、分红、兑现等）的特定时期（暂定为每年的 3 月 1 日－3 月 31 日）。

锁定期：指自期股授予日至可兑现日之间的时间。

兑现：指合伙人通过规定程序出售期股获取现金的行为。

考核办法：指《_____公司绩效考核办法》及合伙人单独与公司签订的考核合同中规定的考核办法。

元：指人民币。

第一章　总则

第一条　为进一步调动_____公司经销商的积极性，增强企业凝聚力，增强核心经销商对_____公司长期发展的关切度和管理的参与度，同时也使核心经销商能够分享企业成长带来的收益，形成企业内部的激励机制和监督机制，依照《中华人民共和国公司法》《中华人民共和国证券法》《中华人民共和国合同法》等法律法规，特制定本激励计划。

第二条　实施股权激励计划的目的

2.1　荣辱与共，共同承担责任，共同价值和利益。

2.2　为长期的资本战略做出准备和规划，为从短期销售规模的增长做出贡献。

2.3　实现核心经销商个人收益与公司价值的紧密联系，吸引与保留合作伙伴。

2.4　激励团队自我革新，挖掘合伙人经销商潜能，实现公司的跨越发展。

第三条　股权激励计划的设计原则

3.1　优化治理结构，股权生态，使合伙人能够分享公司成长带来的收益。

3.2　战略共赢。股权激励以共同实现公司的战略目标为根本点。

3.3　长期主义。股权激励是一种稀缺品而不是一项福利，所以股权应授予那些具有足够重要性及业绩贡献突出的经销商；另外，作为一种长期激励方式，股权激励应倾向于业绩周期比较长的经销商。

3.4　激励与约束相对称。合伙人在获得激励的同时也应承担一定的业绩目标压力（个人业绩目标）及本计划约定的各项义务。

第四条　合伙人的确定原则

为使股权激励能够产生预期效果，公司应严格把控合伙人的入选资格，评选标准如下。

（1）人力贡献。股权激励不同于短期激励，旨在为支撑公司的战略规划而设，故应激励那些愿意和公司共同发展，创造杰出业绩的经销商伙伴。

（2）历史贡献。股权激励是着眼于未来的，也会适当考虑经销商的历史贡献。

（3）激励规模和激励效果。为确保激励效果，非上市公司的股权合伙人一般不超过公司总人数的 20%。

第五条　经销商获授激励股的基本条件

（1）认同＿＿＿＿＿＿公司的发展战略和价值观，承诺自愿遵守本计划规定的所有条款及配套文件。

（2）与＿＿＿＿＿＿＿公司正式签署《经销合同》，并合作超过 1 年，中途离开公司，以最近一次与公司合作的时间为准。

2017 年窗口期授予股权时，统计合作时间。截至 2016 年 12 月 31 日，即经销商需在 2016 年 1 月 1 日前合作；2017 年窗口期授予股权时，统计合作时间截至 2016 年 12 月 31 日；以此类推。

（3）授予股权的经销商的上一年度经销成绩需合格。

（4）同意签署《股权授予协议书》。

注：特殊贡献合伙人经董事会批准后可适度放宽合作年限限制。

第六条　持股平台

为体现股权激励的业绩导向原则，最大限度地调动合伙人的工作积极性，＿＿＿＿＿＿＿公司合伙人将成立一个持股公司。

第七条　激励股的授予时间

（1）股权激励拟以每年 3 月为窗口期，特殊情况由董事会批准后实施。

（2）若规划中的激励岗位在实施股权授予计划时合伙人因其他原因未达到激励条件，则此部分股权作为预留股，其具体授予时间由董事会确定。

第八条　激励股的分配原则

激励股的分配主要考虑合伙人的历史贡献，即根据历史销售业绩拟定岗位系数。品德采取一票否决制，素质能力作为加分项。激励股权额度见表 A.1。

表 A.1　激励股权额度

业绩标准	价值观	评　级	个人历史贡献系数
过去三年业绩平均超过 400 万元	合格	A 档	3
过去三年业绩平均超过 200 万元	合格	B 档	2
过去三年业绩平均超过 50 万元	合格	C 档	1

个人获授激励股份数量 = 当期持股平台拟授予激励股总量 × 个人历

史贡献系数 ÷（个人历史贡献总系数）。

注：对于在公司未来发展中业绩贡献突出的合伙人，可获得董事会的特授股份（特授量由董事会确定）。

第九条　本激励计划的管理机构为＿＿＿＿＿＿＿＿公司薪酬与考核委员会，日常管理工作包括但不限于拟定激励股分配方案、分红计划、收益结算及审核合伙人的考核结果等。

第二章　公司股权激励方案

第十条　公司层面合伙人范围

根据股权激励的总体规划原则，结合＿＿＿＿＿＿＿＿公司的组织架构（现有组织架构及规划组织架构），母公司层面合伙人范围界定为满足下列条件的优秀经销商。

（1）在＿＿＿＿＿＿＿＿公司合作满两年。

（2）合作期间的平均年度综合考核成绩为优秀或对公司有特殊贡献。

（3）合作经销商，在人格上诚实守信、态度上积极向上、能力上学习精进。

第十一条　公司层面合伙人的确定程序

（1）根据获授激励股的基本条件（见第五条）和公司层面合伙人范围（参见第十条），区域经理负责推荐优秀经销商候选人。

（2）召开总经理复核的激励人员名单上报薪酬与考核委员会审批，确认最终激励人选，并编入合伙人名册。

第十二条　公司股权激励方式

根据＿＿＿＿＿＿＿＿公司目前所处的发展阶段及财务状况，拟采用期股激励方式。要点如下。

（1）根据＿＿＿＿＿＿＿＿公司激励股总体规划及合伙人的历史贡献确定当期拟授予合伙人的期股数量。

（2）合伙人必须出资认购获授的期股，但为了体现激励性，暂定 2017—2018 年期间采用部分出资方式，出资额及付款期限由董事会与股东协商决定，具体以《股权投资协议》中约定为依据执行。

（3）期股自认购之日起开始享受分红。

（4）期股设锁定期 3 年；锁定期满后，合伙人可在窗口期内申请将所持期股按＿＿＿＿＿＿＿公司当期股价予以兑现（即向＿＿＿＿＿＿＿公司出售期股，出售后期股灭失），但每年兑现的数量不得高于其所持该批次期股总量的 1/3。

第十三条　公司激励股规划

参照＿＿＿＿＿＿＿公司目前的财务状况及预期战略规划，经由专业评估公司对＿＿＿＿＿＿＿公司资产评估为价值＿＿＿＿＿＿＿万元，故拟将公司总股本设定为＿＿＿＿＿＿＿万股。计划提取总股本的＿＿＿＿＿＿＿%（不含董事会特授股份）用于经销商合伙人的激励：其中＿＿＿＿＿＿＿万股用于现有骨干人员的激励，＿＿＿＿＿＿＿万股作为预留股，用于未来新进合伙人的激励。

第十四条　公司股价计算方法

（1）初始股价根据上一年末公司每股净资产而定，为 1 元 / 股。

（2）在激励期内，每年股价主要根据＿＿＿＿＿＿＿公司净利润实现情况及分红比例予以确定，计算公式如下：

当年股价 = 上年股价 + 当年净利润 ×（1– 当年分红比例）÷ 公司总股本

第十五条　公司激励股的权利

1. 分红权

合伙人按所持期股数量享受＿＿＿＿＿＿公司分红，分红方式为：合伙人所获红利 =＿＿＿＿＿＿公司当年净利润 × 分红比例 ÷＿＿＿＿＿＿公司总股本 × 合伙人所持期股数量，分红比例由＿＿＿＿＿＿公司董事会根据当年公司经营情况及未来战略规划而定（浮动区间为 60%~80%，暂定为

80%）；剩余未分配利润将用于公司发展和风险准备金。

如果合伙人在分红窗口期之前放弃合作，则合伙人对该年度利润及此前年度留存的未分配利润不享有分配权。

2. 增值权

＿＿＿＿＿＿＿＿＿公司股价增长带来的增值收益归合伙人所有，合伙人所获增值收益＝（兑现时＿＿＿＿＿＿＿＿公司股价－授予时＿＿＿＿＿＿＿＿公司股价）×兑现期股数量。

第十六条　公司激励股的考核办法

为实现股权激励收益与＿＿＿＿＿＿＿＿公司战略目标完成情况的高度一致，在激励期内，每年对公司合伙人考核一次。

1. 公司层面

公司 3 年内销售预计增长率为＿＿＿＿＿＿＿＿。2018—2020 年公司的销售目标值及完成值见表 A.2。

表 A.2　目标值及完成值

指　标	2018 年		2019 年		2020 年	
	目标值	完成值	目标值	完成值	目标值	完成值
营业收入 / 万元						
净利润 / 万元						
回款率 /%						

2. 个人层面

合伙人个人考核成绩需合格方具有参与当年分红的资格，业绩考核以股东签订的《股权投资协议》为准，若个人考核不合格，则其所持激励股做如下处理。

（1）期股分红以《股权投资协议》中的相关规定进行执行。

（2）期股当年不得申请兑现。

（3）当年度业绩没达到业绩目标的 50%，期股由公司按合伙人的原始购股价回购。

（4）若合伙人在《股权投资协议》中约定的考核期内不合格，详见《绩效管理办法》，期股由公司按合伙人的原始购股价回购。

第三章 激励股的调整

第十七条 合伙人业绩调整时的激励股调整办法

1. 升档

在激励期内，_____年为业绩评定周期，若合伙人在合作期间业绩增加了，将会增加激励股。

2. 降档

若合伙人的业绩降为激励线以下，则其激励股将被全部回购。

3. 转行

在激励期内，若合伙人不从事本行业，其激励股将被全部回购，按照合伙人实际投入本金退给合伙人。

第十八条 上市股改

在激励期内，若_____公司上市股改，则合伙人所持期股的处理办法如下。

（1）合伙人所持的公司期股由公司按当期公司股价回购。

（2）根据合伙人的历史贡献确定个人获授的拟上市主体股权，个人获授数数量 = 拟授予拟上市主体股权总量 × 个人历史贡献系数 ÷（个人历史贡献总系数），认购价格 = 拟上市主体净资产 ÷ 拟上市主体总股本。

注：参照上市公司股权激励管理办法，拟上市主体用于股权激励的股数约占总股本 10%。

（3）全体合伙人认购的实股统一纳入持股公司进行管理，合伙人通过持股公司间接持股拟上市主体。

注：持股公司可在_____公司上市股改前一两年设立，也可在本次股权激励时设立。

第四章　激励股的约束

第十九条　持有激励股的义务

（1）合伙人所持激励股不得私自转让，若需转让，必须经＿＿＿＿＿＿公司董事会同意并由所在持股平台回购。

（2）激励股红利及价差收益所产生的个人所得税（采用累进税率，与年终奖一致）由个人承担，在结算激励股收益时相关税费由公司代扣代缴。

第二十条　若合伙人在持股期间存在以下行为，则公司有权按其原始购股价（实际投入资金）收回其所持的全部激励股，情节严重者将追究法律责任，并无偿收回股份。

（可自行约定）

第二十一条　退出机制

在激励期内，若合伙人中途离职，则激励股的处理办法见表 A.3。

表 A.3　合伙人离职时激励股处理办法

特殊情况	母公司激励股处理办法
公司有证据证明合伙人存在严重触碰高压线的行为而对其中断合作关系	收回股份退还其原始出资额
（1）激励人员转行申请退出。 （2）合同未到期，双方友好协商不再续约。 （3）合伙人退休。 （4）合伙人因病无法正常工作、残障或死亡	收回期股，退还其原始出资额，并兑现增值收益，增值收益＝（公司当期股价－授予时公司股价）× 期股数量
其他原因	

注：表中所列的"公司当期股价"是指最近一次公布的窗口期股价。

第二十二条　合伙人未按照第二十一条约定来履行退出机制，将承担不低于 50 万元的违约责任。

（可自行约定）

经销商期股投资协议

甲方：＿＿＿＿＿＿＿＿＿＿

统一社会信用代码：＿＿＿＿＿＿＿＿＿＿

地址：＿＿＿＿＿＿＿＿＿＿

电话：＿＿＿＿＿＿＿＿＿＿

乙方：＿＿＿＿＿＿＿＿＿＿

统一社会信用代码／身份证号码：＿＿＿＿＿＿＿＿＿＿

地址：＿＿＿＿＿＿＿＿＿＿

电话：＿＿＿＿＿＿＿＿＿＿

（1）甲方＿＿＿＿＿＿＿＿＿＿有限公司（简称甲方或者公司）是依据中华人民共和国法律在＿＿＿＿＿＿＿＿＿＿注册成立并合法存续的有限责任公司，登记注册资本为人民币＿＿＿＿＿＿＿＿＿＿万元整。

（2）乙方是具有完全民事权利能力及民事行为能力的人，能够独立承担民事责任。

（3）甲、乙双方一致同意乙方按照甲方出具的《股权激励协议》中规定的条款和条件认购甲方股权。

甲、乙双方根据中华人民共和国有关法律法规的规定，为实现品牌共享、收益共享的目的，经过友好协商，达成一致意见，特制定本协议如下条款，以供双方共同遵守。

第一条　释义

（1）本次交易：指乙方认购甲方公司期股股权的行为。

（2）《股权激励协议》：指甲方出具的且甲、乙双方均同意的《股权激励协议》。

（3）投资完成：即乙方按照本协议第四条的约定缴纳完毕认购的全部款项。

（4）过渡期：指本协议签署之日至乙方按照本协议约定的期限投资完成之日的期间。

第二条　投资的前提条件

（1）双方确认，乙方在本协议项下的投资义务以下列全部条件的满足为前提。

1）双方同意并正式签署本协议，包括所有附件内容。

2）本次交易取得政府部门（如需）、甲方内部和其他第三方所有相关部门的同意和批准，包括但不限于甲方董事会决议／执行董事会决定通过本协议项下的增资事宜。

3）《股权激励协议》为本协议附件。

（2）若本协议上述条款在_____年_____月_____日前因任何原因未能实现，则甲方有权通知乙方单方面解除本协议。

第三条　关于招股额、投资额和窗口期的说明

（1）甲方原有注册资本为人民币_____元，现经_____评估公司估值为人民币_____万元整（详见《资产价值分析报告》，书中略），公司计划以_____元作为公司现值，以每股 1 元的价格折合_____股进行招投。

（2）实际投资额与计划认购额：考虑到部分客户因经营方面的原因，计划按照公司授权投资额度投资，但目前手头可用资金紧张，经公司研究决定：客户可以按照公司《股权激励协议》中获授额度进行申请，然后分批进行投入。首次投资额不低于计划认购额的_____％，其余部分应在本年度分红前 7 天内进行补足。逾期未补足的，将按照实际缴纳额所占股本比例进行分红。客户逾期后想继续追加投资的，参照《股权激励协议》中升档条款执行。

特殊情况需向公司董事会进行申请，获批准后方有效。

（3）关于窗口期的说明：为促进公司股权改革的实施，公司决定在

2018 年 12 月 31 日前客户投资不受窗口期限制，自 2018 年 12 月 31 日后的投资客户参照《股权激励协议》中的相关规定执行。

（4）分红比例初步定为公司年净利润的 60%~80%。当该年度分红比例低于该比例时，甲方应向乙方说明该年度应分配利润的资金流向。

第四条　股权认购

（1）乙方同意以现金的形式将认购的股本汇至甲方公司账户：即乙方在签订本协议之日起_____个工作日内向甲方账户汇入人民币_____元，购买甲方股权_____股。乙方在甲方所持的股权比例为：乙方实际缴纳金额／总资本_____万元，即_____% 的期股股权。

（2）乙方缴纳完毕投资款项后，方视为投资完成。

（3）双方同意本协议约定的公司账户指以下账户：

户　　名：_____有限公司

银行账号：_____

开　户　行：_____

（4）乙方成为甲方期股股东后，只拥有分红权，无决策权。甲方的资本公积金、盈余公积金和未分配利润双方按本协议第四条第 1 款确定的比例享有。

（5）若乙方不能在上述约定的时间内（以公司账户进账时间为准）将其认缴的出资汇入公司账户，则认定为本协议无效。

第五条　乙方权利

1. 反稀释

（1）结构性反稀释条款：若甲方任一股东或任何第三方对甲方进行增资，乙方有权按相应比例以同等价格同时认购相应的增资，以使其在增资后持有的甲方股权比例不低于其根据本协议持有的甲方股权比例。

（2）降价融资的反稀释条款：若甲方以比本次交易更优惠的价格和条

件进行新的增资，甲方须采取相关措施，包括但不限于给乙方配发免费认股权、附送额外股、更低价格转让等方式，确保增资后乙方所持股权的价值不低于新投资者进入前期股权的价值。

2. 优先购买权

若甲方股东拟转让其股权，则在同等条件下，乙方享有优先购买权。

3. 共同出售权

若甲方股东拟向除乙方外的其他股东或任何第三方转让其持有的甲方部分或全部股权，则乙方有权就其持有的甲方股权，按照同样的价格和其他条件，与该股东按照持有甲方股权的相应比例向该第三方共同转让。

4. 分红权

投资合伙人享受＿＿＿＿＿＿＿＿总公司及其投资的各分公司、子公司和其他投资项目等运营、投资所获得的收益。

5. 运营知情权

投资合伙人不参与公司决策，但对公司年度营销计划及战略发展规划有建议权和知情权。

6. 财务知情权

乙方享有作为股东所享有的对甲方经营管理的知情权和进行监督的权利，公司应按时提供给乙方以下资料和信息。

（1）每日历季度最后一日起 30 日内，提供月度合并财务报表，含利润表、资产负债表和现金流量表。

（2）每日历年度结束后 45 日内，提供公司年度合并财务报表。

（3）在每日历 / 财务年度结束后 60 日内，提供公司下年度营销、生产计划，年度投资、盈利预测。

（4）在乙方收到财务报表后的 30 日内，提供机会供乙方与公司就财务报表进行讨论及审核。

（5）按照乙方的合理要求提供其他统计数据、其他财务和交易信息，以便乙方被适当告知公司信息以保护自身利益。

7. 投资合伙人作为公司的核心客户可获得公司授信额度和授信账期

授信额度：授信额度最大限额为投资合伙人实际投资额。

授信账期：授信账期参照《股权激励协议》中《激励股权额度》分类表中的 A 档、B 档、C 档客户分类确定。其中 A 类客户授信账期为 3 个月，B 类客户授信账期为 2 个月，C 类客户授信账期为 1 个月。授信账期以自然月进行确定。客户应在授信账期期末 3 天内结转本授信账期欠款。超过授信账期 5 天未结款的客户，公司将以客户实际投资额冲抵货款，并取消客户所享受的所有股东权益；客户也不再是公司的投资合伙人股东。

特殊情况需向公司董事会提出申请，获批准后方有效。

乙方所享受的授信额度为＿＿＿＿＿＿＿＿＿＿＿万元。

乙方所享受的授信账期为＿＿＿＿＿＿＿＿＿＿＿个月。

8. 公司营销政策、人员配备、市场推广等将优先对股东进行扶持

第六条　乙方义务

（1）维护公司及品牌的形象；积极利用自身渠道及资源推广公司品牌及产品。

（2）签订销售合同，按月完成销售任务；严格执行销售合同约定条款。

（3）主推公司品牌及产品（即公司品牌产品在乙方自营店面中同类产品销售中所占的比例应高于其他品牌，或在乙方自营店面中同类产品销售中所占的比例应按月度计算达到连续提高）。

（4）销售任务：为促使公司 5 年营销规划销售目标达成，乙方承诺的销售总额及各年度销售目标见表 A.4（年度为自然年）。

表 A.4　2018–2022 年销售总额和销售目标　　　　单位：万元

5 年销售总额					
计划年度	2018 年	2019 年	2020 年	2021 年	2022 年
销售目标					
回款率 /%	100	100	100	100	100

（1）乙方考核以本协议约定的 5 年销售总额为标准，但当年任务实际完成率（以实际回款额 ÷ 计划任务额计算）不得低于当年计划任务的 80%（含 80%）。如果乙方实际完成率低于当年计划任务的 80%，则甲方只结算乙方当年分红的 50%；如果乙方 5 年期任务目标达成，则甲方自 5 年期结束日起 30 日内予以乙方补差。

（2）如果乙方完成当年计划销售目标，则甲方予以乙方年度返利＿＿＿＿%。

（3）如果乙方超额完成当年计划销售目标，则甲方给予乙方年度计划任务＿＿＿＿% 的返利，超额完成部分给予＿＿＿＿% 的返利。返利以货物的形式进行返还。

（4）如果乙方未完成 5 年期计划销售总额的目标，则：

1）甲方可按照本协议附件《股权激励协议》中的约定对乙方实行降档处理，处理结果在 5 年期结束日起 30 日内以书面通知的方式告知乙方。

2）如果乙方处于最低档，则甲方可在 5 年期结束日起 30 日内以书面通知的方式告知乙方取消乙方股东身份，并在 5 年期结束日起 30 日内以现金的形式退回乙方在该期间实际投资额。同时乙方将不再享受作为甲方股东的所有权利，该 5 年期内乙方未享受的分红和甲方未分配利润也不再给予乙方。

第七条　公司义务

（1）公司定期为乙方披露真实有效的财务数据。目前确定为每季度提供一次，乙方及其主要管理人员和核心员工不得外传、泄露公司的财务数据。

（2）公司定期举行投资合伙人交流会，目前计划为每季度召开一次，日期与财务数据披露日期一致。交流会议题分以下三部分。

1）披露财务数据，并对下季度公司营销规划进行说明。

2）经验交流：公司组织客户 1~3 名客户对自己成功的经验进行交流、

分享。

3）问题分析：每次交流会客户可提出自己目前经营中遇到的问题，公司选出 3~5 个有代表性的问题，大家进行交流分析，群策群力寻找最优解决方案供客户参考。

（3）公布公司年度营销计划及战略发展规划，投资合伙人可就政策制定、实施提供建议，公司参考后确定、实施，以便公司政策能更适合客户及市场需要。

第八条　风险揭示

乙方投资甲方可能面临如下风险，甲方不承诺任何回报。

（1）政策风险：指国家未来股权众筹融资行业法律、法规、政策发生重大变化或进行行业整改等举措，将改变现有的行业现状，项目原定目标难以实现甚至无法实现所产生的风险。

（2）市场风险：主要指由于市场变化或经济环境造成甲方营业收入减少，经营效益下降而导致还款能力不足的风险，甚至亏损。

（3）信用风险和流动性风险：指社会诚信度，资金流动性等风险。

（4）其他风险：战争、自然灾害等不可抗力风险；金融市场危机等超出甲方自身直接控制能力之外的风险等。

第九条　退出机制

（略）

甲方（签字 / 盖章）：　　　　　　乙方（签字 / 盖章）：

跋：向企业家精神致敬

五千年泱泱华夏，璀璨风华！古圣先贤，浩瀚文明！然近代衰落，哀鸿遍野。民不聊生，饥寒交迫！

1901 年辛丑条约，奇耻。

1911 年辛亥革命，觉醒。

1921 年中国共产党建党，荣光。

100 多年来，中华民族为实现伟大复兴，无数华夏儿女献出一代又一代的热血和青春。

2021 年，中国的 GDP 跃居为世界第二名。

其中，企业家可谓是当之无愧的脊梁和中坚力量。

他们付出了辛劳，付出了信念。

他们披星戴月，

他们永不言败，

他们使命担当！

谨此，向中国的企业家致敬，向你致敬！

生命是一种信仰！

什么是企业家精神？

是赤手空拳，推倒铜墙铁壁。

企业家精神是捍卫。

企业家精神是血性。

企业家精神是颠覆过往，推陈出新。

企业家精神是每天都是新起点，每天都有是新发现。

企业家精神是头拱地、真落地。

你付出了和家人相处的时光。

你付出了常人所不能体会的艰辛和挑战。

你为员工撑起了一片蓝天；

你为伟大祖国的复兴，奉献了一份力量。

你是历史画卷的书写者、实践者、追梦者！

感谢你！

有你真好，向你致敬！

什么是企业家精神？

游学方太时，方太创始人茅理翔说了两个字："捍卫。"对事业的捍卫，对责任的捍卫，对员工的捍卫，对客户的捍卫，这就是企业家精神！

经济学之父凯恩斯对于企业家精神，有一个解释，翻译为"血性"。这个翻译，真的传神！

一个人对自己的事业的血性、斗志、战斗力、置之死地而后生的决心，称之为企业家精神！

也有学者将企业家精神翻译为动物精神，但没有血性更贴切和更鲜活。换一个角度，我联想到稻盛所说的：经营决定于经营者的意志力，有没有洞穿岩石的意志力，有没有垂直攀登的决心和勇气。如果经营者的意志力不足，企业必将消亡。

冯仑先生所说："扛住！扛住压力，扛住挑战，扛住绝望。"

任正非说："什么是高级将领，就是在茫茫的黑夜中，所有人绝望之时，能够发出一点点微光，照亮大家的心路前程，继续前行，这就是企业家精神！"

谨以此书献给中国的企业家，献给你！

鸣谢咨询师舒心、易倩、于美玲、岳娜、张少铭、何茜等各位老师对本书的竭诚付出！尤其是胡鹏飞老师多次的校对。

感谢出版社陈正侠先生的盛情邀请，玉成此书。

感谢客户朋友的赤诚信任，经年同行，感动于心，共明大道，一生共美。

是的，你就是企业家精神的代言人！